청소년을 위한 유토피아

두리미디어는 중심이 아닌 울타리를 지향합니다.

청소년을 위한 유토피아

2011년 10월 1일 초판 1쇄 발행

지은이 위평량 ┃ 펴낸이 최용철 ┃ 펴낸곳 도서출판 두리미디어
등록번호 제10-1718호 ┃ 등록일자 1989년 2월 10일 ┃ 주소 서울시 마포구 서교동 369-25 ┃ 전화 (02)338-7733
팩스 (02)335-7849 ┃ Homepage www.durimedia.co.kr ┃ E-mail editor@durimedia.co.kr
ISBN 978-89-7715-251-9 (43340) ┃ ⓒ위평량 2011, Printed in Korea

청소년을 위한
유토피아

Utopia

토머스 모어 원저 | 위평량 지음

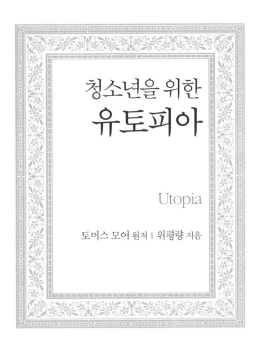

두리미디어 DURIMEDIA

고전은 청소년의
미래입니다

고전의 가치는 누구나 인정합니다. 오랜 세월을 거치며 수많은 이들에게 검증되고 영향력을 끼친 지식과 교양의 원천이 고전이기 때문입니다. 고전이야말로 세상 모든 책들의 중심이라 해도 좋을 것입니다.

그런 만큼 동서양의 고전에는 많은 책들이 있습니다. 하지만 쉽게 읽히고 온전히 이해되는 고전이 얼마나 될까요? 책을 읽으면서 무슨 내용인지 모르고 책장을 덮은 다음에도 옛 가르침의 여운이 남지 않는다면 고전이라 한들 어떤 의미가 있을까요? 많은 책들 위에 또 한 권의 고전을 얹어야 하는 이유가 여기 있습니다.

더욱이 고전 읽기는 삶을 살찌울 사상의 체계를 내 안에 만들고 삶의 가르침을 얻는 일입니다. 청소년기에 고전을 두루 읽어야 하는 것은 바로 이 때문입니다. 그런 이유로 동서양의 고전을 청소년들에게 가장 도움이 되는 책으로 내놓는 것이 이 시리즈 기획의 취지입니다. 그 밖에도 방대한 지식과 정보, 사유의 틀을 책 속에 효과적으로 담기 위해 이 시리즈는 기존의 고전과는 차별화된 구성과 편집을 거쳤습니다.

첫째, 고전의 완전한 이해를 위해 충분한 설명을 곁들였습니다. 완역에 욕심을 내어 책 이해를 어렵게 하기보다는, 고전의 중요 부분을 발췌 번역하고 충분한 설명과 재해석을 곁들임으로써 고전의 완전한 이해와 창조적 사유가 가능하도록 구성했습니다.

둘째, 책 읽는 즐거움을 더하고 내용의 이해를 돕는 '비주얼 클래식'을 지향합니다. 청소년이 쉽고 재미있게 고전에 다가갈 수 있도록 시각적 다양성을 고려했습니다.

셋째, 동서양에 대한 균형 잡힌 시각을 바탕으로 역사와의 관계 안에서 고전을 파악할 수 있도록 시리즈를 구성함으로써 통합적 사고력 향상과 논술 능력에 많은 도움을 얻게 됩니다.

고전은 무한한 가능성과 상상력의 보고입니다. 정통에 대한 이해, 새롭고 다양한 해석, 역사 속에 살아 숨 쉬는 고전의 향기! 청소년을 위한 동서양 고전 시리즈는 청소년들을 지식과 상상력의 도서관으로 초대합니다. 세상을 움직인 동서양의 명고전 안에서 새로운 미래로 나아갈 수 있을 것입니다.

덧붙여, 50여 권의 동서양 고전 시리즈 출간을 위해 험난한 여정을 마다하지 않는 두리미디어에 깊은 감사를 전합니다.

✳ 동서양 고전 시리즈 기획위원

강승호 | 과천외고 역사교사	심경호 | 고려대 한문학과 교수
고춘식 | 전 한성여중 교장	양성준 | 서울외고 한문교사
김봉주 | 영동일고 국어교사	우수근 | 상하이 동화대 교수
류대곤 | 진성고 국어교사	장석주 | 시인 · 문학평론가
반철진 | 대성학원 역사 강사	장 운 | EBS 논술강사
서용순 | 한국외대 외래교수	황광욱 | 홍익대부속여고 윤리교사

영원한 지성, 토머스 모어

우리는 수많은 고전을 읽습니다. 이러한 고전으로부터 여러분들은 무엇을 얻습니까? 필자는 입시 논술에 대비해서든, 무료한 시간을 달래기 위해서든 고전의 책장을 넘기는 시간은 전혀 아깝지 않다는 것을 강조하고 싶습니다. 다만 기왕 읽는 바에야 여러분의 미래상, 그리고 여러분이 살아갈 미지의 세계와 새로운 세계를 항상 염두에 두고 읽기를 바랍니다.

고전으로부터 얻을 수 있는 것은 사람들의 생각과 관점에 따라 매우 다양합니다. 필자는 경제학을 공부한 학자로서, 고대에 살았던 사람들의 생각과 그들의 생각이 반영된 사회, 경제, 정치, 문화가 변화해 온 양상을 반복해서 살펴보고 있습니다. 즉 우리보다 먼저 살았던, 그러나 비非문명 사회에서 살았던 과거 사람들의 생각과 생활상을 통해 우리가 살아갈 미래 사회는 어떻게 변화할 것인가, 그리고 어떻게 변해야 하는가를 생각해 보기 위해서입니다. 아울러 현대인들의 사고와 가치관이 반영된 사회 전 분야의 양상을 흥미 있게 탐구하고 이를 통해 미래를 통찰해 봄으로써, 경제 분야에서 단기적으로 또는 중장기적으로 성과를 거둘 수 있는 방향을 제시하기도 합니다.

빛의 속도로 변해 가는 21세기에는 미래를 통찰하는 안목을 가진 사람들이 각각의 분야를 이끌어 가는 리더가 될 것입니다. 그리고 이들은 자신은 물론 더 많은 사람들에게 유익함을 제공해 준다는 점에서 '의미 있는 삶'을 살게 될 것입니다.

더불어 고전을 통해 과거의 사람들과 현대인들이 무엇이 다르고 무엇이 같은가를 파악해 내야 합니다. 우리는 문명과 비문명, 기원후와 기원전, 근대와 전前근대 등으로 인류의 역사를 구분하는 것에 익숙합니다. 그래서 각 시대를 살았던 사람들의 생각과 가치관, 그리고 행동양식이 매우 다를 것이라고 흔히 생각합니다. 그러나 이러한 시대구분은 후세 사람들이 편의상 구분해 놓은 것일 뿐입니다. 역사를 쭉 훑어보면 문명 사회인과 비문명 사회인, 고대인과 현대인, 근대 사람들과 전근대 사람들 간에 생각의 차이는 보이지 않습니다. 다만 시대적 상황에 따라 행동양식에 조금씩 차이가 있을 뿐입니다.

수많은 고전 중에서 토머스 모어의 사상이 담긴 《유토피아》는 16세기의 영국과 유럽 사회의 현실을 토대로 새로운 세계를 갈구했던 당대 사람들의 꿈을 그린 작품입니다. 당시 사람들은 《유토피아》를 그저 실현 불가능한 공상 소설로만 받아들였습니다. 그러나 그로부터 500여 년이 지난 현실을 보면 《유토피아》에서 그렸던 많은 내용들이 현실화되어 있습니다. 그리고 모어 시대 사람들의 입장에서 보면 현대인들은 '유토피아'에서 살고 있다고 할 수 있습니다.

그러나 아직도 실현되어야 할 과제들이 남아 있습니다. 그것은 우리 모두의 몫이겠지요. 그러므로 오늘 이 책을 접한 현대인들은 미래 사회를 기획하는 데 있어서 가장 핵심적인 정보를 가지게 되는 셈입니다. '유토피아 한국'을 추구하고 갈망하는 더 많은 한국의 지성知性들이, 영원한 지성인 토머스 모어의 《유토피아》를 수정·보완할 수 있기를 기대합니다.

필자는 대학에 들어간 뒤에야 비로소 《유토피아》를 접하게 되었습니다. 이미 자본주의 시장경제 체제와 개인의 자유에 익숙해진 채로 말입니다. 모어 사상의 바탕이 된, 사람이 핵심인 인본주의에는 전적으로 동의했으나, 비현실적인 내용이 많아 깊게 생각하지 못한 탓에 《유토피아》는 그저 고색창연한 고전, 그 이하 그 이상도 아니었습니다.

한국 자본주의 사회의 모순과 그로부터 나타나는 다양한 병폐를 보고 새로운 세계를 갈망해 보지 않은 사람은 없을 것입니다. 필자 역시 부조리한 사회 현상에 눈 뜨게 된 이후 다시 한 번 《유토피아》를 읽게 되었을 때는 구구절절 가슴에 와 닿았습니다. 물론 비현실적인 내용이 여전히 눈에 띄었지만, 토머스 모어 시대에 제기된 문제들 가운데 많은 부분이 오늘날 세계 도처에서 현실화되었고 또한 점차 수정·보완되어 가고 있습니다. 따라서 대중들의 인식 수준이 빠르게 진보하는 것과 함께 과학 기술이 혁명적으로 발전하게 된다면, 오늘날 비현실적으로 보이는 부분들이 미래 사회에서는 충분히 실현될 수 있다고 생각합니다.

그리고 또 한 가지 중요한 것은 모어의 유토피아적 사고와 행동의 집합적인 성과가 반사적으로 현재 우리가 발 딛고 서 있는 자본주의를 이처럼 발전시키게 된 계기와 배경이라는 사실입니다. 필자는 새 학기에 들어 새로운 학생들을 만날 때마다 그들에게 과제를 내곤 합니다. 한 학기 동안 《유토피아》를 읽고 나름의 평가를 해 오는 것인데, 의외로 이 책을 읽어 본 학생들이 많지 않았습니다. 그리고 학생들이 제출한 리포트의 내용은 극소수를 제외하고는 대부분 신자유주의에 입각한 경제와 사회, 그리고 정치적 상황에 영향을 받아 효율과 경쟁과 개인주의의 틀을 벗어나지 못했습니다. 이러한 현상은 당연한 결과로 그들을 지도한 어른들 그리고 우리 모두를 억누르고 있는 경제·사회적 구조의 영향 때문입니다. 사회구조는 점차 개선되고 있지만, 조금이라도 더 이른 시기에 개선되어야 합니다. 그렇기 때문에 대학생들에게 《유토피아》를 읽도록 한 것입니다. 그리고 좀 더 장기적인 관점에서 보아 청소년들에게까지 읽도록 하는 것이 필요하겠다는 생각을 가졌습니다. 청소년들은 미래 사회와 역사의 주인공이기 때문이지요. 그들을 위해 필자는 이 책에서 '영원한 지성' 토머스 모어의 사상을 해석해 보고, 특히 그의 관점에서 한국 사회를 바라보았습니다.

우리는 현재 한국 자본주의 사회의 모순과 고질적 병폐들을 이 시간에도 체험하고 있고, 더 나은 세상과 새로운 세상을 갈구하고 있는 사람들을 볼 수 있습니다. 그 가운데 몇 년 전 《유토피아》를 읽은 학생들, 이제는 어엿한 사회인이 된 젊은 청년들이 한국 사회의 구석구석에서 그들 나름대로 새로운 세상을 펼치기 위해 활발히 행동하고 있을 것입니다. 바로 이것이 《유토피아》가 갖는 사회적 가치입니다. 토머스 모어의 《유토피아》는 우리 모두를 꿈꾸게 하고, 그 꿈을 위해 우리들에게 각자 위치에서 해야 할 일이 무엇인지를 알려주고 있습니다. 《청소년을 위한 유토피아》를 읽은 청소년 독자들 가운데 한국의 미래를 이끌어 갈 수많은 한국의 토머스 모어가 탄생하기를 기원하면서.

서울 불암산 자락 중계동에서
위평량

《유토피아》,
유럽 사회를 이끌어 가다

토머스 모어, 책으로 사회정의를 말하다

《유토피아》(1516)의 작가 토머스 모어는 영국 런던에서 평민으로 태어났습니다. 그는 옥스퍼드대학교에서 고전문학을 전공하다가 엄격하고 신망 높은 법률가였던 아버지의 권유로 법학협회Inns of Court에 들어가 법률 공부를 시작하게 됩니다.

〈토머스 모어의 초상〉

모어는 법률가이면서 정치가였으며, 동시에 가톨릭 성직자들보다 더 그리스도의 신념을 따르고 실천한 신앙인이었습니다. 아울러 자신의 일상적인 생활철학과 신념에 근거한 《유토피아》를 저술함으로써 사상가이자 원칙적인 인문주의자로서도 명성을 떨칩니다. 특히 양심의 자유와 인간의 존엄성, 사회정의를 실현시키고자 했다는 점에서

2000년에 세계 정치인들의 '수호성인'으로 선포되기도 했습니다.

'유토피아utopia'라는 말은 토머스 모어가 그리스어의 'ou(없다)'와 'topos(장소)'를 결합하여 만들어 낸 말로 그가 꿈꾼 이상 사회를 가리킵니다. 이는 '어디에도 없는 장소'를 의미하며, 이후 '유토피아'는 이상향을 가리키는 용어로서 오늘날에도 사용되고 있습니다.

유럽 사회를 발전시킨 《유토피아》

여러분들은 근대에 들어 유럽 사회가 다른 대륙의 국가들보다 더 인간 중심적인 체제로 발전할 수 있었던 배경에 대해 생각해 본 적이 있는지요? 종이, 활자 술, 화약 등 현대문명의 발전에 핵심적으로 작용했던 중요한 발명품들이 동양에서 비롯되었는데도 말입니다.

유럽 사회를 구체적으로 보면 의료, 교육, 노동 등에 관해 인본주의적 색채가 농후한 사회복지제도가 훨씬 앞서서 발전해 있고, 개인의 인권이 높은 수준에서 다루어지고 있으며, 자유로운 생각과 사상, 표현의 자유, 결사와 집회의 자유가 동양보다 먼저 일반화되었습니다. 이러한 유럽 사회의 체제에는 여러 배경이 있겠지만, 필자의 판단으로는 바로 토머스 모어의 사상이 담긴 《유토피아》의 영향이 절대적이었으리라 생각됩니다.

이를 경제학에서 하는 방법론, 즉 모든 사안을 가장 단순하게 가정하는 방법으로 살펴봅시다. 물질적으로 풍부한 유럽 사회가, 특히 복지제도에서 동양보다 뛰어난 이유는, 산업혁명 이전부터 《유토피아》에 담긴 사상이 일반 시민에게까지 파고들어 신세계 '유토피아'로 가기 위한 치열한 논쟁과 방법론 및 새로운 사회에 대한 구체적인 모습이 일찌감치 제시되었기 때문으로 볼 수 있습니다. 유럽 사회 안에서도 변방이던 영국에서 먼저 산업혁명이 발생한 것도 이처럼 사상적 자유로움이 유럽의 다른 나라들보다 훨씬 앞서 있기 때문일 것입니다.

《유토피아》는 세상에 그 모습을 드러낸 즉시 유럽 사회에 큰 반향을 일으켰으며, 모어가 제시한 바와 같은 이상 사회가 몇백 년 뒤 현실에서(완전한 형태는 아니지만) 공산주의 및 사회주의로 구체화되었습니다. 이 과정에서 자본주의는 《유토피아》에서 비롯된 복지 체제를 일부 수용했고 완전한 복지국가를 향해 발전해 나아가고 있습니다. 따라서 인간다운 삶을 위한 제도를 마련하는 데 《유토피아》만큼 결정적인 영향을 끼친 책은 없다고 할 수 있습니다.

지구상의 모든 국가가 이상 국가를 건설하고자 합니다. 특히 20세기에 들어 벌어진 체제 경쟁에서 이상 사회를 건설하려는 많은 국가들이 상대 체제의 장점을 수용했고, 그 결과 오늘날의 세계가 이루어졌습니다. 자국 국민의 행복 수준을 최고의 상태로 끌어올리기 위해 벌인 경쟁은 많은 경우 실패하기도 했으나, 세계 주요 국가에서 국민의 생활 수준이 꾸준히 향상되어 왔다는 점으로 미루어 모든 국가의 궁극적인 사회의 모습에 '유토피아'가 자리하고 있다는 사실을 기억해야 할 것입니다.

《유토피아》의 원제는 《사회의 가장 좋은 상태에 관하여 그리고 새로운 섬 유토피아에 관하여_On the Best State of a Commonwealth and on the New Island of Utopia》입니다. 제목에서 알 수 있듯이, 모어는 사회의 가장 최고의 상태로 시민 모두가 가장 행복한 생활을 영위할 수 있는 사회에 대해 이야기하고자 했습니다. 그리고 반면에 현재의 상태가 최고의 것이 아니라는 사실을 강하게 주장합니다. 예컨대 모어는 당시 영국이 아닌 유토피아라는 공화국에 그런 최고의 상태가 존재한다고 말함으로써 시민의 발전의지를 자극한 것입니다. 마찬가지로 현대에도 우리가 살고 있는 현재가 최선의 상태가 아니라는 논리는 여전히 유효하며 이를 개선하려는 의지가 존재하는 한 유토피아 세계를 추구하는 활동은 지속될 것입니다.

《유토피아》의 생명력

《유토피아》의 내용은 그리 많지 않지만 다른 어떤 고전보다 강한 생명력을 갖고 있습니다. 《유토피아》에서 제시된 '최고 상태'인 사회를 만들기 위한 다양한 방안들이 당장에 현 사회에서 구현될 수 없음은 분명합니다. 그러나 이와 반대로 돈을 좇는 사회가 강화될수록, 빈부의 격차가 심화될수록, 도덕과 윤리 그리고 덕성이 타락할수록, 결국 이 모두를 담고 있는 자본주의 사회가 쇠퇴해 갈 것은 분명한 이치입니다. 따라서 돈 중심의 사회인 자본주의는 서서히 새로운 사회로 이동해 가고 있으며 이때 그 방향은 바로 유토피아를 가리킬 것이므로 어느 고전보다도 길고 강한 생명력을 가지게 되는 것입니다. 즉 인류의 집합된 소망이 새로운 가치와 새로운 사회를 추구하는 데 있다면 과학 기술의 혁명적 발전과 함께 머지않은 미래에 지구촌에도 우리 모두의 유토피아가 건설될 수 있다는 것입니다.

모어는 《유토피아》를 통해 우리에게 말합니다. "좋은 정치를 통한 국민 개개인의 후생 극대와 행복한 세상을 이룩하려는 시민의 바람과 소망은 이 책이 탄생한 시대는 물론이요, 그보다 훨씬 더 오래된 기원전부터 있어 왔고 현재는 물론 미래에도 영원히 지속될 것이다. 그리고 이상 사회는 그저 주어지는 것이 아니라 올바른 정치를 통해서 만들어갈 수 있다."라고 말입니다.

모어는 《유토피아》 곳곳에 꿈같이 달콤한 이상향을 제시해 놓고, 우리에게 그것을 이룩하라고 지시합니다. 이는 그가 우리에게 혁명을 교사하고 있는 것일지도 모릅니다. 《유토피아》가 출간된 이후에 발생한 영국, 프랑스, 러시아 등 유럽 각지에서 발생한 거의 모든 크고 작은 혁명들이 바로 이 책의 영향 아래 있습니다. 확대해서 해석하면 조선 시대의 동학혁명(1894)도 이와 본질은 동일하다고 봅니다. 거의 모든 혁명의 발단 계기가 시대와 국가별 배경은 다르지만 본질적으로 보면 동일하다는 뜻이지요. 따라서 모든 사람이 추구하는 혁명 이후의 사회 모습은 모어가 완성하고자 했던 이상 사회로 평가할 수 있습니다.

그 이상 사회란 하루 6시간 일하고 8시간 잠을 자며 그 외의 시간은 공동 혹은 개인적으로 교양 강좌를 듣거나 자기가 원하는 대로 자유롭게 시간을 보낼 수 있는 사회, 태어나서 죽음에 이를 때까지 의식주와 교육에 필요한 생활 전반을 국가가 책임지고 지원하는 사회, 빈부의 격차가 극소화된 사회, 계급적 차별이 거의 존재하지 않는 사회, 정의가 살아 있는 사회, 윤리와 도덕이 충만한 공동체 사회, 그리고 가장 중요한 인간의 존엄성을 기초로 한 평등한 사회입니다.

허구와 사실이 공존하는 유토피아

《유토피아》의 초판본(1516년)은 4절판 110쪽으로 얇고 작게 만들어져 큰 호주머니 속에 들어가는 정도였습니다. 초판에 사용된 언어는 라틴어였으며, 벨기에의 작은 도시 루뱅에서 출판되었습니다. 이후 제2판(1517년)은 파리에서, 제3판(1518년 3월)과 제4판(1518년 11월)은 스위스의 도시 바젤에서 연이어 출간된 점을 감안하면 《유토피아》가 출판되자 유럽 전역에서 폭

루뱅에서 출판된 《유토피아》의 초판본(라틴어).

발적인 인기를 누린 것으로 평가할 수 있습니다. 그리고 모어의 사후死後에 번역자 랄프 로빈슨에 의해 영어판(1551년)이 최초로 출간되었습니다. 당시 유럽에서 주로 통용된 언어가 라틴어였기 때문에 영어판이 뒤늦게 나온 것이지요.

《유토피아》는 크게 2부로 나누어지며, 제2부부터 쓴 것으로 알려져 있습니다. 제2부는 모어가 37세 때인 1515년에 영국이 아닌 플랑드르 지방(지금의 네덜란드 남부와 벨기에의 북부 지역)에서 작업했고, 1부는 영국에 돌아와서 집필했습니다. 모어가 바다 건너 플랑드르 지방으로 간 이유는 영국이 양모 수출을 금지한 이후 역逆으로 영국이 피해를 보았기 때문에 이를 수습하러 간 것인데, 지금으로 보면 통상외교사절단의 일원으로 활약한 것입니다.

제1부는 영국을 중심으로 당시 유럽 사회의 현실을 신랄하게 풍자하고 비판한 내용입니다. 남의 물건을 훔쳤다는 단순 절도죄로 사형을 시키는 영국 사회의 반인륜적 세태를 비판하고, 왕을 둘러싼 신하들의 끝없는 아부를 조롱하고 꾸짖는 등, 당시 유럽 사회의 전반적인 사회상을 질책하고 있습니다.

제2부는 9개의 장(도시, 행정, 생업과 풍습, 여행, 교역, 군사, 노예, 결혼, 종교)으

로 나누어 본격적인 유토피아 섬을 소개합니다. 이는 마치 우리가 직접 본 것처럼 매우 사실적으로 묘사되어 있습니다. 대략적으로 살펴보면 우선 천혜의 요새지인 유토피아 공화국과 그 안에 잘 계획되어 건설된 54개의 도시에 대해서 설명하고, 도시와 농촌의 모습과 유토피아인들의 생활 양상에 대해 설명합니다. 유토피아 공화국에는 왕이 없으며, 공화국을 이끌어 가는 대표자인 시장을 민주적인 방식으로 선출합니다. 모든 공직자들은 독재를 행하지 않고 오로지 시민의 대리인으로서만 충실하게 공적 업무를 전담할 사람들로 선출합니다. 선출의 방식과 의사결정 체제는 오늘날의 대의제 민주주의와 비슷하지만 임기가 특별히 정해진 것은 아닙니다. 또한 생산을 위한 노동의 방식과 시간, 사치하지 않는 소비, 황금을 중시하지 않는 풍습 등 유토피아인들의 경제적 활동을 소개합니다.

《유토피아》는 가공의 장소와 가공의 인물이 대부분입니다만, 다른 한편으로는 역사적 사실과 실존 인물들이 매우 교묘히 배치되어 있습니다. 이로써 모어는 유토피아 공화국이 진짜인 양 위장해 놓았습니다. 《유토피아》에서 라파엘의 여행을 도와준 아메리고 베스푸치는 실존 인물로서, 당시 유럽의 대항해 시대 때 활약한 이탈리아의 탐험가입니다. 《유토피아》의 등장인물 라파엘은 베스푸치의 항해에 동참했고 거기서 그의 도움으로 다른 곳을 여행할 수 있게 되었으며, 결국 유토피아라는 곳을 발견하게 됩니다.

또한 모어가 여행한 플랑드르 지방은 현재의 네덜란드 지역이며, 라파엘을 모어에게 소개시켜 준 피터 자일스는 안트베르펜의 수석사무관으로서 유명한 인문학자 에라스무스의 친구이고 이후 모어의 친구가 되었습니다. 그리고 라파엘이 영국에 머무르는 동안 영국의 여러 문제에 대해 토론한 사람으로 지목

한 캔터베리 대주교 존 모턴도, 바로 모어가 섬긴 적이 있었던 사람이며 모어를 옥스퍼드대학교에 보낸 실존 인물입니다.

유토피아의 알파벳.

그뿐만 아니라 모어는 유토피아가 가공의 장소가 아니고 세상 어딘가에 반드시 실존한다는 것을 믿게 하기 위해서 그의 친구들과 《유토피아》와 관련해 주고받은 편지를 본문 앞에 배치했습니다. 첫 번째 편지의 내용은 모어 자신이 한 일이라고는 라파엘의 이야기를 듣고 정리한 정도임을 강조하고 있습니다. 그리고 자신의 기억을 최대한 더듬어 라파엘의 이야기를 받아 기록했는데, 혹시 누락된 부분이나 잘못된 것이 있으면 지적해달라는 내용입니다. 두 번째 편지는 피터 자일스가 부스라이덴에게 보낸 것으로, 피터 자신이 모어와 함께 그 이야기를 들었다고 주장하고, 모어가 기록한 것은 거의 정확하며 오히려 라파엘이 구술한 것보다 더 생생하게 묘사하고 있다는 식입니다. 그리고 모어가 보지 못한, 라파엘로부터 얻은 유토피아어의 알파벳과 그 언어로 쓰인 4행시 한 편이 있는데, 이를 보내준다고 답합니다.

또한 모어는 유토피아 섬에 대한 이야기를 들을 때 자기뿐 아니라 자신의 비서와 피터 자일스가 그 자리에 함께 있었다는 사실 아닌 사실을 주장합니다. 특히 왕들과 관료들에 대한 신랄한 비판 등은 모어 자신이 한 것이지만 소설 속의 인물인 라파엘이 한 것처럼 해두었습니다. 이로써 모어 대신에 라파엘이 당시 유럽 사회를 모독한 대역 죄인이 되었습니다. 그가 굳이 이런 방법을 선택한 배경으로는 우선 절대왕정 시대에 그것도 현직 관리가 반체제적인 책을 쓴다는 것이 사실상 불가능했기 때문입니다. 그래서 모어는 제3자인 라파엘의 입을 빌려 이야기하게 하고, 자신은 단순히 라파엘이 구술한 것을 정리해서 전달하는 방식을 고안해 냈습니다.

　한 관리가 왕과 그 신하들 그리고 그들의 정치 행태 등에 대해서 마음껏 풍자하고 직접적으로 비판한다고 할 때, 그로부터 발생하는 다양한 직간접적인 탄압과 파장은 그가 선한 의지를 갖고 직분을 수행할 수 없도록 했을 가능성이 농후합니다. 또한 모어는 종교 및 정치계의 지도자로서 다양한 비판을 피하고자 했는데, 이는 단순히 자신에게 다가올 여러 가지 불이익 때문이 아니라 지속적으로 정치를 개혁하고자 하는 관점에서 이러한 간접적인 방식으로 문제를 제기한 것으로 보입니다.

　당시는 르네상스 시기로 기독교가 타락하여 많은 사람들에게 외면당하는 시대, 즉 종교개혁(1517) 직전이었지만, 종교를 위해 사람이 존재한다는 인식이 여전히 팽배해 있었기 때문에 기독교 교리가 유럽인들의 생활 모든 것을 규정하던 때입니다. 따라서 그는 기독교 교리에 기반을 둔 사랑과 평등, 그리고 박애정신을 《유토피아》에 투영시킴으로써 당시 독자들에게 그리고 다수의 기독교계로부터 특별한 배척을 받지 않도록 해두었습니다. 물론 이는 모어 자신이 독실한 기독교인이기에 가능했고, 아울러 그는 하느님의 진정한 가르침을 전달한다는 명분까지 확보할 수 있었습니다.

　유토피아 공화국의 종교다원주의 혹은 종교적 관용은 기독교인인 모어가 당시 기독교계의 타락상에 대한 강력한 문제 제기로 설정한 것입니다. 이는 기독교의 타종교에 대한 폐쇄성과 타락의 실상을 비판하는 것으로써 그의 기독교에 대한 올바른 신념과 애착을 역설적으로 표현한 것이라 볼 수 있습니다. 모어는 우주의 질서를 만든 주체자로서 신의 존재를 인정한다면 그에 대한 신앙과 숭배의 형태는 반드시 《성서》에 나오는 대로 예수 그리스도만을 통해서 이루어지는 것이 아닐 수 있다고 말합니다. 이러한 인식도 그가 예수의 가르침에 대해서 정확하게 이해하고 있었고 또한 그가 실천해 온 참된 종교적 생활이 널리 인정되었기에 가능했습니다. 이런 점에서 모어가 시대를 불문하고 종교를 초월하여 추앙받아 온 것입니다.

언변 좋은 런던 시장 대리의 귀중한 소책자

한편 모어는 《유토피아》를 '어떤 식으로 대중에게 전달할 수 있을까'를 고민한 것으로 보입니다. 그래서 원제 아래에 부제를 '가장 뛰어나고 언변이 좋은 작가 토머스 모어가 지은, 즐거움 못지않게 참으로 유익하고 귀중한 소책자'라고 붙여 재미있게 설명했습니다. 그리고 자기 자신을 '매우 굉장한 도시, 런던의 시민이며 시장 대리'라고 그의 직위를 나타냈습니다. 생각해 보면 어느 작가가 자신과 자기가 쓴 작품을 저렇게 표현할 수 있겠습니까? 지금과 같이 자기 피아르public relations 시대에도 만일 어떤 작가가 이처럼 자신을 표현했다면 독자들로부터 '실없는 사람'이라는 평가와 함께 악성 댓글을 받기 십상입니다.

그런데 이러한 모어의 표현에는 나름대로 이유가 있었던 것이 아닐까요? 모어는 이미 런던에서 상당한 유명세를 타고 있었고 사회적 지위와 권위가 인정된 인물입니다. 이것만으로도 그가 쓴 풍자 소설은 꽤 유명세를 탔을 것입니다. 하지만 모어는 우스꽝스런 표현을 통해 흥미를 유발하여 많은 대중들이 그의 작품을 격의 없이 접근할 수 있도록 한 것입니다.

그럼 지금부터 모어의 관점에서 500여 년 전의 영국과 현재의 한국 사회를 넘나들면서 두 사회를 비교해 보시기 바랍니다.

일러두기

1. 이 책은 폴 터너의 《Utopia》(Penguin Books, 2003)를 기본 텍스트로 하였다. 국내 번역본은 류경희의 《유토피아》(웅진씽 크빅, 2008)와, 주경철의 《유토피아》(을유문화사, 2009)를 참고했다.

2. 원문의 표기 가운데 청소년의 눈높이에 맞추기 위해 일부분을 생략하거나 이해하기 쉽도록 수정하였다. 그리고 원문의 쪽수는 인용문 끝에 표기하였다.

4부 사람을 중심에 두다

1부는 영국의 정치, 경제, 사회를 신랄하게 비판하고 풍자하는 내용입니다. 당시 영국에서는 곡물을 생산하는 것보다 더 높은 수익을 가져다주는 양을 키우기 위해 경작 가능한 농지를 모두 초지로 바꿔버렸습니다. 이 때문에 농민들은 길거리로 쫓겨났고 절박함 속에 남의 물건을 훔치다가 결국 절도죄로 처형당했습니다. 이처럼 비참한 당시의 현실을 극단적으로 표현하여 '양이 사람을 잡아먹는다'라는 말이 나왔습니다. 그러나 왕과 신하들은 그와 같은 현실을 외면한 채 오로지 자신들의 부귀영화만을 탐했습니다.

이에 대해 토머스 모어는 당시 사회의 여러 병폐와 부조리 들을 조목조목 사례를 들어가며 그들의 잘못을 준엄하게 꾸짖고 자신이 정치에 참여할 수밖에 없는 이유와 어떤 방식으로 사회를 개혁해 가야 하는지에 대해 언급합니다. 또한 모어는 모든 사람이 행복한 삶을 영위하고자 한다면 사유재산제도를 폐지해야 한다고 강력히 주장합니다. 그러나 그는 만일 이러한 평화적이고 간접적인 노력이 모두 무위로 끝나게 된다면 최후에는 농민들과 노동자들의 혁명이 불가피할 것이라고 보았습니다.

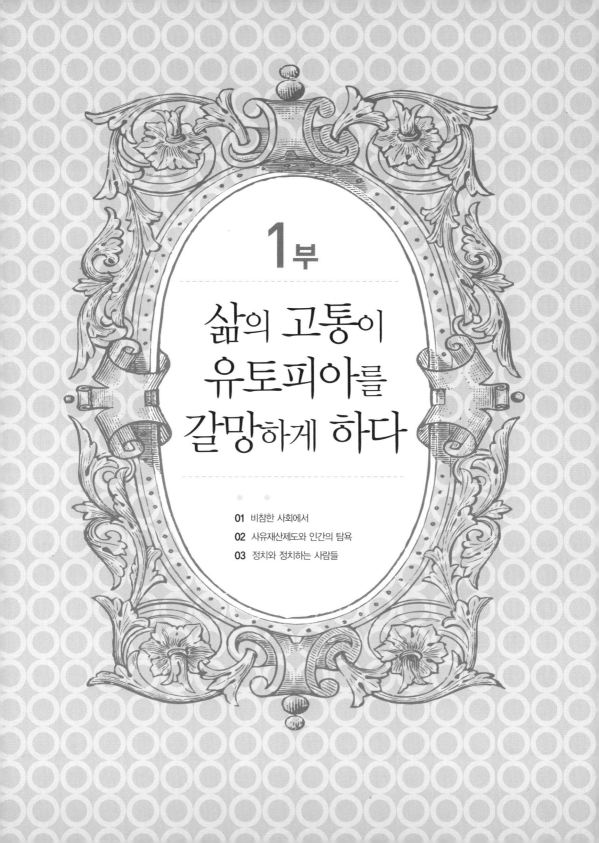

1부

삶의 고통이
유토피아를
갈망하게 하다

01 비참한 사회에서

양이 사람을 잡아먹다

인류가 생겨난 이래로 과거와 현재 그리고 미래까지 모든 개인의 소망은 '안락한 생활'일 것입니다. 안락함을 추구하는 것은 극히 자연스러운 것이며 본능적인 것이라서 오늘날 '행복추구권'으로 승화되었습니다.

모든 사람은 누구나 자신과 가족의 행복을 추구합니다. 그러나 현실은 사람들의 의지와 전혀 다른 상황을 만들어 내곤 합니다. 어떤 사람들은 물질의 풍요로움을 마음껏 누리는 반면, 어떤 사람들은 하루 세 끼 밥조차 해결하지 못하고, 편히 두 다리 뻗고 잠잘 수 있는 집조차 없이 떠돌이 생활을 하기도 합니다.

● 일반적으로 이들을 노숙자 또는 노숙인이라고 지칭하는데, 2010년의 조사 결과 전국의 노숙인은 1,516명으로 집계되었다. 경제적 결핍으로 인해 일정한 주거가 없이 공원이나 지하철 등지에서 한뎃잠을 자며 도시에서 생활환경이 가장 나쁜 빈민 계급에 속한다. 주거가 없기 때문에 홈리스home-less라고 부르기도 한다.

✜ 행복추구권

대한민국 헌법 제10조에 '모든 국민은 인간으로서의 존엄과 가치를 가지며 행복을 추구할 권리를 가진다. 국가는 개인이 가지는 불가침의 기본적 인권을 확인하고 이를 보장할 의무를 진다'라고 명시되어 있다. 또한 이 조항은 1980년에 이루어진 헌법 개정을 통해 새롭게 기본권으로 명문화되었다. 누구나 자유롭게 자기가 행복할 수 있는 삶의 상태, 즉 평온하고 바람직하고 만족스럽고 고통이 없는 상태를 추구할 수 있다. 행복추구권은 천부인권으로 이러한 삶의 추구는 자연스럽고 본능적이다. 미국 〈독립선언서〉에도 자명한 진리로서 천부인권이 들어 있고, 그 가운데 생명과 자유 그리고 행복의 추구를 선언했다. 자유주의자인 J. S. 밀은 '행복은 각자의 개성과 자유의지에 따라 추구할 수 있지만 타인의 행복에 대해서도 배려할 수 있어야 한다'라고 했으며, 이에 앞서 토머스 모어는 경제 목적이 모든 사람이 최대한 행복한 삶을 누리도록 하는 데 있다고 보았다. 이는 모든 인간은 예외 없이 태어날 때부터 평등하며 존엄성을 지니고 있다는 생각에서 출발한다.

존 스튜어트 밀
영국의 철학자이자 정치경제학자(1806~1873). 그는 스승인 영국의 윤리학자 벤담(1748~1832)의 공리주의를 물려받아 나름의 체계로 발전시켰으며, 그와 더불어 경험주의, 자유주의를 바탕으로 현실 정치에도 적극 참여했다. 저서에 《논리학 체계》, 《정치경제학원리》, 《자유론》 등이 있다.

이런 상황들을 두고 '개인의 노력과 능력 여하에 따른 문제이다', '국가가 정책을 잘못 편 탓이다', '사회와 경제 체제의 구조적 문제이다' 등 여러 의견들이 엇갈리고 있습니다. 16세기 영국도 개인들이 행복을 누리지 못하는 사회였습니다. 그럼 모어는 어떤 생각을 하며 이 문제를 바라보았을까요?

자신이 살던 곳에서 쫓겨난 수백 명의 농민들은 부자들의 사기와 공갈, 협박 그리고 조직적인 괴롭힘을 참다못해 경작하던 땅을 포기하거나 그들에게 헐값을 받고 땅을 팔 수밖에 없었습니다. 불쌍한 농민들, 남자와 여자, 남편과 아내, 과부와 고아, 엄마와 어린 자식 들까지, 그리고 그들의 일을 돕던 하인들도 함께 내팽개쳐집니다. 터전을 잃은 농민들은 농촌과 도시로 흩어져 떠돌이 생활을 하게 되고 얼마

안 있어 세간을 팔고 받은, 그나마 손에 쥔 몇 푼 안 되는 돈마저 바닥 나게 됩니다. 이와 같은 처지에서 그들이 할 수 있는 일이라고는 남의 물건을 훔치는 도둑질밖에 없지 않겠습니까? 그리고 교수형을 당하는 처지에 직면할 수밖에 뭐가 더 있겠습니까?(26)

소작농
남의 땅을 빌려 일정한 소작료를 지급하고 농사를 짓는 농민.

자작농
자기가 소유하고 있는 땅에 농사를 짓는 농민.

구제 아닌 형벌
당시 영국에는 인클로저의 영향으로 일터에서 쫓겨나 부랑자나 범죄자가 되는 이들이 많았다. 그러나 영국 사회는 그들을 위한 제도를 만드는 데는 관심을 두지 않고, 가혹한 고문 또는 교수형 등 강한 처벌을 내렸다.

소작농 은 물론 자작농 들까지 그들의 농토에서 부자들의 각종 협박과 공갈, 사기, 회유 등에 의해 강제로 추방된다면 농민들은 유랑민이 되어 떠돌아다닐 수밖에 없습니다. 그리고 생활 터전을 빼앗긴 가장家長들이 굶주림의 고통 속에 있는 가족들을 위해 할 수 있는 일이라고는 오로지 남의 것을 훔치는 일 말고는 없었습니다. 아내와 아이들이 배고파 울고 있는데 그것을 속수무책으로 바라보고 있는 아버지의 심정이 오죽했겠습니까? 도둑질을 하다가 발각되면 감옥에 갇히거나 교수형에 처해질 줄 뻔히 알면서도 도리가 없다는 것이지요. 이런 일들이 비단 한두 마을, 한두 도시의 일이 아니라 영국 전역에서 발생합니다.

이렇듯 당시 영국 사회는 귀족과 지주 등 부유층과 교회 성직자들을 제외한 하층민들의 생활은 매우 궁핍하고 비참했습니다. 따라서 부랑자와 도둑으로 전락한 농민들이 도시와 농촌 할 것 없이 거리에 넘쳐 났으며, 이들은 굶주린 배를 채우기 위해 먹을 것을 훔쳤고, 국가는 절도죄를 지은 사람들을 엄히 다스려 교수형에 처했습니다. 영국이 왜 이런 반인륜적인 사회가 되었을까요?

양¥들 때문입니다. 본래 양들은 대체로 온순하고 먹이도 많이 먹지 않는 동물입니다. 그런데 이 동물들이 지금은 게걸스럽고 난폭하고 폭력적으로 돌변해 논과 밭, 집, 촌락은 물론 심지어는 사람들까지도 먹어치우고 있습니다.

품질이 가장 좋아 최고가로 팔릴 수 있는 양모(양의 털)를 거둘 수 있는 조건을 갖춘 지역이라면 어디든 상관하지 않고 초지로 만들었으며, 위로는 대수도원장으로부터 크고 작은 귀족들 그리고 시골의 지주들까지도 조상들이 그들의 땅에서 얻던 수입에 더는 만족하지 않게 되었습니다. 그들은 사회에 조금도 바람직하지 않은 나태와 사치 속에 살아온 삶만으로는 부족하다는 듯이 오로지 목초지로 만들기 위해 경작될 땅을 포함한 모든 땅에 울타리를 쳐서 둘러막고, 더욱 적극적으로 사회에 해악을 끼치는 일만 하고 있습니다. 이 사람들은 양의 축사로 사용할 수 있는 교회들만 제외하고 집과 마을 모두를 파괴해 초지로 만들어 버렸고, 따라서 경작할 수 있는 땅은 사라지고 말았습니다. ……탐욕밖에 남지 않은 부유층은 자신이 태어난 토지와 들판들을 마치 악성종양과 같이 차례차례 씹어 삼키면서 수천 에이커의 땅들을 하나의 울타리로 막아 버렸습니다.(25)

양들이 어떻게 들판을 먹고 마을과 사람을 잡아 먹겠습니까? 그것은 좋은 품질의 양모를 생산하기 위해 양을 키울 수 있는 곳이라면 어디든지 목초지를 조성하여 농사지을 땅이 거의 사라져 버린 것을 의미합니다. 단순히 목초지를 확대하기 위해서가

지대rent라고 한다. 이는 말 그대로 땅을 빌린 대가를 의미하며, 노동 지대는 부역이라는 노동력으로, 생산물 지대는 수확물로, 화폐 지대는 돈으로 대가를 지급한다.

귀족의 횡포
모어가 《유토피아》를 쓸 당시는 대부분 농민들이 땅을 빌려 준 영주에게 소작료를 내기 위해 농산물을 바쳤는데, 귀족들은 소작료를 올리는 등 그들의 횡포가 갈수록 심해졌다.

인클로저
공동으로 이용하던 중세 장원에 울타리를 치거나 담을 쌓아서 자신의 사유지임을 명시하는 것. 양을 치는 것이 곡물 재배보다 적은 노동력으로 높은 이윤을 보장해 주었기 때문에 영주들이 경지와 공동지에 울타리나 담을 둘러 목장을 만들었다. 인클로저는 자본주의의 이기적인 탐욕을 보여 주는 전형적인 사례이다.

인클로저는 장기적으로 영국 자본주의가 발전하게 되는 계기를 마련했다는 점에서 '운동'으로 표현해도 무방하다. 당시 부유층에게는 이익을 가져다주었으므로 긍정적 의미로서 운동이라고 할 수 있다.

아니라 돈을 벌기 위한 수단을 챙기기 위해 도시와 시골 귀족, 성스러운 성직자와 수도원장까지도 이에 가담했습니다. 이들은 평소에도 사치스러운 생활을 해온 터라 사회에 이로운 일을 조금도 하지 않았던 사람들입니다. 이들이 각각의 논과 밭은 물론이거니와 일반 농민들의 땅까지도 빼앗아 울타리로 둘러막아 버림으로써 결국 농민들은 일터를 잃고 유랑민이 될 수밖에 없었습니다. 가난한 유랑 생활은 대부분 절도죄로 인해 교수형에 처해지는 결과를 낳았으므로, 모어는 '양이 사람을 잡아먹는다'라는 극단적인 표현을 통해 영국 사회를 총체적으로 풍자한 것입니다.

그리고 모어는 시민의 비참한 삶의 주된 원인을 이러한 인클로저 사태enclosure movement 때문이라고 진단합니다. 일반적으로 인클로저를 긍정적 의미에서 운동이라고 합니다만, 일터에서 쫓겨난 절대다수 농민들의 입장에서 보면 참사慘事입니다. 인클로저가 특히 영국에서 광범위하게 나타난 배경은 영국의 기후와 풍토, 토질 및 지형 등이 양을 키우기에 매우 적합했기 때문입니다. 이후 영국의 양모 산업은 중세 시기 전 유럽뿐만 아니라 세계적으로 가장 경쟁력 있는 산업이 되었습니다. 더불어 최고의 부가가치를 생산하는 산업으로서 귀족들이 부를 창출하고 축적하는 가장 좋은 수단 가운데 하나가 됩니다. 따라서 인클로저의 바탕에는 모어가 본 바와 같이 돈을 벌고자 하는 상류층의 탐욕이 깔려 있다고 할 수 있습니다.

인클로저로 인해 산업의 중심축이 이동함으로써 단기적으로 농업 분야의 쇠퇴를 가져오게 되었고, 이러한 결과는 사회적으로 실업률을 급격히 끌어올렸습니다. 농사지을 때 필요했던 수많은 노동력이 양을 키울 때는 거의 필요 없기 때문입니다. 더욱이 일자리가 없어 떠돌아다니는 거지나 방랑자 들을, 당시 영국 사회는 '게으르다'라는 죄목으로 체포하여 투옥까지 시킨 것으로 보입니다. 그리하여 시민의 빈곤과 처참한 생활을 목격한 모어는 모든 사람들이 평등한 가운데 인간다운 삶을 영위해 갈 수 있는 방법을 생각하기에 이릅니다. 이러한 사상이 《유토피아》에 고스란히 담깁니다.

한편 당시 영국은 인클로저 사태뿐 아니라 백년전쟁과 장미전쟁으로 인해 시민의 삶은 이루 말하기 어려울 정도로 피폐해져 있었습니다. 아울러 사회를 유지하는 각종 규율과 기존 사회질서의 변화와 혼란, 그리고 시민의 반관리, 반왕정, 즉 체제 전복적인 생각과 이에 비롯하여 유럽 전역에서 발생한 크고 작은 민란 등은 그 어느 때보다 극에 달해 있었습니다. 그러나 왕과 귀족들은 정권의 획득과 유지, 돈벌이에만 온 정신이 팔려 일반 시민의 생활은 거들떠보지도 않았습니다.

중세 시대 사람들이 가지고 있었던 경제에 대한 관념은 종교의 영향을 크게 받았습니다. 그래서 현세의 생활보다는 영생을 추구하는 바가 더 크게 자리하여 정신적인 측면을 중시했고, 세속적인 자본 축적 등은 필요악의 수준으로만 받아들였습니다. 그중에서 상업의 발달에 따라 물품의 가격이 정당하고 공정해야 한다는 점

백년전쟁
중세 말기인 1337년부터 1453년까지 100여 년에 걸쳐 영국과 프랑스 사이에서 일어난 전쟁. 왕위 계승과 영토 문제를 두고 여러 차례 휴전과 전쟁을 되풀이했다. 그림은 백년전쟁 초기에 벌어졌던 크레시전투(1346)의 장면이다.

장미전쟁
1455년부터 1485년까지 영국의 랭커스터 가와 요크 가 사이에서 벌어진 왕위 쟁탈전. 전자는 붉은 장미, 후자는 흰 장미를 문장(가문을 나타내기 위한 상징적인 그림)으로 한 데에서 이 이름이 생겼다. 이 전쟁으로 많은 귀족과 기사의 세력이 꺾이고 왕권이 강화되어 영국은 절대왕권 시대로 접어들었다. 사진은 장미전쟁의 마지막 전투라고 불리는 스토크 평원 전투(1487)를 재현한 장면이다.

상업자본주의
현재까지의 자본주의는 '상업자본주의→ 산업자본주의→ 독점자본주의→ 수정자본주의→ 신자유주의'로 연결된다. 상업자본주의는 자본주의의 가장 초기 상황으로 16세기경에 세계시장이 출현함에 따라 스스로 확립되고 급속하게 퍼져 나갔다.

이 특히 중시되었고, 생성된 부를 축적하기보다 종교적 관점에서 자선활동에 활용하도록 권고되었습니다. 그러나 이러한 관념은 상업이 크게 발달하면서 무너지기 시작합니다. 16세기경에는 거의 자본주의 초기 상황인 상업자본주의 시대라고 불릴 만큼 자본 축적이 진전되었습니다. 이때에 이르러 크고 작은 자본들이 국내외 시장들을 쟁탈하기 위해 경쟁했고, 이는 국가적(왕정) 차원에서 지원되었으며, 특히 자유롭게 이윤을 추구하는 양상이 일반화되었습니다. 따라서 인클로저 운동의 긍정적인 면모도, 이처럼 이윤 추구가 더는 죄악시되지 않은 사회상의 변화에 따른 결과로 볼 수 있습니다.

모두가 일해야 한다

모어는 영국 사회뿐만 아니라 유럽의 전역에서 실업률이 높아진 배경으로 놀고먹는 귀족들과 그 가신들이 너무 많기 때문이라고 보았습니다. 가신들은 어떤 사회적 변동에 의해 자신이 섬기던 귀족이 몰락하거나, 또는 죽게 되거나, 자신이 병에 걸리면 대책 없이 사회로 내팽개쳐지기 때문입니다. 특히 가신들이 병에 걸려 쫓겨나게 되면 생활 능력이 없는 이들은 곧바로 유랑민이 됩니다. 그리고 다른 귀족들도 병에 걸린 그들을 더는 거두어 고용하지 않습니다. 그래서 모어가 언급한 바와 같이 귀족들은 게으르고 나태한 하인들을 더 선호한다고 표현하고 있습니다. 이는 당시 반복된 흑사병에 대한 트라우마 때문이지요.

흑사병
영국을 포함한 유럽 전역에 흑사병이 창궐하기 직전인 1340년경 유럽의 인구는 약 7,500만 명으로 추정되었으나 이 가운데 3분의 1 혹은 2분의 1이 흑사병으로 병사했다. 1600년대에 이르러서야 비로소 기존 인구 수준으로 회복되었지만, 흑사병은 그 후로도 1700년대까지 끊임없이 반복되었다.

또한 농사일도 하지 못하는 그들을 어떤 농부가 일을 시키겠습니까? 그들은 평소에 귀족들 틈바구니에서 사치만 일삼으며 칼과 방패로 무장한 채 농민들을 멸시해 온 사람들이었습니다. 그러니 그들이 고용된다 한들 낮은 임금과 보잘것없는 음식으로는 그들을 만족시킬 수 없었을 것입니다. 그러므로 그들은 실업자로 방황하다가 결국 도둑질로 연명하는 부랑자가 될 수밖에 없습니다.

수많은 귀족들이 문제입니다. 그들은 게으른 수벌들처럼 소작농들의 고통스러운 노동에 의존하면서 소작료를 끊임없이 올려가며 그들의 피와 땀만 빨아먹고 사는 계층입니다. ……그런데다가 그들은 나아가 자신들과 똑같이 놀고먹기만 하는 엄청나게 많은 가솔들, 어떻게 생계를 꾸리고 사는지에 대해서 배우지도 못한 군식구들까지 거느리고 다닙니다.(23)

일도 안하면서 사치는 다 부리고

장원제
중세 유럽 봉건제의 경제적 기
반이다. 영주의 성 또는 저택
을 중심으로 둘레에 농노들 및
상인들의 주거지가 발달했다.

이처럼 당시 영국 사회에서는 수
많은 귀족들이 소작인들의 피를 빨
아먹기만 하고 사회적으로 유익한
일은 전혀 하지 않으며 군식구들을
거느림으로써 심각한 사회 문제가
되었습니다. 모어는 이러한 귀족들
을 '수벌'에 비유합니다. 수벌은 오
로지 여왕벌과 교미하여 종족을 보존시키기 위해서만 존재한다는
점에서 노동도 하지 않고 사치와 향락에 빠진 귀족들을 매우 적절
하게 묘사했다고 할 수 있습니다.

이러한 현상은 영국에서뿐만 아니라 당시 유럽 전역에서 나타났
습니다. 더욱이 유럽의 각 왕실은 왕권의 안정과 강화에 더욱 골몰
했고, 왕의 권위를 드높이기 위해 그리고 다른 나라에 대해 더 많은
권리를 주장하기 위해 대외 전쟁도 마다하지 않았습니다. 이들은
전쟁이 시작되면 많은 물자와 특히 병사들을 동원해야 하기 때문에
다른 나라에 돈을 주고 대신 싸울 용병用兵들을 들여옵니다. 그러나
문제는 전쟁이 끝난 후의 상황입니다. 운이 좋은 일부 용병들은 귀
족 가문에서 기사로 생활할 수 있지만, 대부분이 유랑자가 되거나
거지가 됩니다. 이러한 사람들을 모어는 사회의 평화를 방해하는
부랑자들이라고 일컬었습니다.

상비군제도˚ 가 일반화되지 않은 상황에서 용병들은 매우 흔한
현상이었습니다. 때로는 평민들이 용병으로 참여하는 경우도 있었
습니다. 그들은 전쟁에서 승리할 경우 상대편의 각종 귀중품 등을

˚ 상비군제도
국가의 비상사태에 대비하여
국가 예산에 따라 전시뿐 아니
라 평시에도 편성·유지되는
군대. 유럽에서는 절대군주제
가 생기면서 용병으로 된 상비
군이 출현하였으나 소규모였으
며, 자국의 정규병으로 된 근
대적인 상비군이 나타난 것은
18세기 무렵부터이다.

노략질하여 비싼 값에 팔거나 심지어 포로들을 노예로 판 대가를 나누어 가지는 관례에 혹해서 전쟁에 즐겨 참여했습니다. 전쟁이 이들의 돈벌이 수단이었던 셈입니다. 이처럼 전쟁터에서 개인적 능력에 따라 노략질을 할 수 있었기 때문에 승리한 측의 병사들에 의해 무자비한 도륙과 약

명예혁명
1688년에 영국 의회가 일으킨 명예혁명으로 평화 시기에는 상비군을 유지하는 것이 금지되기도 했다.

탈이 자행됨으로써 상상을 초월하는 비참한 상황이 벌어졌습니다. 따라서 모어는 용병제도는 물론 상비군제도도 폐지할 것을 주장합니다. 이 시대의 전쟁은 왕이 마음먹기에 달렸기 때문입니다.

　모어는 이 모든 사람을 일하게 함으로써 사회적으로 비참함이 극에 달한 현상을 극복할 수 있다고 보았습니다. 그는 귀족들의 숫자를 제한하고 아울러 귀족들을 보위하고 살아가는 가신들의 숫자도 줄여야 하며 특히 그들에게 다양한 삶의 생활방식을 습득하게 해야 한다고 주장했습니다. 모두가 일을 한다면 생활에 필요한 물자를 충분히 생산할 수 있을 것이라고 기대했기 때문입니다. 결국 모어는 이런 주장들을 통해 근본적으로 귀족과 평민이라는 계급을 타파해야 한다는 주장을 하고 있는 셈입니다.

반인륜적이고 정의롭지도 않는 사형

　생활의 터전을 강제로 빼앗겨 발생하는 유랑 농민, 병들거나 주인 집에서 쫓겨난 하인(가신), 평상시에 손버릇 나쁜 용병 들이 득실거리도록 한 근본적인 원인은 바로 사회구조 때문이었습니다. 그러나

당시 영국의 권력층은 사회구조의 변혁과 근본적인 대응책을 마련하기보다는 그 원인을 모두 개인의 잘못 때문이라고 하여 그들을 체포하고 감금하며 심지어 교수형에 처하기도 했습니다.

> 제가 생각하기에 약간의 돈을 훔쳤다고 해서 도둑의 목숨을 빼앗는 일은 부정의한 것입니다. 아무리 많은 돈과 재산이라 할지라도 그것은 사람의 목숨과 바꿀 만큼 가치 있는 것은 아닙니다. ……하느님께서는 살인을 하지 말라고 가르치고 있습니다. 그런데 약간의 돈을 훔쳤다는 것 때문에 우리들이 살인을 자행하는 것이 과연 정당한 일이라 보십니까?(28)

모어는 얼마 되지 않은 돈을 훔친 대가로 교수형에 처한다는 것은 정의롭지 못하며 사람의 목숨은 그 어떤 재산적 가치와 비교해도 절대 바꿀 수 없음을 강조합니다. 이는 사람의 목숨보다 돈을 더 중시한 당시 왕과 귀족 들의 반인륜적인 행태와 도덕적 타락을 통박_{痛駁}하는 것입니다. 그래서 《유토피아》가 라틴어로 출판된 배경에는, 다른 여러 이유도 있겠지만 당시 사회 지도층과 지식인 그리고 교회 성직자 들에게 널리 읽힐 수 있도록 하기 위함이라고 생각됩니다.

또한 모어는 사형에 처하는 것은 '살인하지 마라'라는 하느님의 가르침을 정면으로 위반한다고 했습니다. 하느님의 계율들을 인간이 자의적으로 해석하고 확대하여 적용한다면, 결국에는 강간, 간음, 위증과 같은 도덕적으로 옳지 못한 일

• 사형제도에 관한 첫 기록은 고대 바빌로니아의 〈함무라비 법전〉(페르시아에서 발견된 돌기둥에 새겨진 민법, 상법, 형법, 소송법, 세법, 노예법 등 282조의 법조문)에 있다(기원전 18~17세기경). 〈함무라비 법전〉은 25개 범죄에 대해서만 사형을 규정했지만, 기원전 7세기 아테네의 〈드라콘 법전〉(기원전 621년경의 성문법)은 가혹하게도 모든 범죄에 대해 사형을 규정했다. 그리고 고조선의 〈8조 금법〉'相殺以當時償殺(사람을 죽인 자는 그 즉시 죽음으로 갚는다)'에도 사형제가 나타나 있다.

십계명
모세는 시나이 산에서 하느님으로부터 십계명을 받아 이스라엘 백성의 지도자가 되었다. 모어는 이 십계명의 계율 중 제6계명인 '살인하지 마라'를 인용하며 당시 무자비하게 자행되었던 사형제도를 비판했다.

들까지도 합법화하려 들 것이기 때문입니다. 이럴 경우 아무도 그것을 막을 수 없게 되며 인간 삶의 모든 영역에서 도덕적 가치를 잃은 일들이 곳곳에서 벌어지고 말 것이라는 경고입니다. 아울러 굶어 죽지 않기 위해 어쩔 수 없이 저지른 단순 절도죄의 대가로 목숨을 빼앗는 것은 하느님의 뜻이 아니라는 것입니다. 당시 영국에서는 잡아온 도둑들을 길거리에서 공개적으로 처형했습니다. 모어의 묘사에 따르면 길거리에서 도둑 스무 명을 한꺼번에 교수대에 매달기도 했다고 합니다.

때때로 수도원과 종교, 길드 등에서 조합 형식으로 걸인들을 지원하거나, 귀족들 가운데 극히 일부가 그들에게 자선을 행하기도 했습니다. 그러나 이처럼 일정 정도 지원을 하는데도 도둑들이 줄어들기는커녕 계속 증가하는 것에 대해서 그들도 문제의식은 가지고 있었습니다. 따라서 그 대책으로 나온 것이 이른바 구빈법과 부랑인·걸인법, 구걸제한법, 건장한 부랑자·걸인처벌법 등입니다. 이 밖에 빈민에 대한 구호도 있었으나, 초기 법들은 주로 건장한 사람들이 걸식하는 행위를 막고 허가된 지역에서 허가된 자들만이 걸인 생활을 할 수 있게 하는 데 주요 목적이 있었습니다. 이렇듯 일말의 지원과 강력한 처벌을 병행하고 있었음에도 영국 사회에서 부랑자들의 숫자는 전혀 감소하지 않았습니다.

모어는, 단지 돈을 훔친 것에 대해서가 아니고 정의를 지키는 법을 침해한 것에 대한 형벌이라 할지라도 그와 같은 정의의 개념은 받아들일 수 없다고 강조합니다. 단순절도범, 그것도 사회구조적으로 생겨날 수밖에 없는 범죄자에 대한 충분한 대책 없이 사형을

• 구빈법
1348년의 구빈법은 연이은 흉작과 흑사병으로 인한 인구 감소 및 노동력 감소 등에 대한 대책으로 만들어졌고, 1488년에 정부보다는 교회 중심이던 구빈법을 보완하여 정부 개입의 성격을 좀 더 강화했다.

• 부랑인·걸인법(1494)
인클로저가 극에 달한 시점에서 걸인과 부랑자가 급증하자, 이에 대한 대책으로 강제노동과 태형을 가하는 한편, 반복적으로 적발되면 신체에 낙인을 찍기도 했다.

• 구걸제한법(1531)
부랑인·걸인법을 발전시켜 시장 및 치안판사 등이 무능력자와 걸인의 생활실태조사를 실시하고 지역 내에서 구걸할 수 있게 등록하도록 했다.

• 건장한 부랑자·걸인처벌법(1536)
글자 그대로 건장한 사람들은 구걸을 금지하고 일할 수 있도록 강제화했고, 5세부터 14세까지의 부랑자들은 도제제도로 편입시켰으며, 이를 거부할 경우 노예화하거나 부랑자이면서 상습범죄를 저지른 자들은 교수형에 처할 것을 규정했다.

명한다는 것은 법적 정의와 전혀 관계가 없다는 것입니다. 역사적
으로도 당시 영국 사회에서는 일반인들에 대한 사형이 아무런 죄의
식 없이 집행되고 있었기 때문에 기독교 신앙인으로서 모어는 이
부분에 더 많은 고통을 느꼈을 것입니다.

● 헨리 8세의 재위 기간(1509
~1547)에 처형된 사람 수가 7
만2천 명에 이른다고 한다.

　단순한 절도는 사형을 가할 만큼 큰 범죄는 아닙니다. 게다가 식량
을 전혀 구할 수 없어서 도둑질밖에 할 수 없는 사람들에게는 사형이
아니라 더 심한 형벌을 가한다 해도 결코 그 짓을 막을 수 없습니다.
……모든 사람이 도둑이 되기 전에 소름 끼치는 궁핍한 상황에 놓이
지 않도록 모두에게 살아갈 수 있는 수단을 제공하는 것이 무시무시
한 처벌을 가하는 것보다 훨씬 더 중요합니다.(22)

이는 범죄들마다 그 무게가 각각 다르기 때문에 종류에 따라 형
벌을 달리해야 한다는 의미입니다. 여기에서 모어는 '모든 범죄는
동일하기 때문에 절도죄나 살인죄나 마찬가지다'라는 스토아학파
와 같은 법해석은 받아들일 수 없다는 것을 분명히 합니다. 모어는
스토아학파의 견해처럼 일반적인 절도범을 살인범과 똑같이 사형
으로 다스린다면 자기의 죄를 은폐하기 위해 목격자를 살해하도록
절도범을 유도하는 결과를 낳는다는 매우 실제적인 측면에서 절도
범의 사형을 논리적으로 반대했습니다. 따라서 모어는 죄의 무겁고
가벼움에 따라 적당한 양형量刑 기준으로 범죄를 다루어야 한다고
보았습니다. 아울러 절도 행위를 부추기는 상황을 방치한 사회가
사형이라는 극단적인 방법을 동원하더라도, 사람들에게는 현실의

● 스토아학파stoicism
기원전 3세기경 고대 그리스의
철학자 제논이 창시하고 로마
의 철학자 세네카 등이 완성한
그리스 철학사조. 윤리학을 주
로 다루었고 준엄한 도덕주의
와 의무의 엄격한 준수를 강조
한 학파이다.

빈곤과 비참함이 더 절실하므로 절도 범죄는 줄어들지 않을 것임을 강조합니다. 따라서 시민을 궁핍한 생활에서 벗어나게 할 수 있는 수단을 제공하는 것이 실질적인 대책이라고 주장합니다. 이와 같이 모어는 정의론적 관점과 종교적 관점 그리고 실제적인 측면에서 사형을 반대하는 한편, 이러한 문제를 해소하기 위해 그들에게 일할 수 있는 여건을 만들어 주거나 생활을 유지할 수 있는 수단을 제공하는 것만이 유일한 해결책이라고 강조합니다. 그리고 중범죄의 경우에도 사형보다는 양형 기준에 따라 중노동을 시키는 것이 사회에 더욱 유용하다고 주장했습니다.

최근 몇 년간 사형제도에 대한 논란이 한국에서도 뜨겁게 일어나고 있습니다. 1999년 제15대 국회, 2001년 제16대 국회, 2004년 제17대 국회, 2008년 제18대 국회를 통해 지속적으로 사형 폐지 법안이 발의˙되어 사회적 쟁점으로 논란이 되었으나, 어떠한 결론이 없이 현재까지 유지되고 있습니다.˙

근본적으로 인간의 생명은 인간의 존엄과 가치를 측정하는 마지막 수단이며, 사형은 반인륜적이고 비인간적인 제도로서 사형제도는 인간의 원초적 보복심이 빚어낸 결과일 뿐입니다. 따라서 문명화된 국가, 문명화된 사회, 문명화된 시대에서는 사형을 폐지하는 것이 당연합니다. 2009년을 기준으로 사형제도를 유지하고 있는 국가는 59개국이지만, 실제로 형을 집행하고 있는 나라는 18개국에 불과합니다. 한국도 최근 10년간 형을 집행하지 않고 있어 실질적인 사형 폐지 국가로 분류되고 있습니다.

˙ 발의發議
회의에서 토의할 안건을 제출하는 것.

˙ 1996년 헌법재판소는 '사형이 비례의 원칙에 따라서 최소한 동등한 가치가 있는 다른 생명 또는 그에 못지아니한 공공의 이익을 보호하기 위한 불가피성이 충족되는 예외적인 경우에만 적용되는 한, 그것이 비록 생명을 빼앗는 형벌이라 하더라도 헌법 제37조 제2항 단서에 위반되는 것으로 볼 수 없다'라고 판시하면서도, '시대 상황이 바뀌어 생명을 빼앗는 사형이 가진 위하(위협)에 의한 범죄 예방의 필요성이 거의 없게 된다거나 국민의 법 감정이 그렇다고 인식하는 시기에 이르게 되면 사형은 곧바로 폐지되어야 한다'라고 밝힌 바 있다.

02 사유재산제도와 인간의 탐욕

모두의 행복을 말살하는 소수의 탐욕

모어는 일반 시민의 생활이 어려워질 수밖에 없는 상황을 치밀하게 관찰했습니다. 앞서 살펴본 인클로저 사태는 국가 전체에서 소수를 점하고 있는 교회와 귀족과 지주 들이 탐욕에 눈이 멀어 자기 소유의 땅으로부터 더 많은 수익을 얻으려고 한 것에서 비롯되었습니다. 더 많은 돈을 벌어들이는 한 방법으로 농업보다 이익을 더 많이 낼 수 있는 다른 산업 분야를 택한 것이지요. 그 결과 농민 유랑자, 부랑자, 절도범 들이 대량으로 발생했으며, 모어는 이를 비판했습니다.

또한 모어는 인클로저의 영향으로 나타난 양모 산업의 독과점 폐

해에 대해서도 지적하며 독과점을 금지하라고 주장합니다. 아울러 다른 산업 분야로 확산되는 연쇄적인 파급 효과에 대해 상세히 설명합니다. 양들에 대한 매점매석 으로 발생하는 가격의 폭등, 농경지의 파괴로 인한 식재료 생산의 감소, 이로 인한 식량 가격의 등귀 는 결국 서민들의 생활비 부담 가중으로 이어지고, 또한 생활비 증가는 임금 인상 요구와 연결되며, 이 때문에 고용주들이 노동자들을 해고하는 결과를 초래하여, 결국 일자리를 상실한 노동자들은 걸인이나 도둑으로 전락할 수밖에 없다는 것입니다. 모어의 이 같은 설명은 현대 경제학에서 대두되는 산업 간의 파급 효과를 정확히 꿰뚫어 보고 있었습니다.

> 매점매석買占賣惜
> '매점'과 '매석'을 합성하여 만든 경제용어. 물건값이 오를 것을 예상하여 해당 물건을 필요 이상으로 대량 사들이거나(매점), 상인이 물건값이 오르기를 기다렸다 팔기 위해 물건을 파는 행위를 꺼리는 일(매석)을 말한다.

> 등귀騰貴
> 물건의 값이 뛰어오름.

전국적인 인클로저로 인해 많은 지역에서 곡물 가격이 급등했습니다. 그리고 양모값이 급격히 치솟아 가난한 직공들은 양모를 살 수 없게 되었으며, 이는 많은 사람들이 자신의 일터에서 해고된다는 의미입니다. 양모 가격이 오른 이유는, 경작지를 목초지로 바꿔 대량으로 양들을 키우기 시작한 이후 양들 사이에 역병이 돌게 되었고 이로 인해 양들이 떼죽음을 당했기 때문입니다. ……그러나 양들이 병들어 죽지 않았다 할지라도 양모값은 전혀 내리지 않았을 것입니다. 엄밀하게 보면 독점 시장 이라고까지 할 수는 없다 해도, 양모 시장이 거의 전적으로 극소수 부자들의 손아귀 안에 들어갔다는 점에서 과점 시장 이 되어 버렸기 때문입니다. 이들은 돈이 많기 때문에 팔고 싶은 마음이 들지 않는 이상 양을 팔 필요성을 못 느끼며, 자신들이 원하는 높은 가격을 받을 수 있을 때까지 팔지 않고 기다리기만 합니다.(26)

> 독점 시장monopoly
> 오직 하나의 공급 주체가 제품과 서비스를 공급하는 시장으로 시장에 대해 절대적인 영향력을 행사함으로써 가격 경쟁이 없는 시장 형태.

> 과점 시장oligopoly
> 소수의 생산자들이 제품과 서비스를 공급하는 시장 형태로, 시장에서 큰 영향력을 행사하지만 다소의 경쟁이 가능하다.

• 16세기 유럽의 물가 급등은 식민지로부터 금과 은이 대량으로 유입된 결과로 화폐의 양이 증가했기 때문이며, 또한 인구의 증가가 영향을 준 것으로 연구되고 있다. 당시 사람들은 상인들이 매점매석을 통해 물가를 올린다고도 생각하기도 했다. 한편 영국에는 이와 함께 특히 인클로저의 영향도 있었다.

인클로저는 옥수수나 밀과 같은 곡물 가격을 상승시킵니다. 이는 논과 밭을 모두 목초지로 바꿔 버린 탓에 경작지가 그만큼 감소하고 따라서 생산량도 급격히 축소되기 때문입니다. 또한 매점매석으로 인한 양모 가격의 급등은 수요를 감소시키고, 공장은 수요 감소에 대응해 생산량을 감축하므로 이때 불필요해진 작업 노동자들을 해고하게 됩니다. 이처럼 인클로저의 영향으로 발생한 식료품 등의 물가 상승과 실업자의 증가는 많은 농민과 유랑민 등을 포함하여 서민 전체를 고통 속에 빠뜨렸습니다.

여기서 모어는 양모 가격의 급등에는 두 가지 원인이 작용한 것이라고 합니다. 하나는 대량 사육에 따른 역병(혹은 양의 간장병)으로 양모의 공급이 대폭 격감했기 때문입니다. 이를 두고 모어는 인간의 탐욕이 부른 결과로 어쩌면 목장의 주인들이 걸렸어야 할 병이라며 탐욕스러운 부자들에게 저주를 퍼붓습니다. 그리고 또 다른 원인으로 양의 사육과 양모 공급을 소수 부자들만이 손아귀에 움켜쥐고 있는 독과점적 시장 상황을 들었습니다. 이 독과점 체제는 당시 주로 왕족과 귀족 들의 결탁에 의해 이루어지고 있었습니다.

이와 같은 상황은 또한 다른 가축의 가격을 끌어올리고 말았습니다. 농가들이 폐쇄되고 농민들이 사라지면서 농업이 쇠퇴했고, 따라서 가축들을 기르는 사람들이 부족하게 된 것입니다. 부자들은 직접 양이나 송아지 등 가축을 키우는 일은 결코 하지 않는 사람들입니다. 그들은 단지 비쩍 마른 가축들을 싼값으로 구입해서 자기 목초지에 방목해 놓고 살찌기만 기다렸다가 큰 이윤을 붙여 되팔아먹는 사람들일 뿐입니다. ……그런데 그들이 현재 가축을 팔고 있는 지역에서뿐만 아니라 다른 지역에서 데리고 온 가축들까지 제대로 사육시키기보다 오로지 가격을 올려 되팔아먹는 방식만을 유지하고 있다는 것이 더욱 심각한 문제입니다. 이런 상황이 지속되면 가축 생산지의 가축들은 점차 감소할 것이고, 궁극적으로는 모든 지역에서 심각한 가축의 고갈 상태가 도래할 것입니다.(26)

인클로저는 양모를 얻기 위해 오로지 양을 사육할 목초지만 확대했으므로 농민들의 감소와 함께 그들이 사육하는 다른 가축들, 예컨대 소와 닭 등의 사육 농가도 감소시켰습니다. 이로 인해 가축의 공급량이 크게 줄어들어 다른 가축들의 가격에도 큰 영향을 미쳤습니다. 또한 부자들은 가축들의 숫자를 늘려 가는 사육 방식보다는 단순히 방목하다가 살이 오른 가축들을 내다 팔기만 하므로 그 자체만으로도 가축들의 숫자가 줄어들게 했습니다. 이런 상황이 특정 지역에서만 이루어지는 것이 아니라 전국적으로 확대되었기 때문에 전역에서 물량의 품귀˚ 현상이 나타나고 가격이 급등함으로써 시민의 비참한 생활은 더욱 심각해졌습니다.

• 품귀品貴
공급되는 물품이 수요에 비해 적어 물건 구입이 어려워짐.

유랑 농민
무수히 많은 농민들이 인클로저의 영향으로 인해 대량 해고되어 일터를 잃었다. 그들은 일을 찾지 못해 떠돌아다녔으며 도둑이나 거리의 부랑자로 전락하는 일이 부지기수였다.

이런 결과는 탐욕스러운 몇 사람들 때문에 영국이 받은 혜택의 하나인 자연환경을 국가적인 재해 지역으로 바꾸어 버릴 것입니다. 또한 나아가 식량 가격이 계속해서 오르면 고용주들이 수많은 하인들을 해고할 것이고, 쫓겨난 많은 하인들이 불가피하게 거지나 도둑으로 변할 것임을 의미합니다. 이런 상황에서는 말짱한 정

신을 가진 사람이라도 도둑질이 더 쉽게 받아들여질 수밖에 없을 것입니다.(26)

결국 인클로저에 따른 수입 감소와 각종 생활필수품의 가격 급등으로 인해 시민 전체적인 수요가 감소되는 악순환이 반복되어 국가적인 재앙으로 전이되었다는 것입니다. 모어는 소수의 귀족과 부자 그리고 그들과 결탁한 왕족이 더 많은 돈을 벌어들이고자 취한 정책 결정과 집행, 즉 인클로저로 인한 목양 산업의 집중이 한 국가를 재앙으로 몰고 갈 수 있다는 점을 심각하게 우려했습니다.

실제로 당시에는 1차 인클로저 가 극심해지면서 사회·환경적으로 그 폐해가 두드러지게 나타나고 있었습니다. 물론 거시경제학 관점에서는 인클로저로 인한 또 다른 긍정적인 평가가 있기도 합니다. 그것은 양모 산업의 발전과 자본 축적, 국토의 효율적 활용이라는 점 등에서 볼 때 어떤 형태로든 발전이 있었다고 할 수 있습니다. 하지만 앞서 제시했듯이 당시에는 그로 인한 부정적인 효과가 절대적으로 크게 나타난 것이 사실입니다. 그뿐만 아니라 각종 물산物産에 대해서도 매점매석이 횡행하여 서민들의 생활을 더욱 어렵게 했습니다.

이러한 역사적 사실들은 현대적 의미에서도 국가와 산업의 균형 발전에 대해 시사점을 던져 줍니다. 정부가 특정 산업을 과도하게 육성할 경우, 혹은 시장의 무질서를 방임할 경우 다른 산업의 성장에 도움이 되기는커녕 오히려 국민 생활에 어려움을 줄 수 있다고 말입니다.

1차 인클로저
1차 인클로저 시기는 보통 1450년부터 1640년까지로 보고 있으나, 인클로저 사태가 극에 달한 시기는 1400년대 후반부터 1500년대 중반까지로 본다.

거시경제학macroeconomics
영국의 경제학자 케인스의 《고용·이자 및 화폐의 일반이론 The General Theory of Employment, Interest and Money》(1935)에 의해 확립된 경제학 분야로 미시경제학microeconomics과 대립된다. 미시경제학이 개별 경제주체들 간의 행위와 상호 영향 등을 기초로 분석하는 데 비해, 거시경제학에서는 국민소득 이론에 입각한 소비·투자·저축 등의 집계량을 바탕으로 국민소득, 물가, 실업, 환율, 국제수지 등 경제 전반에 영향을 미치는 변수들을 연구한다. 매크로경제학이라고도 한다.

*농업 생산력 증대와 농업자본의 급격한 팽창을 통한 영국 초기자본주의 시기에서의 자본 축적을 말한다. 영국 산업혁명의 물적 토대가 이 시기에 구축되었다.

부자들이 시장을 왜곡시키는 매점매석과 실질적 독점 체제를 구축하지 못하도록 금지시켜야 합니다. 무위도식 하는 자들의 수를 줄여야 합니다. 농업과 직물 산업을 되살려서 대규모의 실업자군들, 예컨대 절도범들, 궁극적으로는 도둑이 될 수밖에 없는 유랑자와 게으른 하인 들이 다시 일할 수 있도록 '올바르고 유용한 일자리'를 대량으로 만들어 내야 합니다.(27)

무위도식無爲徒食
아무런 하는 일 없이 놀고 먹음.

이처럼 모어는 피폐해질 대로 피폐해진 일반 시민의 생활 처지를 종식시키는 방안을 제시하고 있습니다. 나라를 곤궁에 빠뜨린 책임자는 누구라도 책임을 지고 폐허로 변한 곳을 재건하는 법을 만들거나, 아니면 재건의 뜻이 있는 사람에게 경작지를 넘기는 법을 만들어야 한다고 주장합니다. 또한 시장의 거래 질서를 문란하게 만든 매점매석을 금지시키고, 독과점적 시장구조를 개혁하고 금지할 것을 주문합니다. 그리고 대량의 실업자들을 해소하기 위해서는 근본적으로 농업과 모직 산업을 재건해야 한다고 주장합니다. 모어는 이러한 근본적인 조치들이 이루어지지 않고서는 절도범들에게 합당한 정의가 행해지고 있다고 할 수 없으며 이러한 정의는 허울뿐인 정의라고 단정합니다.

당시 중세 유럽의 시장 풍경

이를 통해 모어는 당시 문제적 사회상에 대해 책임자의 처벌을 강조하고 있습니다. 당시의 왕족과 크고 작은 귀족과 부자 그리고 여기에 가담한 성직자와 관리, 이른바 사회 상층부의 기득권 세력 모두가 그 책임자입니다. 모어는 이들이 서민들에 대해 어떤 형식으로든 책임을

물어야 된다고 주장하는 것입니다. 당시로서는 상상할 수 없을 정도의 강한 지도층에 대한 공격입니다. 비록 허구적인 소설 형식을 빌린 것이지만, 모어는 당시 영국 사회의 명백한 반체제 인사라 할 수 있습니다.

그러나 모어의 의도가 무엇이든 그가 제시한 농업의 재건은 대량의 실업을 해소할 수 있는 실질적 방안입니다. 또한 농업과 더불어 모어가 직물 산업의 재건을 강조한 데에는 그 나름의 이유가 있습니다. 직물 산업은 비록 처우가 형편없지만, 일자리를 창출할 수 있는 분야이기도 합니다. 당시 영국은 이미 양모의 원모만을 채취해서 수출하는 단계를 넘어서 그것을 가공하여 직물로 수출하던 시기였습니다. 그렇기 때문에 모어는 몇몇 부자들에 의해 독과점적으로 운영되는 공장 형태와 생산 체제가 아니라 독과점을 금지해서 더 많은 수공업적 공장 경영이 생겨날 수 있도록 한다면 일자리가 더 늘어날 것이라는 판단에서 언급한 것입니다. 실제로 영국의 산업은 16세기 중반부터 직물 산업이 크게 발전하여 직물의 수출량이 급격히 증가했으며, 이를 통해 수십만 개의 일자리를 만들어 냈습니다. 아울러 인용문에서 모어가 제시한 '올바르고 유용한 일자리'란 일하고자 하는 실업자가 득실거리는 탓에 감수해야 했던 형편없이 낮은 임금과 극도로 열악한 근로 여건을 개선한 일자리라 볼 수 있습니다.

모어는 이와 더불어 시민이 빈곤 계급으로 추락하여 도둑이 될 수밖에 없는 또 다른 이유도 거론하고 있습니다.

수공업적 공장 경영manu-facture
기술적으로는 수공업적인 도구를 쓰지만, 임금노동자의 분업에 바탕을 둔 협업 위에 조직되는 산업자본의 초기적 형태. 산업혁명으로 수공업적 공장 경영 형태는 사라졌다.

게다가 비참하리만큼 빈곤한 상황을 더욱 악화시킨 것은 바로 그들의 생활과 극히 모순된 고급스러운 취향들입니다. 하인과 상인 심지어 농장 노동자, 사실상 사회 모든 계층의 사람들이 옷과 음식에 대해 이루 말할 수 없이 사치스럽습니다. 게다가 얼마나 많은 매음굴이 있고, 선술집이나 거친 맥주집을 포함한 가게들이 얼마나 많은지를 생각해 보십시오. 그리고 도처에 부도덕한 게임들, 예컨대 주사위놀이, 백개면, 테니스, 볼링, 고리던지기 등이 성행하는지를 생각해 보십시오. 이런 도박 게임들이 그들의 돈을 순식간에 탕진시킬 뿐이고 그들을 곧바로 도둑이 되도록 내모는 수단이 아니면 뭐겠습니까?(27)

• 백개면Backgammon
2개의 주사위를 던지고 그 점수에 따라 테이블이나 놀이판에서 말을 움직이며 노는 놀이.

즉 사회 전반적으로 불어닥친 방탕하기 그지없는 사치와 향락 그리고 도박 때문이라고 보았습니다. 이와 같은 현상은 물론 개인의 취향과 선택에 따라 결정되는 것입니다만, 노동자들까지도 고급스러운 옷을 입고 사치와 각종 도박에 빠지고 술집을 드나들다가 결국 가진 돈을 모두 탕진하고 걸인으로 또는 도둑으로 전락하고 있습니다. 모어는 이를 단지 그들 개인의 문제가 아니라 왕족과 귀족 그리고 그 가솔들의 사치와 향락이 사회 전체에 부정적인 영향을 준 결과라고 보았습니다. 그가 바라본 당시 영국 사회의 이런 세태들이 현재 한국에서도 아무런 문제의식 없이 확산되고 있습니다.

나아가 모어는 교회와 수도원의 역할도 비판했습니다. 당시에는 영국 시민의 최소 약 5분의 1이 걸인 계층에 속해 있었음에도 교회에서 전통적으로 해오던 자

베네딕투스 수도원Bene-
dictus Abbey
몬테카시노 수도원이라고도 하며, 529년경 누르시아 출신 베네딕투스가 로마 남동쪽 몬테카시노에 아폴론 신전을 부수고 세운 수도원. 1866년에 수도원 건물이 이탈리아 국가 기념물로 지정되었다. 이탈리아 몬테카시노 소재.

캔터베리 대성당
영국 잉글랜드 캔터베리에 위치해 있으며, 중세 영국 성공회의 중심지였다. 영국의 추기경이자 행정가이자, 정치인 (1420~1500) 존 모턴이 대주교로 있었다.

선 활동이 극히 저조했던 것으로 보입니다. 그래서 그는 길거리에 쏟아져 다니는 수많은 걸인과 유랑민을 베네딕투스 수도원에 입회시켜 남자는 수사로, 여자는 수녀로 만들면 어떻겠느냐고 제안하면서, 소설 속에 등장하는 유랑 수도사들은 그나마 다행이라고 말합니다. 그리고 소설 속의 캔터베리 대주교 존 모턴도 그의 비판을 묵인한 것으로 묘사됩니다. 모어는 자신이 속한 종교이지만, 종교인들의 각성과 함께 그들의 사회적 역할을 강조했습니다.

행복할 수 없는 사유재산제도

당시 유럽 사회에서는 귀족과 왕족, 교회와 관련된 상류층이나 부유층은 호사스러운 생활을 한 반면, 대다수의 시민은 비참한 생활 속에 하루하루를 연명해야 했습니다. 특히 영국의 시민이 더욱 비참해진 것은, 영국 정부가 양모 산업의 발전을 통해 조세 수입을 증대하는 정책을 펴는 한편, 마찬가지로 지배 계층이 더 많은 수입을 올리기 위해 거의 모든 경작지를 목초지로 전환했기 때문입니다. 이러한 결과는 사회적으로 여러 병폐를 낳았습니다. 우선 농민들이 할 일을 잃고 부랑자가 되어 버렸으며, 농업의 쇠퇴로 인해 곡물과 가축의 가격이 급등했고, 실업자가 늘어나면서 시민의 일상생활 수준이 급격히 하락했습니다. 그리고 부랑자가 된 농민과 하인,

가난한 직공들은 대부분 도둑이 되었고 지배 계층은 이들에 대한 근본적인 대책을 마련하기보다 무작정 사형을 선고했습니다. 이로써 정의의 수호자로 여겨지던 법이 그 자체로서의 역할을 못하고 결국 허울뿐인 정의만 난무하게 되었습니다. 그리하여 사회적으로 계급 간의 빈부격차가 극에 달했습니다.

극소수 사람에게 부가 편중된 16세기 영국 사회
당시 하층민들은 구걸을 하거나 도둑질 말고는 아무런 일도 할 수 없는 비참한 처지로 몰락해 가고 있었다.

● 헨리 8세Henry VIII
잉글랜드의 왕(재위 1491~1547). 수장령(1534)과 수도원 해산(1536)을 통해 영국국교회를 확립하고 왕권 강화를 도모했으며, 총신 3인(토머스 울지, 토머스 모어, 토머스 크롬웰)을 곁에 두었으나, 결국 모두 처형했다.

이처럼 동일한 인간으로 태어나 불평등한 삶을 살아가는 현상을 목도한 종교인이자 인문주의자인 모어는 인간의 절대평등을 추구하게 됩니다. 사회의 반인륜적인 문제를 척결하기 위한 당국의 정책 변화와 사회 지도층들의 각성을 촉구하며 실제로 헨리 8세 시절 국정에 참여해 개선 법안을 마련하기도 했으나, 자기의 뜻을 충분히 관철시키지 못한 것으로 보입니다. 비참한 현실에 대한 고뇌 끝에 나타난 것이 바로 사유재산제도의 폐지에 관한 그의 생각입니다.

사유재산이 존재하고 모든 것이 돈이라는 관점에서 판단되는 한, 저는 진정한 정의나 진정한 번영은 결코 이루어질 수 없다고 봅니다. 또한 삶에서 가장 최선의 조건들이 최악의 인간들에게 주어져 있는 한, 정의롭다 할 수 없습니다. 아울러 모든 부가 극소수의 사람들에게 편중되어 있는 한, 그 국가의 진정한 번영은 달성되었다 할 수 없습니다. 이는 다른 사람들이 모두 비참한 상황 속에서는 극소수의 부자들도 전적으로 행복하다 할 수 없기 때문입니다. ……건강한 사회를 위

플라톤
고대 그리스의 철학자(기원전
428~기원전 347). 소크라테스
의 제자로 아카데미를 개설하
여 전 생애를 교육에 바쳤다.
철학자가 통치하는 이상 국가
의 사상으로 유명하다. 저서에
《소크라테스의 변명》, 《국가》
등이 있다.

해 절대적으로 필요한 것은 재화의 평등한 분배임을 주장한 플라톤의
생각과도 통하지만, 결국 부자들 중심의 체제capitalism 아래서는 평등
한 분배가 불가능할 것이라고 생각합니다. 모든 사람들에게 그가 가
진 능력껏 최대한의 자산을 손에 넣어도 좋다고 허용한다면 아무리
많은 재산이 존재한다 해도 이용할 수 있는 재산은 극소수 사람들의
손아귀로 빨려 들어갈 것이므로, 나머지 사람들은 모두 가난해질 것
이기 때문입니다.(44)

모어는 진정한 정의로움과 번영은 사유재산제도가 허락되는 한
어디에서도 달성될 수 없다고 보았습니다. 그리고 건전한 사회의
발전을 위해서, 특히 그 속에 사는 사람들이 모두 인간다운 삶을 영
위하고자 한다면 모든 재화를 평등하게 분배하는 것이 반드시 선행
되어야 하는데, 부유층을 중심으로 사유재산제도가 운용되는 체제
에서 재화의 균등한 분배는 불가능할 것이라고 합니다. 아울러 그
러한 자유가 허용되면서 일정한 제약을 가지지 않는다면 궁극적으
로 모든 재산이 법과 제도를 좌우하는 부유층과 특권층에게 집중되
어 버릴 것이라고 예견합니다.

결론적으로 모어는 평등한 분배가 1차적으로 이루어질 수 있도
록 한다 할지라도 자산 취득에 대해 무한한 자유를 허락한다면 모
두에게 고른 분배가 이루어지지 못할 것이라고 강조합니다. 이에
대해 모어는 부자들이 탐욕적이고 비양심적인 반면에 가난한 사람
들은 소박하고 겸손한 사람들이기 때문이라고 표현하는데, 여기에
서 그가 부자와 권력자와 귀족 들에 대해 갖고 있는 인식의 단면을

볼 수 있습니다.

 하지만 만인에게 공평하게 적용되는 법제도가 발달한 현대에는 모어가 살던 시대와 달리 착한 부자도, 악한 가난한 자도 있을 수 있습니다. 다양한 법제도가 부자들로 하여금 공정한 길로 나서지 않을 수 없도록 강제하는 측면이 있으므로, 당시 혹은 그 이전의 가진 자들의 행태와는 비교할 수 없을 정도로 그들의 인식과 행위 그리고 행태가 변화되었습니다.

 사유재산이 완전히 폐지되지 않는다면 재화는 정의롭지 않게 배분될 것이고, 인간다운 삶을 위한 만족스러운 시스템이 결코 구축될 수 없을 것입니다. 이러한 제도 아래서는 절대다수의 인류가 빈곤과 고난과 근심이라는 굴레 속에서 벗어나지 못하고 평생토록 그 고통을 받을 수밖에 없을 것입니다. 그 짐들을 전혀 경감시킬 수 없다고 할 수는 없지만, 사유재산 체제에서는 그들의 어깨에서 무거운 짐을 결코 내려놓을 수 없을 것입니다.(45)

 정의로운 사회가 되려면 우선 사유재산제도가 사라져야 합니다. 이 제도는 소수만을 위해 만들어진 것일 뿐이라서 이런 체제 속에 사는 한 모든 인류는 고통스런 삶을 살 것입니다. 그리고 모어는 이 대목에서 그 고통의 짐들을 경감시킬 수 있는 몇 가지 대안을 제시합니다. 특권층의 재산 소유를 한정하는 법을 만들고 그 법을 통해서 권력자들 사이에 권력의 균형을 유지하도록 하는 것이라든지, 매관매직을 법으로 금지시키는 것, 그리고 공직자들의 국고 횡령을

자본가와 노동자
중세 시대의 자본가와 노동자
의 관계를 표현한 그림이다.

엄격히 처벌하는 것 등입니다. 모어는 시민의
고통을 경감시키기 위해 근본적으로 사유재산
제도의 폐지를 이상적으로 제안했으나, 이처럼
실현 가능한 대안들도 더불어 제시했습니다.
그러나 사실상 당시에는 이러한 제도가 도입되
기에 어려운 점이 있었으므로 결코 고통의 짐
들을 내려놓을 수는 없다고 본 것입니다.

　모어 시대에는 부를 많이 축적한 사람들을 가리켜 '자본가
capitalist'라고 했으며 이들이 중심이 되어 운용되는 구조를 '자본주의
capitalism'라고 표현했습니다. 자본가들은 사회의 핵심 세력으로 자리
잡아 자신의 이익을 위해서 각종 법과 제도를 만들었습니다. 그러
므로 이를 제한하도록 고안된 모어의 대안들은 당연히 도입되기 어
려웠겠지요. 따라서 당시 모어가 자본주의 자체를 비판했다기보다
는 '자본가의 체제capitalist system'에 대해 비판했다고 하는 것이 좀 더
정확할 것입니다. 물론 현대도 자본가 중심 사회로서 자본을 가장

고대 아테네의 민주주의
오늘날 민주정치의 시초가 된
아테네의 민주정치는 민회,
500인 평의회, 시민 배심원으
로 구성되어 있다. 20세 이상
남자 시민 모두가 참여할 수
있는 직접민주의이며, 그 수
가 많아 만장일치가 될 수 없었
으므로 다수결의 원칙에 따랐
다. 그러나 시민권을 가진 제한
된 수의 사람들만을 위한 제도
로 노예, 여성, 외국인 들은 참
여하지 못했다. 사진은 고대 아
테네의 직접민주주의의 중심지
인 아고라 광장이다.

중시하는 상황에 따라 권력이 집중되고 마찬가지로 그 권력자들에게 자본이 집중되기 때문에, 당시와 현대에서의 그 수준 차이는 있겠지만 본질은 여전히 동일합니다.

모어가 살던 시대에는 현대적 의미의 자본주의 시대보다, 그리고 현대의 부자와 권력자 중심의 세계보다 훨씬 더 그 폐해가 심각했습니다. 이는 현대 자본주의에 비해 초기 자본주의 시대(상업자본주의)에는 사회 기능이 충분히 발달하지 않았고, 특히 민주주의나 개인의 인권이 보장되지 않은 시대였기 때문입니다. 따라서 모어가 대안으로 제시하는 민주주의는 결과적으로 정치적 민주주의로 요약되며, 현대 민주주의도 대체로 정치적인 용어로 사용됩니다. 그러나 사실 민주주의는 모든 영역에서 적용되어야 합니다.

16세기는 물론 현대에 있어서도 고대 아테네의 직접 민주주의는 시사하는 바가 많습니다. 특히 최근 한국에서 직접민주주의에 대한 논의가 활발히 진행되고 있는데, 이는 민주주의 본래의 뜻에 도달하고자 하는 많은 사람들의 염원이 있기 때문이며, 반면에 참된 민주주의의 방식이 현실에서 제대로 작동되지 않고 있음을 역설적으로 표현하는 것이기도 합니다. 참된 민주주의를 향한 염원은, 사유재산제도가 정착된 이래 그 폐해로 나타난 잘못된 정치와 절대다수 시민의 비참함을 개혁하려는 움직임으로 도처에서 빈번하게 나타났습니다.

가장 오래된 개혁으로 기록된 것은 기원전 594년에 실시된 솔론의 개혁입니다. 이때부터 아테네의 민주주의 정치가 구체화되기 시작한 것으로 보이며, 이후 150여 년간 민주주의가 크게 진전되었습

• 경제 측면에서의 생산과 분배는 물론 크고 작은 집단에서 이루어지는 모든 의사결정에 해당 구성원들 모두가 참여해서 각자의 의견을 드러내고, 다양한 의견을 집대성한 결과로써 모든 분야와 집단, 국가의 행동이 결정되는 것이 민주주의이다.

• 솔론solon
그리스 아테네의 정치인이면서 시인(기원전 630년경~기원전 560년경). 귀족 출신이었으나, 귀족 정치를 마감하고 농민들에게 토지를 돌려주기 위한 개혁을 단행했다. 부채 탕감, 채무노예 금지, 상공업의 장려, 화폐개혁, 중간 계층의 정치 참여 등을 법적으로 규정했다.

● 클레이스테네스Cleisthenes
아테네의 정치가(기원전 570
~508년경). 최고 행정관을 지
내면서 시민으로 구성된 민회
와 연합하여 민주개혁을 시도
했다.

● 500인 평의회제도
아테네의 20세 이상 모든 남
자 시민이 참여하는 최고의결
기관을 민회라고 하며, 평의회
는 민회에서 선출된 배심원으
로 구성되며, 민회에 법안을
제안하는 기구로 돌아가면서
선출된 500명으로 구성된다.
두 번 이상 평의회원으로 선출
되지 못하므로, 아테네의 모든
시민은 평생 최소 한 번은 직
접 정치에 참여할 수 있었다.

● 그 가운데 대표적인 것이 엄
격한 신분제이다. 귀족과 왕족,
평민과 노예로 나뉜 신분제도
는 결국 한두 가족의 고귀한 신
분을 가진 부류들의 자연적인
증가와 함께 그들만의 결혼을
통해 다른 힘 있는 세력과 연대
하는 등의 방법으로 자신들의
안위를 보전하고 영원히 세습
하기 위해 애써 온 결과이다.

니다. 그 뒤로 기원전 508년에 클레이스테네스˙의 민주개혁이 이
어집니다. 이 시기에 시민으로 구성된 배심원제도가 마련되었고,
500인 평의회제도˙는 물론 추첨으로 선출된 공직자에게 공적인 일
을 하는 데 대한 수당을 지급하는 제도도 만들었습니다.

그러나 많은 노력에도 불구하고 사유재산제도에 근거한 자본주
의는 갈수록 심화되고, 그로 인한 절대다수 시민의 생활은 날로 피
폐해졌습니다. 물론 그 과정에서 점진적인 개선은 있었습니다만,
그 또한 오늘날과 같은 민주주의적 방식이 아닌 부자와 권력자 중
심에서 벗어나지 못한 것이었습니다.˙ 이러한 초기 자본주의의 사
유재산제도 및 가진 자 중심의 세계에 대한 모어의 통찰과 비판은
매우 정확했습니다. 우리는 이를 바탕으로 수많은 개혁과 혁명 들
이 발생한 결과, 개선된 현대의 민주주의 사회 속에서 살고 있습니다.

자본주의 부역자인가, 공산주의자인가

모어의 사상은 후세 사람들에게 다양한 평가를 받고 있습니다.
특히 모어가 공산주의자인가, 아닌가에 대해서 말입니다. 모어가
주변인들과 주고받은 서신과 《유토피아》 본문에 나오는 문장 들을
보면 충분히 그런 논의가 있을 수 있습니다. 하지만 모어가 어떤 정
치적 성향을 가졌는지를 따져 보기 이전에 우리 자신을 모어의 상
황에 대입해서 생각해 볼 필요가 있습니다. 즉 당시의 영국 사회 속
에 처한 자신을 떠올려 보며 '과연 나는 어떤 생각과 행동을 할 수
있었을까?'라는 질문을 스스로 해 보는 것입니다. 당연히 그러한

사회 체제에 대해서 문제의식과 불만을 가질 것이며, 따라서 더 나은 삶을 영위할 수 있는 여러 방법들을 모색할 것입니다.

마찬가지로 모어도 모든 사람이 평등한 세상을 구현할 수 있는 방법과 행복한 삶을 함께 누려갈 수 있는 방법을 모색했습니다. 그러나 아무리 개인적인 노력을 쏟아붓는다 해도 현실에서는 그것이 불가능하다는 판단이 들었으며, 그래서 나온 결론이 사유재산이 없고 정의로운 법이 운영되는 이상 국가를 찾은 것입니다. 정치가이자 인문주의자인 모어로서는 매우 자연스러운 사고思考의 발전이 아닙니까? 따라서 당시의 그는 훨씬 뒤에 체계적으로 정리된 공산주의나 사회주의 그리고 자본주의와는 아무런 관계가 없습니다. 후세 사람들이 여러 생각과 방법론에 대해 구분하고 규정했을 뿐입니다.

모어는 방법의 모색에만 그치지 않았습니다. 그는 서민들의 억울함을 적극적으로 대변해 주는 변호사로 활동했고, 사회적으로 시민에 대한 국가의 과중한 세금 부담을 적극 반대하기도 했으며, 현실 정치에 참여해서는 구조적인 부패와 부정의를 척결하기 위해 노력했습니다. 그러나 정치인 한 사람의 힘만으로는 이와 같은 사회구조를 충분히 해결할 수 없다는 것을 깨닫고, 마지막에는 종교인으로서 왕의 권위에 도전하면서 생을 마감합니다. 모어로서는 온몸으로 사회의 부당함에 맞선 것입

토머스 모어의 체포
토머스 모어는 앤 왕비의 대관식에 참석하지 않은 데다 의회에서 통과된 왕위 계승법에도 동의하지 않아, 1534년에 반역죄로 체포되어 런던탑에 감금되었다.

소크라테스의 죽음
소크라테스와 토머스 모어 둘다 최후의 순간에 죽음을 회피할 수 있는 방법이 있었으나, 자기 양심의 자유와 신념을 굽히지 않고 당당히 죽음에 임했다.

니다. 이런 점에서 보면 그의 마지막은 소크라테스의 마지막 모습과 유사합니다.

그리고 그는 정치활동 기간 중에 자신이 경험한 현실에 근거한 이야기를 소설 형식으로 펴내는데, 이것이 바로 《유토피아》입니다. 모어는 자신의 의지와 상관없이 자본주의적 토대에 살았지만, 사상은 이처럼 전혀 달랐습니다.

저는 의견이 다릅니다. 모든 것을 공유하는 체제communist system에서 인간다운 생활을 할 수 있다는 말을 믿지 못하겠습니다. 그 체제에서는 누구도 열성적으로 일하려 하지 않을 것이므로, 항상 모든 것이 부족할 것입니다. 이는 이윤 동기가 없다면 모두가 게을러지고, 또한 다른 사람들이 자기를 위해 대신 일해 주기를 바라며, 그것에 의존하게 되기 때문입니다. 그 결과 모든 물자가 실질적으로 부족하게 되고 필연적으로 살인과 폭동 들이 연속해서 나타날 것입니다. 또한 그 누구도 자기 자신의 노동으로 생산한 것들을 보호받을 수 있는 어떠한 법적 수단도 갖지 못할 것이며, 특히 권위에 대한 어떠한 존경도 없어지는데, 그간 유지해 온 계급 사회를 지속적으로 유지할 수 있는 요소를 어떻게 찾을 수 있겠습니까?(45)

이 대목은, 모어가 이른바 공산주의(사회주의)를 전적으로 부정하고 있다는 근거로 많은 사람들이 인용하는 한 구절입니다. 여

자크리의 난
흑사병과 백년전쟁으로 인해 피폐해진 14세기 유럽 각지에서 귀족에 대한 반감이 폭발하면서 일련의 농민 반란이 일어났다. 이 그림은 북프랑스에서 일어난 자크리의 난이 진압되는 장면이다.

기에서 모어는 《유토피아》의 등장인물 라파엘이 주장하는 가진 자 중심의 사회에 대한 비판과 화폐가 없는 사회와 그리고 공동생산과 평등한 분배 등에 대한 이야기에 동의하지 못하겠다고 합니다. 그 러나 이때 라파엘은 모어 자신이라는 점을 간과해서는 안 됩니다. 인용문에서 문장의 전후 사정과 전체를 고려하지 않으면, 모어가 자본주의적 사회와 당시 계급 사회를 적극 옹호한 것으로 이해할 수도 있기 때문입니다.

사람들이 자신의 주장을 글로 펼치고 나타낼 때 다른 사람들의 일반적인 생각이나 더 객관적인 데이터를 추가함으로써 자신의 주 장을 더욱 강하게 만드는 형식을 사용하기도 합니다. 바로 이런 관 점에서 볼때 이 부분은 모어 자신의 의견이 아니라 당시 일반화된 혹은 특권층이 자본주의와 계급 사회에 대해 즐겨 사용한 근거들을 종합한 것으로 볼 수 있습니다. 즉 자신의 논지를 펼치고 그것에 대 한 일반인의 관점에서 반대 의견을 표현하고 또다시 그에 대해 논 리적으로 반박하는 형식을 취함으로써 모어 자신의 생각을 더욱 강 하게 만드는 것입니다. 한편으로 당시의 계급 사회 체제를 옹호하 는 사람들이 체제 부정 인사들이나 특히 인문주의자들에게 실제로 했을 법한 말들로서, 현대 자본주의 체제를 옹호하는 사람들의 핵 심적인 논지도 여기에서 비롯되었습니다.

다음으로 《유토피아》를 마무리하면서 나타난 모어의 표현을 살 펴봅시다.

라파엘이 우리에게 유토피아에 관한 모든 이야기를 하는 동안 나는

유토피아 지도
《유토피아》의 삽화.

계속해서 그에 대해 다양한 반대 의견을 생각하고 있었다. 내게는 많은 경우에 그러한 법과 관습들로 유지되어 가고 있는 유토피아가 매우 엉뚱하게 보였다. ……특히 그들 사회 전체의 토대라 할 수 있는 사유재산이 없는 공동체라는 것이 더욱 그러했다.(113)

나아가 모어는 누구라도 그런 기상천외한 이야기를 처음 듣는 사람은 당연히 의문점과 놀라움 그리고 반대 의견을 가질 수밖에 없을 것이라면서 일반 시민의 입장을 대신 언급합니다. 모어는 특히 화폐가 없으며 공동 생산과 평등한 분배를 통해 모든 사람이 인간다운 행복을 누리면서 살아갈 수 있다는 바로 그 사회제도를 가장 엉뚱하게 보았습니다. 이것은 모어가 유토피아의 사회 체제에 대해 그만큼 관심과 애정을 가지고 있음을 역설하는 것입니다.

"좋습니다. 그 나라에 대해서 면밀히 생각해 보겠습니다. 그러고 나면, 아마도 우리가 다시 만나서 훨씬 더 오랜 시간 토론할 수 있을 겁니다." 나는 우리가 언젠가 다시 만나 토론할 수 있기를 분명히 바란다. 그때까지는 의심할 바 없는 그의 높은 학식과 경험에도 불구하고 그가 말한 모든 것에 대해서 전부 동의할 수가 없다. 하지만 솔직히 말하면 실행되리라 전혀 기대하지는 않지만, 그중에서 유럽 사회에 적용되면 좋을 듯한 것들이 많음을 인정하지 않을 수 없다.(113)

여기에서 모어는 유토피아 사회에 대해 긍정적으로 받아들이면서도 그러한 체제로서 사회를 유지할 수는 없을 것이라고 부정합니다. 그러나 그는 마지막에 그렇게 된다면 좋을 것임은 분명하다는 점에서 부정을 긍정으로 마무리하면서, 평등과 정의가 충만하고 특히 사유재산이 없는 세계에 대한 강한 열망과 현대적 의미의 공산주의와 사회주의에 대한 지향을 나타냅니다. 다만 그러한 사회를 구축하는 데 방해가 될 수 있는 요소들에 대해서는 충분히 연구하고 검토해야 한다고 주장합니다. 그리하여 진전된 논의를 통해 평등한 배분과 정의로운 법제도의 운영, 종교적 관점에서의 도덕과 윤리의 강화 등에 대해서 탐구하자는 것입니다. 아울러 이는 일반인들에게 함께 논의할 것을 요청하는 것이기도 합니다. 이를 통해 인간의 자율적이고 무한한 이성으로 더 높은 수준의 인간다운 삶이 영위되는 사회를 스스로 이루어 갈 수 있기를 바랍니다.

모어의 사후 300여 년 뒤인 1800년대에 들어서 불행하게도 그가 우려하던 사회 상황은 더욱 악화되었고, 이 틈을 타 모어의 사상을 그대로 옮긴 듯 이른바 공산주의communism 사상이 일반화되었습니다. 그리고 그러한 사회 체제를 실제로 구현하고자 하는 수많은 사람들이 생겨났고, 그러한 국가도 나타나기 시작했습니다. 그런데 이와 같은 실험적 국가들의 시도가 대부분 실패로 귀착歸着되었습니다. 왜 그랬을까요? 모어가 언급한 바 있는, 공산주의적 혹은 사회주의적 국가로 발전하는 데 핵심적인 장애가 되는 요인에 대해서 충분히 검토하고 연구하지 않았기 때문입니다.

모어는 16세기경 초기 자본주의가 확산되는 시점에서 자본 중심으로 급격히 진전되는 사회를 비판했습니다. 우선 모어가 제기한 '절대평등과 사유재산의 부정이 실행되는 사회가 존속할 수 있을까?'라고 문제를 제기한 배경에는, 그가 인간 본성을 충분히 이해하고 있었기에 '인간 본성을 어떻게, 무엇으로 통제할 수 있을까'에 대한 본질적인 의문이 있었습니다. 그리고 그 자신도 그러한 사회구성과 운영에 대해서 현실적으로 충분한 해답을 찾지 못함에 따라 후세대에서 그 대안을 발견하기를 바랐던 것으로 이해할 수 있습니다.

물론 모어는 종교인으로서 그만의 해법을 제시하고 있습니다. 그리고 이러한 문제가 해결될 때 비로소 새로운 제3의 체계를 완성할 수 있다는 것을 이야기합니다. 하지만 유토피아를 꿈꾸며 공상적 사회주의와 과학적 사회주의를 신봉한 많은 사람들 또한 모어의 이러한 비판을 충분히 인식하고 있었음에도 그가 제시한 공상적 사회에서의 문제점들을 근본적으로 해결하지는 못했다고 보입니다.

정치와 정치하는 사람들

03

왕과 집권층이 초래한 시민혁명

모어는 절대다수 시민의 참혹한 삶에 대해서 스스로 책임감을 느끼고 있었습니다. 이는 그가 종교 지도자이기도 하고 직접 국정에 참여하고 있으면서도 시민의 비참한 삶을 개선할 수 없는 현실적 한계 때문이었습니다.

당시에는 시민의 행복 수준과 삶의 수준이 전적으로 국왕의 판단에 좌우되었습니다. 예컨대 세금을 걷거나, 전쟁 여부를 결정하거나, 다른 나라와 교역을 중단하고 재개하는 것 등 국가 운영의 대부분이 국왕 개인의 판단에 달려 있었습니다. 이는 그만큼 왕의 권력이 막강한 절대주의 시대 였기 때문입니다. 물론 왕권을 떠받치고

* 절대주의 시대
여기서의 절대주의란 군주가 국가의 통치권을 장악하여 단독 행사하는 전제군주와는 다른 것으로, 국왕의 권력이 영주에 의해 제약을 받았던 이전과 비교하여 강력해졌다는 의미이다.

있는 귀족과 왕정에 참여하고 있는 신하 그리고 사회를 이끌어 가는 종교인에 의해서 국가의 정책이 어느 정도 영향을 받았겠지만, 그것은 극히 제한적이었습니다. 특히 당시에도 의회가 존재했지만, 왕권을 제한할 수 있도록 작동하기 시작한 것은 1688년을 지나고부터입니다. 따라서 시민의 생활 수준은 국가 운영목표에 있어서 중요한 과제가 아니었나 봅니다.

왕의 안전이 전적으로 시민의 부와 자유를 최소화함으로써 유지된다고 하는 생각 때문입니다. 사람들이 많은 재산과 자유를 확보하게 되면 부정의와 압제에 반항할 수 있는 반면, 가난하고 궁핍해지면 부정의와 압제 등에 둔해지고 순종적으로 변해 특히 고매한 혁명정신을 발휘할 수 없을 것이라고 생각했습니다.(39)

당시에는 왕이란 '잘못하려 해도 잘못할 수 없다'라고 할 정도로 절대적이고 완벽한 존재로 여겨졌습니다. 그뿐만 아니라 왕이 그 나라의 모든 사유물을 소유한다고 인식했으며, 심지어는 시민까지 왕의 소유물로 간주했습니다. 따라서 왕이 시민 위에 군림하는 것을 당연하게 여기고 많은 재산을 독식하며 강압적으로 통치함으로써, 시민의 기본적 자유를 억압하고 오히려 시민이 궁핍하게 살도록 유도하기까지 했습니다. 이러한 왕의 행동들은 그것이 자신의 권좌와 권위, 그리고 부富 등을 온전히 보전할 수 있는 유일한 방법

● 명예혁명(1688)을 통해 국왕의 법률효력 정지권한과 법률에 구애받지 않는 특권을 폐지하고, 평화시 상비군 유지를 불법화하며, 의회의 소집과 자유선거를 보장하였다.

영국 의회
영국의 의회는 1343년에 오늘날과 같이 하원과 상원으로 나뉘었다. 하원은 서민층을 대변하여 급진적인 정책과 개혁적인 성향을 띠지만, 상원은 귀족들로 이루어져 보수적이면서 하원의 개혁 속도를 조절하고 감시하는 역할을 한다. 따라서 영국의 의회는 보통 하원의 결정을 상원이 재검토하는 방식으로 이루어진다. 그리고 상원의 경우 선거를 거치지 않고 세습적인 형태를 띠고 있는데 이는 귀족의 특권이라 할 수 있다.

이라고 생각했기 때문인 듯 합니다.

　그러나 현대적 시각으로 보면 전혀 합당하지 않은 생각들입니다. 여기에 대해서 모어는 "마치 양치기가 양을 먹이는 일에 관심을 두기보다 자신의 안전과 행복만을 추구하는 것과 같다."(40)라고 했습니다. 또한 시민의 궁핍이 사회적으로 평화를 유지하는 데 바탕이 된다는 가설들은 다양한 역사적 사실들로 보아 타당하지 않으며, 오히려 생활이 궁핍하고 자유를 억압받으면 누구라도 혁명을 일으킬 것이라고 주장합니다.

부르주아 혁명
자본가 계급에 의해 이루어진 시민혁명으로, 봉건적 사회 체제를 무너뜨리고 자본주의적 사회 체제를 확립했다. 여기에서 부르주아의 핵심 구성원들은 주로 자영업자·중소 상공인·수공업을 영위한 계층들로서 현대적 의미의 자본가와는 다른 개념이다. 그림은 당시 프랑스 7월 혁명을 주제로 들라크루아가 그린 〈민중을 이끄는 자유의 여신〉(1830) 이다.

　시민의 삶을 가난하게 유지해야 최선의 평화가 보존된다는 이론은 사실관계를 잘 살펴보면 얼마든지 반박할 수 있습니다. 사회 내에서 가난뱅이들보다 문제를 잘 일으키는 집단은 없습니다. 그리고 자신의 현재 생활 여건에 불만을 품고 있는 사람들보다 혁명을 일으키고 싶은 마음이 더 드는 사람이 누가 있겠습니까? 개인적인 이득을 바라는 상황에서 아무것도 잃을 것이 없는 사람보다 모든 것을 전복顚覆시켜 버리고 싶다는 강한 충동을 더 느끼는 사람이 누가 있겠습니까?(40)

　모어는 부유하고 자유로운 시민이 많을수록 왕의 자리를 위태롭게 할 수 있다는 당시 상층 권력 집단의 극히 잘못된 생각을 통박 합니다. 당시 권력층에서도 모든 시민이 자유롭고 부유할 때 사회가 안정되어 국가가 더욱 번영한다는 사실을 인식했음에도 이를 무시해 버린 것으로 보입니다. 누구나 억압받으면서 빈곤하게 살다

　● 통박痛駁
　몹시 날카롭고 매섭게 따지고 공격함.

보면 당연히 불만이 쌓일 수밖에 없습니다. 이런 사람들이 하나 둘 늘기 시작하면, 이른바 집권층에서 이야기하는 사회 불만세력으로서 길거리에 나서게 되는 것이지요. 이는 특정 계층만 호사스러운 생활을 누리고 시민의 자유와 평등은 심대하게 침해될 경우, 그처럼 잘못된 권력이 지배하는 사회에서 신음하는 시민은 마지막 자위권*으로써 혁명을 일으킬 수 있다는 의미입니다.

이러한 모어의 주장은 일반 시민에게 혁명의 정당성을 알려 주는 것인 한편, 집권층에게 보내는 강력한 경고이기도 합니다. 또한 사회를 떠받치고 있는 하층 계급 사람들의 짐승만도 못한 생활상을 개선해 줄 것을 간절히 호소하는 것이기도 합니다. 모어는 절대다수의 시민이 가난에 시달리고 집권층의 강탈과 몰수 등이 만연한 국가에서 왕이 시민에게 증오와 경멸의 대상이 되는 것을 두려워하지 않고 사회질서를 유지하기 위해 강압적으로 통치할 수밖에 없다면 스스로 권좌에서 물러나야 한다고 주장합니다. 그리고 진정한 권위와 존경, 아울러 권좌의 유지에 있어서 가장 좋은 방법은, 모든 시민이 더 자유롭고 더 부유한 상황에서 행복과 만족감을 느끼며 살아갈 때 비롯된다는 점을 강조합니다. 모어의 이러한 생각은 최고 권력자의 올바른 역할을 제시한다는 점에서 현대 사회에도 시사하는 바가 많습니다.

모어는 이렇듯 지식인 계급과 일반 시민을 선동하는 한편, 온건한 방식에 대해서도 언급합니다. 그는 무력과 혁명보다는 왕과 귀족 그리고 왕정에 참여한 신하들에 대해 그들이 올바른 정치를 할 수 있도록 인내심 있게 여러 방식으로 회유해야 한다고 제시합니

* 자위권自衛權
자기의 생명과 재산을 부당하게 침해하는 행위에 맞서 방위하는 권리. 국가적으로는 외국으로부터의 불법적 침해에 대해 국가 또는 국민을 방어하기 위해 실력을 행사할 수 있는 기본적 권리를 말한다.

* 한국 사회에서도 민주 정부 시절에는 국가기구가 지배 계급과 피지배 계급 사이에서 제법 중립적인 입장을 취하려고 노력했다면, 보수적 세력이 집권한 시절에는 국가기구가 지배 계급의 이익을 위해 피지배 계급을 억압하고 착취하는 전형적인 부르주아 국가의 모습을 드러내었다.

다. 혁명을 부추기던 그가 왜 이런 방식을 제안했을까요? 모어는 헨리 7세 시대에 발생한 영국 콘월 지방의 농민봉기와 그 실패, 그리고 유럽 도처에서 발생한 크고 작은 민중들의 봉기와 그 결과들의 참혹함을 잘 알고 있었기 때문입니다. 이와 같은 반란은 하층 계급의 생활 수준이 개선되기보다 오히려 그들에 대한 무자비한 살육과 독재가 더욱 강화되는 결과를 가져왔습니다. 모어는 성공 가능성이 낮은 반란으로 권력층과 지배 계층을 일거에 바꾸지 못할 경우 장기적이고 점진적인 개혁을 할 수 밖에 없다는 점을 충분히 인식하고 있었습니다. 이러한 생각은 뒤에 살펴볼 그의 정치 참여 방식에서도 잘 드러납니다.

이로써 그가 《유토피아》를 출간하게 된 의도를 짐작해 보면, 일반 시민과 지식인들에게 혁명에 대한 정당성을 제시하는 한편, 새로운 체제를 앞당기기 위해 자각하고 행동할 것을 호소하고자 했음을 알 수 있습니다. 몇 마디 말보다는 출판물을 통해서 그리고 구체적인 모습을 제시하여 더 많은 사람들에게 자신의 생각이 읽히기를 바란 것이지요. 이것은 이론가이자 행동가인 모어가 할 수 있는 가장 최선의 방법이었던 셈입니다. 그가 생각하는 인간의 최우선 목표는 행복이고, 그것을 향유하기 위한 전제 조건으로 시민의 충분한 지식 함양과 인간의 이성을 강조했다는 점에서 17세기의 계몽주의도 모어의 생각과 행동적 측면을 계승하고 발전시킨 것으로 볼 수 있습니다.

왕은 선조들이 남겨준 왕국을 최선을 다해 아름답고 번영하는 나라

헨리 7세Henry Ⅶ
튜더 왕가의 첫 잉글랜드 왕
(1457~1509). 집권 초기에 내부 반란을 진압하면서 왕권을 강화했다. 아울러 왕가의 재정을 확보하기 위한 수단으로 수출 장려 및 수입관세 부과를 강하게 실시했다.

* 1497년에 헨리 7세가 스코틀랜드와의 전쟁 등을 위해 가혹한 세금 정책을 구사한 것에 반발하여 변호사인 토머스 플래먼크Thomas Flamank 등이 일으킨 농민봉기이다. 1만 6천여 명의 봉기군 가운데 2천여 명이 학살당했다.

* 계몽주의啓蒙主義
17세기부터 18세기를 거쳐 확산된 유럽의 지식운동. 계몽주의의 핵심은 인간의 이성이고, 이것에 의해 인간 스스로 우주를 이해하며 자기의 상황을 개선할 수 있다는 것이다. 그리고 지식, 자유, 행복이 합리적인 인간의 목표이기 때문에 자연권에 기초하여 독재와 권위적 정부에 대한 비판과 개혁, 혁명을 지향한다.

로 만들어야 하며, 모든 시민을 사랑함에 온 정성을 다해야 합니다. 왕은 그들과 함께 더불어 살면서 어떻게 하면 영토를 확장할 것인가에 대해서만 생각하기보다는 모든 시민이 행복한 삶을 살 수 있는 방안을 모색하며 어질게 나라를 다스려야 합니다.(38)

이를 왕도王道라고 할 수 있습니다. 모어는 이처럼 왕이 나라를 통치하면서 가져야 할 가장 근본적인 자세를 제시합니다. 당시는 전쟁의 시대였습니다. 전쟁은 시민의 행복과는 상관없는 이유로 일어난 경우가 허다했습니다. 왕들은 자신의 권위와 명예 그리고 자존심을 지키기 위해 수많은 전쟁을 일으켜 주변 국가들까지 혼란으로 몰아갔으며 시민의 삶을 파멸시켰습니다.

이렇듯 나라 안팎의 모든 사항들이 대부분 왕의 판단에 의해 결정되던 시기에 모어는 다음과 같이 통치술에 대해서 구체적으로 설명합니다. 아마도 모어가 국정에 참여하면서 누누이 강조한 내용들일 것입니다.

왕이 할 일은 왕 자신보다는 모든 시민이 행복한지를 살피는 것입니다. ……가난뱅이가 나라를 지배하는 것으로부터는 권위가 나올 수 없습니다. 왕의 진정한 권위는 부유하고 번영하는 나라, 시민이 행복한 나라를 통치하는 것으로부터 비롯됩니다. ……왕을 제외한 모든 시민이 신음과 비탄의 소리를 내고 있는데 왕 혼자서만 호사스러운 삶을 누리고 있다면, 그는 결코 왕이라 불릴 자격이 없으며 차라리 감옥을 지키는 간수라 하는 것이 타당합니다. 왕은 근검절약하는 생활을 해야 합니다. 그리고 범죄가 발생하지 않도록 사전에 사회구조를 잘 만들어 통치해야 하며, 죄를 지은 자에게는 각각의 범죄에 합당한 징벌을 가해야 합니다. 아울러 법을 집행하는 데 신중해야 하며, 백성들이 법 없이도 잘 살 수 있도록 해야 합니다.(40)

당시는 왕권이 가문과 혈통을 중심으로 세습되었기 때문에 결정적인 결함이 없다면 왕이 될 수 있었고 죽거나 반란이 일어나지 않는 한 교체되지 않았던 시대였습니다. 그래서 왕이 어떤 철학과 비전을 품고 있느냐가 그 나라의 번영과 시민의 삶의 수준에 가장 큰 영향을 주었습니다. 이는 왕의 권위는 시민으로부터 나오며 그 권위의 높고 낮음은 시민이 얼마나 행복한지에 달려 있음을 말해 줍니다.

이처럼 모어는 시대를 넘어 현대 정치의 지도자들에게도 국가를 통치하는 데 있어서 반드시 마음에 새겨야 할 내용들을 이야기하고 있습니다.

시민을 행복하게 하는 공직자들의 올바른 가치관

모어는 시민의 행복과 생활 수준은 왕 못지않게 공직자들의 철학과 자질에 의해서도 결정된다고 보았습니다. 따라서 공공의 이익을 극대화시키기 위해 모든 공직자들이 이성에 근거한 철학적 소양을 충분히 갖춰야 하며, 시민을 위해서 봉사해야 함을 주장합니다. 이러한 모어의 생각은 당시뿐만 아니라 모든 시대의 공직자들이 갖춰야 할 최고의 덕목입니다.

먼저 공직자의 올바른 자세에 대해 모어는 자신의 친구인 피터 자일스*를 소개하면서 설명합니다. 그에 따르면 공직자는 지적으로도 도덕적으로도 빈틈이 없어야 한다고 합니다. 고매한 인품을 갖추고 공평무사하게 일처리를 해야 하며, 시민에게 애정과 친절 그리고 충직함으로 봉사해야 하며, 스스로 겸손하고 진실해야 한다는 것입니다. 더불어 유머와 위트가 더해지면 금상첨화錦上添花라고 했습니다. 아울러 모어 자신이 존경하는 추기경 존 모턴을 설명하면서도 공직자의 자질에 대해 언급했습니다. 그에 따르면 모턴 경은 지혜와 도덕적 품성, 법에 대한 해박한 지식, 유창한 설득력을 겸비했고, 기억력도 타의 추종을 불허하는 지성인으로서 평생을 공공의 이익을 위해 봉사해 온 인물이라고 합니다.

피터 자일스는 모든 시민으로부터 대단한 존경을 받으며 이미 시市에서도 중책을 맡고 있는데, 그가 이보다 더 최고위직 자리를 맡을 만한 충분한 자격이 있다는 것을 모르는 사람이 없습니다. 지적 자질이나 도덕적 품성의 측면에서 보아도 어떤 측면이 더 큰 감동을 준다고 할 수 없을 정도로 그는 훌륭한 학자임과 동시에 매우 고매한 인품의 소유자입니다. 그는 모든 사람을 철저하게 공평한 기준으로 다루면서도 친구들에게는 진정성, 친절함, 충직함 그리고 깊은 애정을 가지고 있다는 점에서 독보적인 친구라 할 수 있습니다. 그는 겸손함, 진실함, 소박함과 총명함 바로 그 자체였습니다. 게다가 그는 누구의 감정도 상하지 않도록 위트와 유머를 구사할 줄 아는 익살스러운 이야기

* 피터 자일스Peter Giles
《유토피아》의 등장인물인 동시에 실존 인물(1486~1533)로 토머스 모어의 친구이다. 네덜란드 안트베르펜 출신이며, 네덜란드의 인문학자 에라스무스의 제자이자 친구로서 토머스 모어를 그에게 소개한 것으로 전해진다.

* 《유토피아》에 등장하는 모턴은 훌륭한 사람으로만 묘사되지만, 실제 헨리 7세 시대에는 '모턴의 갈퀴Morton's Fork (사치스러운 부자나, 구두쇠, 부자 모두가 회피할 수 없도록 세금을 걷기도 했다)'라는 조세 정책을 펴 부자들에게 높은 원성을 사기도 했다. 이처럼 헨리 7세 시대의 강력한 조세 정책은 시민의 거센 반발을 샀다.

꾼이라서 조국과 가족에 대한 간절한 내 그리움과 향수병을 없애 주었습니다.(15)

이처럼 완벽한 공직자가 또 있을까요? 피터 자일스처럼 공과 사를 엄격히 구분하여 모든 일을 처리한다면 한편으로 가까운 지인들이나 친지들로부터 오해를 불러일으킬 수도 있습니다. 그러나 그는 공직자로서 공평함과 겸손함을 보이면서도 사적으로는 친구들에게 깊은 애정과 진실함을 보여 주어, 외로운 친구를 위해서 모든 권위와 가식을 벗어 던지고 익살꾸러기가 되는 것도 마다치 않아 모든 오해를 말끔히 씻었다고 합니다.

절대왕정 시대의 공직자들은 권력을 행사할 때 지금보다 훨씬 더 권위적이고 시민 위에 군림했습니다. 또한 크고 작은 권력을 통해 막대한 부까지 축적했습니다. 그리고 자기의 부와 권력을 유지하기 위해 강압적으로 시민을 착취하는 일에 앞장섰으며, 공공의 이익보다 개인의 사적 이익에 더욱 몰두했습니다. 따라서 모어는 그들에게 경각심을 심어 주고자 올바르고 정의로운 공직자의 모습을 실존 인물들에서 찾은 것입니다.

현대와 같이 모든 공직자들에 대한 시민의 감시가 활발하게 이루어지고 공직자 비리 등에 대한 처벌과 각종 법제도들이 잘 마련되어 있는 상황에서도 공직자(입법, 사법, 행정 등)들의 비리가 셀 수 없을 정도로 비일비재합니다. 그렇다면 소수의 특권 계층이 지배하던 모어 시대에 공직자의 행태가 어떠했을지 짐작하고도 남음이 있습니다. 그리고 그러한 독재와 압제 아래에 살았던 시민의 비참함

에라스무스
네덜란드 출신의 인문학자(1466~1536). 르네상스기의 대표적 학자로 가톨릭교 신자이면서 그 제도를 비판했고, 고전문학에 대한 교육을 중시했으며, 종교개혁에는 중용의 입장을 취했다. 저서에 《소년교육론》, 《우신예찬》, 《교회일치회복론》 등이 있다.

2010년에 발생한 '검사 성접대 사건'은 한 방송국의 프로그램을 통해 낱낱이 밝혀진 공직자의 비리 사건이다. '57명의 전·현직 검사에게 지속적 금전과 향응 그리고 성상납 등의 스폰서 행위를 해왔다'라는 제보를 필두로 한국 사회의 권력형 구조의 비리 문제가 세상에 드러났다.

은 지금과 비교할 수 없는 것이었겠지요. 따라서 모어는 공직자의 자질을 매우 엄격하게 요구하고 있습니다.

저는 그런 개인적 이익에 전혀 관심이 없습니다. 거의 모든 사람들이 재산에 미치도록 집착합니다만, 저는 이미 젊고 건강할 때 가족과 친지들에게 재산을 모두 나눠 주어 버렸습니다. 대부분의 사람들은 늙고 병들어 아무 일도 할 수 없을 때에야, 심지어 죽음에 이르러서야 마지못해 재산을 포기하는 불쌍한 사람들입니다.(19)

이는 "공직에 나서서 여러 지식과 경험을 국정에 쏟으면 그 대신 개인의 이익을 확보할 수 있으며 친지들에게 도움을 줄 수 있다는 점에서 시민과 자신 모두에게 좋은 것인데, 왜 공직에 나서는 것을 거부하느냐?"(19)라는 질문을 모어 스스로 제시한 뒤 라파엘의 입을 빌려 답한 내용입니다. 이를 통해 모어는 공직에 봉사하기 위해서는 개인적인 이익과 친지들에 대한 이익을 고려하거나 재산에 대해 가치를 두어서는 절대 안 된다고 말합니다.

한편 모어는 라파엘을 통해 계속해서 당시 왕을 모시는 궁정 신하들, 요즘으로 말하면 최고 권력자를 둘러싼 참모들 그리고 입법부와 사법부에 속하는 공직자들의 행태를 힐난합니다. 오늘날에도 한 나라를 다스리는 데 결정적인 역할을 하는 사람은 대통령이나 수상, 국왕이며 그리고 그 직위를 보좌하는 보좌관, 즉 신하들입니다. 따라서 이러한 모어의 생각은 비단 당시에만 국한된 것이 아닙니다.

모어는 신하들이란 오직 왕을 위해 존재할 뿐이기에 진정으로 시민과 공익, 국가를 위한 정책은 내놓지 않는다고 보았습니다. 이에 대해 프랑스 왕과 그의 신하들이 비밀회의를 하는 모습을 예로 들어 설명합니다. 물론 모어를 대신하는 라파엘이 그 회의에 참석했다고 가정하고 말입니다.

프랑스 왕은 '밀라노와 나폴리 그리고 베네치아를 어떻게 장악하고 수중에 넣을 것이며, 궁극적으로 이탈리아를 완전히 정복할 수 있을 것인가? 또한 침공에 성공했다고 생각하는 지역은 물론이려니와 더 나아가 플랑드르 지역, 브라반트˙ 지역, 마지막으로 부르고뉴˙ 전역에 대해 어떻게 장악력을 획득할 것인가?'를 고심합니다.(36)

프랑스 왕은 자신의 권위와 영향력을 확대하기 위해서라면 언제라도 전쟁을 선언할 수 있으며 시민의 희생이나 행복 따위는 전혀 안중에도 없습니다. 아울러 신하들은 왕의 이기심에 호응하여 부귀영화를 누리고자 쓸모없는 정책을 경쟁적으로 말하면서 충성심을 가장합니다. 이런 상황에 대해 모어가 풍자한 부분을 요약하여 살펴봅시다.

이때 여러 대신들이 각자의 다양한 생각을 이야기합니다. 첫 번째 신하는, 베네치아와 조약을 체결하여 베네치아인들이 무법천지로 약탈할 수 있게, 즉 그들에게 단기간에 그 지역을 지배하게 하고 나서 왕이 계획한 목적을 달성했을 때 그동안 베네치아인들이 약탈한 것들

˙ 브라반트Brabant
벨기에의 플래미시 브라반트 Flemish Brabant 주, 왈롱 브라반트Walloon Brabant 주, 안트베르펜Antwerpen 주와 네덜란드 노르트 브라반트 주를 포함한 지역. 당시에는 브라반트 공국으로 통칭되었다.

˙ 부르고뉴Bourgogne
현재 스위스 북서쪽 지역과 프랑스 동부 지역. 15세기에 프랑스 왕, 신성로마제국의 황제, 부르고뉴 공국의 공작 등이 이 지역에서 각축을 벌였다.

정책을 청하는데 시민의 안위는 안중에도 없군

돈 전쟁 권력

● 아라곤Aragón
1035년에 라미로 1세가 이베리아 반도 북동부에 세운 왕국. 1479년에 카스티야 왕국과 합치고, 1512년에 나바라 왕국을 점령하여, 뒤에 에스파냐 왕국을 이루었다.

을 다시 반환받자고 합니다. 두 번째 신하는 독일 용병을 고용하자는 안을 내놓았고, 세 번째 신하는 스위스 사람들의 비위를 잘 맞추어 놓는 것이 유리하다고 했으며, 네 번째 신하는 신성로마제국에 황금으로 뇌물을 쓰자고 강조했으며, 다섯 번째 신하는 아라곤 국왕과의 관계를 개선하고 그 선물로 과거 프랑스 국왕의 소유지였던 나바라 왕국을 양도하자고 조언합니다. 또 여섯 번째 신하는 당시에 유행하던 왕족과의 결혼 동맹으로 카스티야 왕국의 왕자를 유혹해서 프랑스 편을 들게 하고 이 일을 성사시키는 데 도움을 준 왕자의 신하들에게 정기적으로 돈을 뇌물로 주자고 합니다. 일곱 번째 신하는, 가장 어려운 상대인 영국에 대한 1단계 전략으로 전혀 의미 없는 엄숙한 동맹조약을 체결하여 평화협정을 맺고, 2단계로 영국 배후에 있는 스코틀랜드를 구워삶아 영국을 공격할 준비를 하도록 하며, 마지막 3단계로 영국에서 추방된 귀족을 부추겨 영국의 왕위에 대한 권리를 주장하게 하거나 여차하면 그를 도와 왕실을 빼앗자고 합니다.(36-37)

이렇듯 왕을 보좌하는 각료들조차 전쟁으로 인해 시민이 치러야할 희생이나 받아야 할 고통과 불행에 대해서 일언반구도 하지 않습니다.

모어는 또 다른 사례를 들어 왕을 모시는 신하들의 충성 경쟁을 통박합니다. 이번에는 신하들이 바닥이 보이는 왕실의 재정을 두고 그것을 메울 방법에 대해 논의하는 상황입니다.

국왕과 재정전문가들이 왕의 재정을 확충할 방법을 토론하고 있는 상황을 가정해 보겠습니다. 첫 번째 재정전문가는, 국왕이 갚아야 할 빚이 있어 이를 갚아야 할 때는 화폐가치를 높이고 반대로 국왕이 받아야 할 돈이 있을 때면 화폐가치를 비정상적으로 낮추라고 제안합니다. 이것은 국왕이 받을 돈은 많아지고 갚아야 할 돈은 적어지는 효과를 가져올 것입니다. 두 번째 재정전문가는, 왕에게 전쟁을 시작하는 척만 하다가 적절한 시기에 전쟁의 참상을 차마 볼 수 없어 시민의 고통과 희생을 방지하겠다는 명분을 내세우고 평화 체제를 확보하는 것이 필요하다는 이유를 들어 전쟁 선언을 철회하라고 제안합니다. 이것은 왕으로 하여금 세금을 징수할 수 있는 명분을 주기 때문에, 왕이 세금을 징수해서 재정을 튼튼하게 할 수 있고 동시에 시민을 위하는 존엄한 왕으로 인식될 수 있다는 것입니다.(38)

잉글랜드 은행 건립 회의
잉글랜드 은행은 1694년에 프랑스와의 전쟁 비용 조달에 바쁜 윌리엄 3세의 재정난을 해소할 목적으로 설립되었다. 국왕의 재정과 밀접한 관계를 가지고 있었던 관계로 점차 중앙 은행으로서의 지위를 확립해 나갔다.

* 이 방법은 에드워드 4세와 헨리 7세, 헨리 8세 때 실제로 사용되었다. 또한 화폐 액면을 그대로 둔 채로 동전에 포함된 금과 은의 함량을 줄여 왕가의 재정 적자를 보전하는 편법도 사용되었다.

왕정 시대에서는 왕가의 재산이 곧 국가 재산이었으므로, 거의 통제되지 않고 방만하게 운영되어 왔습니다. 예컨대 국부를 사용해 대규모의 토목 공사를 하거나 화려한 궁전을 짓거나 하는 식이었습니다. 이렇듯 왕족의 참을 수 없는 사치로 인해 국고는 텅 비게 되었으며, 신하들은 이를 채우기 위해 과중한 세금을 거두는 것으로도 부족해서 시민 모두를 속이는 행위인 화폐가치의 인위적 조정도 수시로 저질렀습니다. 아울러 법을 집행함에 있어서도 왕의 재정을 확보하고 백성들의 신망을 한번에 얻을 수 있는 정책을 구사하라고

베르사유 궁전의 거울들
절대왕정 시기에는 사치스럽고 화려하기 그지없는 궁정문화가 발달했다. 베르사유 궁전은 화려함의 극치를 보여 준다.

건의합니다. 다음은 그 부분을 요약한 내용입니다.

● 헨리 7세는 왕의 조세권을 강화하여 수수료와 과태료 및 벌금, 봉건적 부과금 등을 무자비하게 강요했다.

이 밖에도 오래전에 용도 폐기된 법안을 상기시켜 재정을 확보하자고 합니다. 즉 너무 오래되어 아는 사람이 없어 모든 시민이 일상적으로 위반하고 있는 법을 찾아내서 벌금을 징수하는 방법입니다. 그리고 이에 대한 법 집행은 정의를 구현한다는 명분으로 이루어지므로, 도덕적 측면이나 재정적 측면에서 왕의 권위와 이익에 크게 득이 된다는 것입니다. 또한 가장 반사회적인 행위들에 대해서는 높은 벌금을 부과하는 법을 제정해야 한다고도 제안합니다. 나중에는 그 법에 대한 면제권을 판매할 수 있기 때문에 이중으로 수입을 증대시킬 수 있을 뿐만 아니라, 왕에 대한 시민의 신망도 두터워질 것이라고 주장합니다.(38)

이와 같이 통화가치의 인위적 조작, 적대국과의 긴장 조성, 사문화된 법률의 재활용, 면제권 판매, 사법부를 활용하는 방법 등, 그야말로 국왕의 재정을 확보하기 위해 신하들은 수단과 방법을 가리지 않았습니다. 모어는, 왕도 왕이지만 이처럼 일반 시민을 수탈하는 데만 몰두하는 공직자들의 부도덕하고 반시민적인 행위들을 《유토피아》에서 생생하게 고발하고 있습니다. 시민을 위해 봉사해야 하는 공직자들이 정말 이래도 되는 것입니까?

폭풍 속의 배를 포기하지 않는 선장처럼

모어가 《유토피아》를 쓴 시기는 헨리 8세 시대이며 그가 본격적으로 정치를 하던 때입니다. 그는 헨리 7세 때인 1504년에 하원의원으로서 정치에 첫발을 들여놓습니다. 그러나 당시 영국 의회는 국왕의 수입이 되는 세금의 액수를 심사하는 기능이 중요한 일 가운데 하나였습니다. 그래서 그는 헨리 7세의 과중한 세금 정책에 반대하며 의원직을 사임합니다.

정치에 입문하기 전의 모어는 런던에서 상업 분야 변호사로 매우 유명했습니다. 시민의 입장에서 법을 다루고 서민과 약자의 편에서 법적 정의를 구현한 결과, 그의 평판은 매우 좋았습니다. 게다가 인문주의자로서 시대를 풍미하던 학자들과 법조인 그리고 교회의 성직자들과의 교류를 통해 그의 인품과 지식 수준과 공평무사한 일처리 등은 이미 널리 알려져 있었습니다. 이렇듯 지식인 사회와 일반 시민 사이에 모어는 모든 측면에서 올바른 사람으로 받아들여졌습니다.

따라서 헨리 7세의 뒤를 이은 헨리 8세는 비록 아버지의 정책에 적극적인 반대를 했던 사람이지만 시민에게 절대적으로 신망받고 있는 모어를 신하로 둠으로써 자신의 권위를 높일 수 있을 것으로 보았습니다. 헨리 8세도 초기에는 시민으로부터 추앙을 받았던 인물입니다. 그래서 모어도 시민에게 존경받는 왕이라면 자신의 철학을 충분히 펼칠 수 있으리라는 기대를 가지고 정치에 다시 참여한 것으로 보입니다.

모어는 자신의 인문주의적 철학 관점에 따라 국왕과 귀족 등 사

• 헨리 7세가 공주의 결혼비용으로 9만 파운드를 제시하고 형식적인 의회의 승인을 요구한 사건이다. 그러나 모어는 이에 대해 4만 파운드로 삭감할 것을 제안하며, 왕의 조세 정책에 반기를 들었고, 결국 의원직을 사임하게 되었다.

토머스 울지Thomas Wolsey
로마 가톨릭교의 추기경이자 정치가(1475~1530). 헨리 8세의 총애를 받아 권력의 핵심으로 부상했다. 그러나 왕의 이혼 문제에 반대하면서 왕과의 관계에 금이 가기 시작했다. 결국 반역 혐의로 체포되어 병사했다. 지식인들과 백성들의 신망을 얻은 모어와 달리 성직자로서 세속적이며 재물에 욕심이 많아 신망을 얻지 못했다.

회 지배 계급의 인식과 그들이 주도하는 정치 양태를 혐오스럽게 여겼습니다. 그러나 반면에 그러한 지배 계급의 행동을 견제할 필요가 있다는 점도 분명히 인식하고 있었기에, 자기 방식대로 정치 행태를 개선시켜 모든 시민의 삶을 풍요롭고 평화롭게 하고자 다시 정치에 발을 들인 것입니다.

기본적으로 모어는 지식인의 현실 정치 참여에 대해 매우 복잡한 심정을 가지고 있었습니다. 정치를 등지고 있자니 시민의 생활이 비참해지고, 참여하자니 탐욕스러운 지배 계급의 세계에서 농락당하고 이용만 당할 뿐 자신의 이상을 펼 수 없을 것이라는 불안감 같은 것이 교차했습니다. 이와 같은 그의 심경은 《유토피아》에서 피터 자일스와 라파엘의 대화를 통해 여실히 드러납니다.

피터가 말했다. "존경하는 라파엘 씨, 저는 당신 같은 사람이 왜 왕을 위해 봉직奉職하지 않는지 도무지 이해할 수 없습니다. 제가 생각하기에는 그 어떤 왕이라도 당신 같은 지식과 경험을 가진 사람을 쓸 수 있는 기회가 있다면 기용할 수밖에 없을 것입니다. 당신은 교훈적 사례와 유용한 충고 그리고 즐거운 오락거리를 제공할 적임자이기 때문입니다."(19)

진흙탕에 뛰어 들어 나를 더럽힐 필요는 없잖아요?

자신의 신념을 지키는 것도 중요하지만 시민의 행복을 위해 자신을 희생하고 능력을 써주세요.

이에 대해 라파엘은 자기 자신의 이익과 재산에 대해서는 전혀 관심이 없으며 친척들에 대한 의무도 다했다고 말합니다. 그리고 세속적인 왕의 일을 돕는 것은 왕의 노예가 되는 것이라 답합니다. 그러자 계속해서 피터는 노예로서 노역하는 것이 아니라 시민을 위해 봉사하는 것이며, 공직을 맡는 것이 개인적으로나 특히 공익적으로 다른 사람을 도울 수 있는 최선의 방법이라고 재차 강조합니다. 이에 답하는 라파엘의 대사를 통해 모어의 심경을 살펴봅시다. 다시 한 번 언급하지만 여기서 라파엘은 모어의 분신입니다.

그러자 라파엘이 말했다. "어떻게 스스로의 본능에 반한 행동을 할 수 있겠습니까? 저는 현재 내 본능에 따라 내가 원하는 방식대로 매우 잘 살고 있습니다. 나아가 궁정에 참여한 많은 신하들이 이야기하는 그런 삶보다 더욱 더 제가 원하는 삶을 살고 있다고 생각합니다. 게다가 왕들은 군주의 총애를 갈구하며 달려드는 신하들을 넘치도록 가지고 있으므로 저와 같은 사람들이 없더라도 그들이 심각한 곤란을 겪지는 않을 것입니다." 나는 그의 말에 대해 나의 생각을 말했다. "친애하는 라파엘 씨 당신이 돈이나 권력을 탐내지 않는다는 것은 잘 알겠습니다. ……그러나 당신의 재능과 열정을 공공의 이익을 위해 사용하는 것은, 약간의 개인적 불편함을 감수하는 것으로서 그것은 당신의 관대한 철학적 태도와도 아주 잘 어울릴 것입니다. 그리고 공익을 위해 가장 효과적으로 일할 수 있는 방법은, 위대한 왕과 신하들의 신뢰를 얻은 후에 왕에게 유익한 조언을 해주는 것입니다. 그리하면 내가 생각하기에 당신은 매우 훌륭한 신하가 될 수 있을 것입니다. 왕들이란 이익과 폐해를 모두 쏟아내는 분수와 같기 때문에 시민의 복지와 비참함이 전적으로 국왕 개인에게 달려 있습니다. 따라서 당신의 충분한 이론적 지식과 실용적인 경험 가운데 어느 한쪽만으로도 충분하

《리바이어선》 표지
영국의 홉스는 그의 저서 《리바이어선》에서 자연 상태에서의 인간은 만인 대 만인의 투쟁이 벌어지는 약육강식의 상태에 있었기 때문에 이성적 판단에 따라 군주에게 자연권을 위임하는 계약을 맺어 정부를 세웠다는 사회계약설을 주장했다. 이는 비록 질서의 유지를 위해 왕권의 절대성을 인정하는 한계를 지니고 있지만, 계급 사회를 당연시하는 왕권신수설과는 달리 자연 상태에서의 만인 평등을 기반으로 했다는 점에서 혁명적이라고 할 수 있다.

며, 그 어떤 왕의 고문관이 되어도 최고의 신하가 될 수 있을 것입니다."(20)

자신이 원하는 삶을 살아야 한다는 것과 오직 군주만을 위해 충성하고자 달려드는 신하들이 너무 많기 때문에 자신은 굳이 국정에 참여하고 싶지 않다는 것이 모어의 기본적인 생각이었습니다. 그러나 한편으로 모어는 개인의 신념이 그럴지라도 자신의 불편함은 개인적인 일이고, 그보다 더 중요한 것은 공공의 이익을 위해 개인적인 일들은 감수해야 한다고 보았습니다. 여기에는 다른 사람의 행복을 위해 자신을 희생하는 것처럼 더 도덕적인 것이 없다는 모어의 철학이 반영되어 있습니다. 그리고 시민 삶의 질이 왕 개인의 생각에 달려 있기 때문에 그를 올바른 길로 인도하지 못한다면 시민은 더욱 비참해질 수밖에 없다고도 말합니다.

라파엘이 나에게 말했다. "친애하는 모어 씨 당신은 저와 그리고 고문관이라는 직책에 대해서 잘못 알고 계십니다. 모어 씨께서 평가한 것처럼 저는 적임자가 아닙니다. 비록 내가 자격이 있어서 고문관을 맡게 되더라도 공동체 사회에는 티끌만 한 유용함도 주지 못할 것입니다. 그것은 대부분의 군주들이 평화보다 전쟁을 좋아하고 그런 기술에 더 많은 관심을 가지고 있는데 반해 저는 전쟁 문제에 대해서는 전혀 아는 바가 없고 능력도 없으며 관심도 없기 때문입니다. 그리고 왕들은 주어진 국가를 잘 다스리기보다 수단과 방법을 가리지 않고 새로운 국토를 획득하는 일에만 미쳐 있습니다. * 더욱이 고문관이나

* 당시 유럽 사람들이 목숨을 걸고 열을 올린 신항로 개척을 말한다. 이에 대한 여러 원인이 있겠지만 가장 중요한 요인은 당시 유럽 사람들이 동방무역에 참가하여 막대한 부를 축적하고자 했기 때문이다. 또한 미지의 세계에 살고 있는 사람들에게 그리스도교를 전파하여 확산시키고자 한 유럽인들의 종교적 열망이 가세했고, 중앙집권 국가로 성장한 여러 나라들이 절대왕정으로 발전하기 위해 치열한 경쟁을 벌이던 시기에 각국의 국왕들이 그에 필요한 막대한 경비를 해외 무역과 새로운 시장 확보를 통해 해결하고자 했기 때문이었다.

신하들은 너무 교활하거나 자만심으로 가득한 자들로 다른 사람들의 조언은 전혀 들으려는 자세도 갖추지 않은 꽉 막힌 사람들이지 않습니까? 그리고 그들은 왕의 총신寵臣들이 바보 같은 말을 하더라도 언제나 박수치고 동의할 준비만을 하고 있는 사람들이지 않습니까? ……아무튼 궁정에는 다른 사람들의 견해에 대해서 깊은 편견을 가진 집단이 존재하며 그 집단들의 생각만을 좋아하는 또 다른 집단이 있습니다. ……그런 집단들에게 내가 직접 본 경험이나 다른 시대의 일과 이론들을 이야기한다면 그들은 오로지 트집만 잡으려 할 것이고, ……그들은 새로운 견해들에 대해 선조들만큼이라도 현명했으면 좋겠다는 말로 자신들이 아주 현명한 결론을 내린 듯이 얼버무리면서 자리만 보존하고 있을 뿐입니다. ……사실 그들 대부분이 선조들이 전해 준 현명한 생각들을 말없이 무시해 버리고 있으면서 말입니다. ……이와 같은 오만과 자만 그리고 어리석음은 물론 고집불통을 한꺼번에 가지고 있는 사람들을 여러 곳에서 겪었습니다."(20–21)

현실에는 너무도 교활하고 아집으로 단단히 뭉쳐진 신하들이 궁정을 장악하고 있습니다. 그리고 다른 사람이나 다른 집단의 의견은 들으려 하지 않는 어리석고 사욕私慾으로 가득한 집단들이 있습니다. 그래서 라파엘로 분한 모어는 자신이 국정에 참여한다 한들 아무런 의미가 없다고 말합니다. 올바른 지식인들이 국정에 참여하고자 해도 이미 왕의 총신이나 가신 들 때문에 올바른 국정을 펼 수가 없다는 것입니다. 모어 본인 스스로가 법률가이자 학자로서 정치에 참여하고 있었기 때문에 이런 그의 고민은 매우 현실적인 것입니다. 이는 한국의 현실 정치에서도 일부 나타나는 현상들입니다.

하지만 모어는 그럼에도 공직자는 앞서 언급한 자질을 갖춘 사람이라면 개인적인 불편과 희생을 감수하고서라도 개인의 능력과 재능 그리고 에너지를 공적 업무에 사용해야 한다고 주장합니다. 자신이 가진 이론과 실용적 지식을 시민을 위해 사용하는 것이 지식인의 의무라는 것입니다. 비록 국왕을 에워싸고 있는 고문, 각료, 보좌진들이 구축하고 있는 시스템이 형편없다 할지라도 그것을 극복해야 하며 그에 대해 어려움이나 불편함 쯤은 시민의 이익을 위해 참아야 한다고 말입니다. 엉터리 같은 공직자들이 많을수록 지성인 혹은 철학자가 더욱 나서서 이와 같은 집단의 잘못된 정치와 정책을 바로 잡아야 한다는 것이지요. 요컨대 대의를 위해서 개인의 희생은 불가피하다는 것입니다.

이처럼 모어는 정치 참여에 대해 고뇌하는 대표적 지식인이며 양심을 가진 정치인이었습니다. 그래서 그는 현명한 지식인이라면 국왕을 보좌하면서 매우 주의 깊고 신중한 방법으로 점진적인 개혁을 도모해야 한다고 강조합니다. 그리고 다른 한편으로는 그런 방법이 부패하고 폐쇄된 정치인 집단에 의해 무위로 돌아갈 수 있으며, 또한 선량한 의지를 지니고 국정과 정치에 참여한 일부 지식인들이 다수의 타락한 정치인과 관료 집단에 의해 포획될 수 있다는 점도 경고합니다.

이는 한국의 현실 정치에서도 충분히 나타나고 있는 현상입니다. 예컨대 국민의 정부와 참여정부 시기까지 청와대에서 근무했던 공직자들의 전언(傳言)이나 학자(철학자)로서 그 선의의 뜻을 펼치고

* 국민의 정부(1998~2003)
1961년 4.19학생운동 이후 국민의 선거에 의해 야당이 집권한 최초의 정부로서, 외환위기를 극복하는 데 국민의 동참을 이끌어 냈으며 경제위기 후 도산한 재벌총수들에 대해 사재私財를 출연하도록 해 부실경영에 대한 책임을 묻기도 했고 복지 시스템을 한 단계 발전시킨 공로도 있으나, 신자유주의를 도입함으로써 비판을 받기도 했다. 정치적으로는 '햇볕정책'으로 불린 남북관계 정책을 일관되게 추진해 분단 이후 최초로 남북정상회담을 성사시켜 통일을 위한 토대를 마련했다는 평가를 받는다.

* 참여정부(2003~2008)
사회 전반에 누적된 반칙과 특권을 없애려는 노력을 통해 법 앞에 평등한 세상을 추구했으며, 중앙에 집중된 경제와 정치권력을 지방으로 분산시키기 위한 정책들을 추진했으나, 전국의 부동산 가격 급등을 초래했다는 비판을 받기도 한다. 정치적으로는 헌정(입헌정치) 사상 최초로 대통령이 국회의 탄핵을 받기도 했지만, 야당과의 연합을 제의하고 남북정상회담 등을 통해 국내 안정을 추구했음은 물론 자주국방으로 표현된 자주외교를 추진하기도 했다.

자 국정(청와대나 장관직)에 참여한 분들의 말을 참고해 보면, 국정에 참여한 학자들이 오랫동안 공직을 수행하지 못한 배경에는 국가 정책을 구상하고 펼치는 과정에서 바로 공직자 집단과 정치 집단의 매우 치밀하고 조직적인 훼방이 있었기 때문이라고 합니다. 이것은 학자 및 외부전문가 들과 관료 및 정치 집단의 생각에 차이가 있기 때문만은 아닙니다. 공직 사회의 배타적이고 폐쇄적인 문화가 더 큰 원인입니다.

"선량한 사람으로서 공익을 위해 조언하는 것은 라파엘 씨의 절대적 의무라 생각합니다. 라파엘 씨도 '행복한 상태의 사회는 철학자들이 왕이 되지 않거나 혹은 왕들이 철학을 공부하지 않고서는 결코 도래할 수 없을 것이다'라는 플라톤의 말을 잘 아실 것입니다. 헌데 철학자들이 왕들에게 한마디의 조언도 해주지 않는다면 바람직한 국가가 출현하는 일은 더욱더 요원해질 게 아닙니까?" 나의 질문에 라파엘은 이렇게 답했다. "철학자들이 그런 정도로 몰인정하지는 않습니다. 왕들의 자세가 그러한 철학을 겸허한 마음으로 받아들일 준비가 되어 있었다면 철학자들은 즐거운 마음으로 조언했을 것입니다. 그리고 철학자들은 이미 책을 통해 왕들에게 많은 조언을 해주었으나 왕들이 그런 책들에 대해서 무관심했을 뿐입니다. ……만약 제가 군주에게 올바른 법을 제정하고 마음속에 자리한 치명적인 악의 씨앗을 제거하라고 한다면, 아마 즉시 추방당하든지 아니면 형편없는 사람으로 낙인찍힐 것입니다."(35-36)

◦ 이는 플라톤의 철인 통치론으로, 인간과 사회를 통찰할 수 있고 충분한 지혜를 가지고 시민의 행복을 극대화하며 국가를 부강하게 할 수 있는 계급이 국가를 운영해야 한다는 내용이다.

아마도 모어는 자신 스스로는 물론 지인들로부터 왜 어리석은 현실 정치에 참여하고 있는가에 대해 문제 제기를 받았을 것입니다. 이에 대해 모어는 《유토피아》를 통해 스스로의 다짐과 함께 그가 생각한 방향 등은 물론 현실 정치 속에서 국정에 참여하는 올바른 공직자의 모습을 이야기합니다.

진흙이 좀 묻더라도 진흙탕에 들어가야 연꽃을 얻을 수 있지

정치

연꽃 정성

나는 라파엘에게 말했다. "궁정 안에 있는 잘못된 생각들과 뿌리 깊은 악덕들을 당신이 원하는 만큼 완전히 근절하지도 못하고, 그것들을 최대한 효과적으로 통제할 수 없다고 해서, 시민에게 봉사하는 삶으로부터 등을 돌려서는 안 됩니다. 즉 폭풍 속에서 바람의 방향을 조종할 수 없다고 해도 결코 배를 포기해서는 안 된다는 것입니다."(42)

모어는 자신이 직접 국정에 참여하지 않아도 전혀 문제없는 생활을 할 수 있었습니다. 그러나 그의 철학은 '나를 희생하여 모든 시민이 행복해질 수 있다면 공공의 이익을 위해 희생해야 한다'라는 것이었습니다. 그렇기 때문에 그는 다른 많은 지성인들에게도 자신의 철학을 권유합니다. 특히 위기에 처한 시민을 위해서는 목숨도 아끼지 말아야 한다고 강조합니다.

그리고 모어는 국가의 경영에 참여하는 일을 매우 훌륭한 연극에 출연하는 배우의 역할에 빗대어 이야기합니다. 연극이 파탄이 나면 관객들 모두가 피해를 보기 때문에 배우들은 연극이 무사히 막을 내릴 때까지 분위기를 깨지 않아야 한다고 설명합니다.

따라서 급진적이고 혁신적인 방법보다는 현실을 감안하여 시간을 두고 다른 사람들과 화합하면서 점진적인 개선의 방법으로써 주도면밀하게 개혁해 나가야 한다고 말합니다. 이는 새로운 생각에 대해 편견을 갖고 무조건 반대하는 집단이 많을 경우에는 그들과 직접적으로 부딪치기보다 간접적인 방법으로 우회하여 자기의 의견을 개진 해야 한다는 뜻입니다. 모든 일을 최선을 다해 기술적으로 교묘하게 다룸으로써 잘못된 정책으로 시민이 입을 폐해를 최소화할 수 있도록 말입니다. 하지만 이 점에 대해서도 모어는, 라파엘의 입을 통해 진실과 진리를 탐구하는 철학자들은 어떤 의도에서든 거짓말은 절대 할 수 없다고 강조하면서 사유재산이 허용되는 사회에서는 점진적인 방법으로는 도저히 어렵다고 이야기합니다.

　이렇듯 현실 정치에 참여하는 문제에 대한 모어의 심경은 복잡합니다. 폭력적이고 극단적인 혁명을 주장하는 한편, 점진적인 개혁을 택하는 현재의 자기 자신에 관해 이야기하면서, 다시 부자 중심의 시스템에서는 점진적인 방법이 불가능하다고 말합니다. 그렇다면 모어를 급진주의자로 봐야 할까요, 점진적 개혁주의자로 봐야 할까요? 그가 처했던 현실을 감안하면 생각은 급진적으로 하되 행동은 다소 신중해야 한다고 주장한 것으로 볼 수 있습니다. 그러나 좀 더 면밀히 살펴보면 그의 인본주의적 사상, 현실 비판과 대안 제시, 새로운 사회 체계에 대한 구체적인 구상, 그가 말년에 치른 국왕과의 종교적 투쟁, 절대다수 인간을 위한 또는 개인들에 대한 과감한 정신적 혁명 제안 등으로 보아 그는 급진사상가 또는 급진개혁주의자였던 것으로 생각됩니다.

• 개진開陳
어떤 주장이나 사실 등을 밝히기 위해서 의견이나 내용을 글이나 말로 드러내는 일.

인클로저와 영국

모어가 살았던 당시의 영국 사회는 이른바 제1차 인클로저enclosure가 매우 극심한 시기였습니다. 인클로저의 역사는 중세부터 시작됩니다. 그러나 가장 맹렬히 진행된 기간은 1450년부터 1640년경이라는 설이 유력한데 이 시기를 제1차 인클로저 사태라고 합니다. 이 결과 영국의 산업은 전통적인 농업보다 고수익이 보장된 양모 및 목축 산업으로 더욱 집중되었고, 목양 산업에서 불필요해진 잉여노동력, 즉 실업자가 급증하게 되면서 정치 및 경제 그리고 사회 전반에 걸쳐 심각한 영향을 끼쳤습니다. 이러한 사회의 변화가 토머스 모어를 자극하여 《유토피아》를 탄생시키도록 한 직접적인 배경이 되었습니다.

그런데 인클로저 사태와 그 폐해를 당시 왕정은 인식하지 못했던 걸까요? 그렇지 않습니다. 그들은 충분히 인식하고 있었습니다. 튜더 왕조의 헨리 7세는 1489년에, 그의 아들 헨리 8세는 1516년에 각각 반反인클로저법을 제정하기도 했습니다. 헨리 7세는 장미전쟁으로 귀족들의 세력이 약해진 틈을 타서 이들을 통제하기 위해 사병을 모두 없애고, 전제왕권을 강화하기 위해 관료제를 추진했으며, 인클로저 금지령을 내리기도 했습니다.

뒤를 이은 헨리 8세는 아버지가 일구어 놓은 통치기반을 토대로 왕위를 물려받아 다소 순조로운 편이었으나, 시민의 인기를 얻기 위해 아버지 헨리 7세의 총신 가운데 평판이 좋지 않았던 장관 리처드 엠프슨과 에드먼드 더들리를 처형합니다. 그러나 그 뒤로 1512년부터 총 네 차례의 전쟁을 치르면서 시민의 원성을 사고, 여섯 번의 결혼으로 로마교황청과 적대적 관계가 되는 한편, 수장령(1534)과 수도원 해산(1536)을 통해 영국국교회(성공회)를 확립합니다. 그러한 가운데 모어가 포함된 당시 의회에서 혁명적인 법안들을 마련하기 시작했습니다. 그 중 하나가 바로 반인클로저법이라고 할 수 있습니다.

그러나 역대 왕들의 반인클로저법들은 시민들을 위한 것이라고 볼 수 없습니다. 국왕들은 마을 촌락과 경작지가 황폐해짐에 따라 세금 수입이 감소하는 것을 방지하고, 국가를 위한 징집지(혹은 왕의 사냥터)가 축소되는 것을 억제하고, 하층 계급의 잠재적인 폭동을 예방하고자 반인클로저법을 제정한 것입니다. 따라서 반인클로저법도 시민의 실생활을 개선하는 데 별다른 효과를 가져다주지 못한 것으로 추론할 수 있으며, 이는 모어가 《유토피아》에서 그 폐해를 적나라하게 보여 주며 비판한 것으로도 알 수 있습니다.

기록에 의하면 이후 130여 년간 인클로저 관련법이 계속해서 제정되고 개정되었지만, 결국 1622년에 관련법들이 모두 폐기되어 버립니다. 이러한 배경에는 법을 제정하고 개정하는 데 절대적 영향을 휘두르는 위치에 있는 사람들이 왕족과 대지주, 귀족과 성직자 등이었고, 그들이 끝까지 자신들의 이익만을 고수했기 때문입니다.

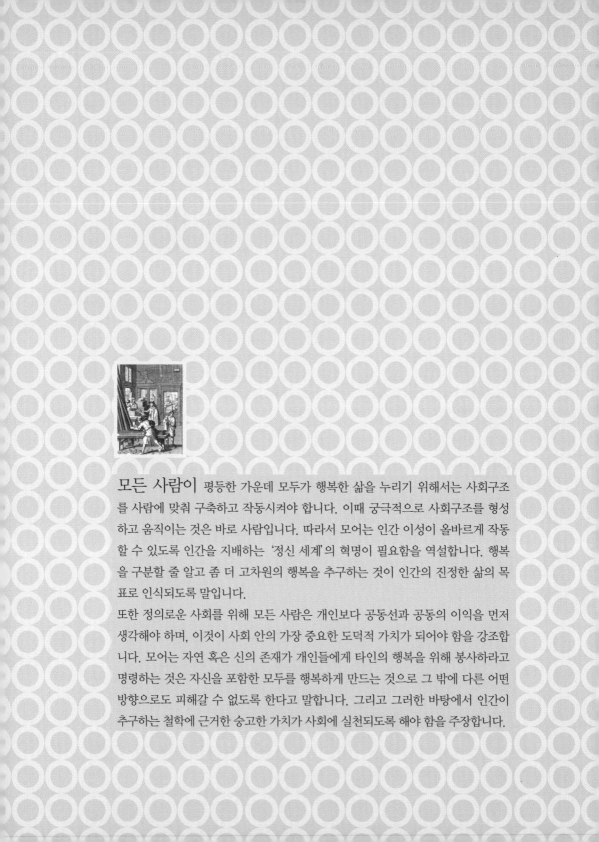

모든 사람이 평등한 가운데 모두가 행복한 삶을 누리기 위해서는 사회구조를 사람에 맞춰 구축하고 작동시켜야 합니다. 이때 궁극적으로 사회구조를 형성하고 움직이는 것은 바로 사람입니다. 따라서 모어는 인간 이성이 올바르게 작동할 수 있도록 인간을 지배하는 '정신 세계'의 혁명이 필요함을 역설합니다. 행복을 구분할 줄 알고 좀 더 고차원의 행복을 추구하는 것이 인간의 진정한 삶의 목표로 인식되도록 말입니다.

또한 정의로운 사회를 위해 모든 사람은 개인보다 공동선과 공동의 이익을 먼저 생각해야 하며, 이것이 사회 안의 가장 중요한 도덕적 가치가 되어야 함을 강조합니다. 모어는 자연 혹은 신의 존재가 개인들에게 타인의 행복을 위해 봉사하라고 명령하는 것은 자신을 포함한 모두를 행복하게 만드는 것으로 그 밖에 다른 어떤 방향으로도 피해갈 수 없도록 한다고 말합니다. 그리고 그러한 바탕에서 인간이 추구하는 철학에 근거한 숭고한 가치가 사회에 실천되도록 해야 함을 주장합니다.

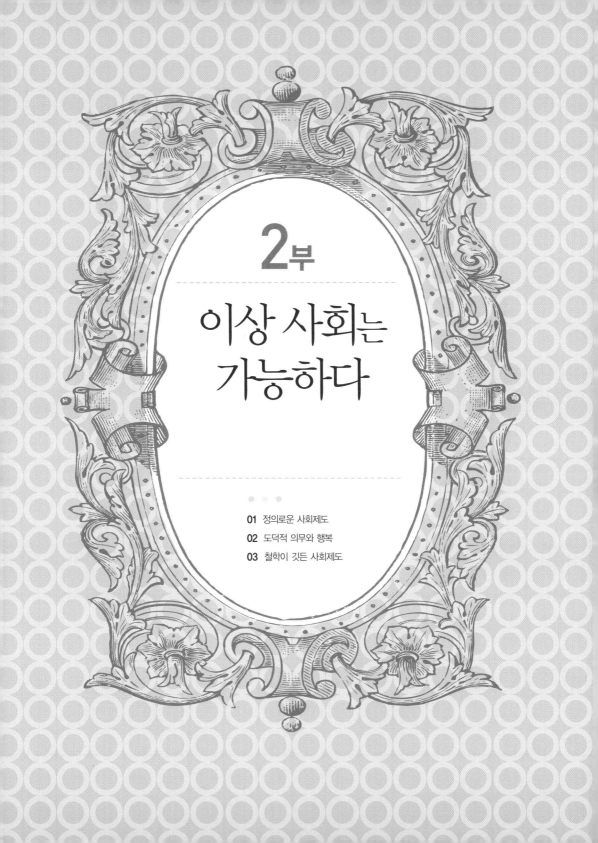

2부

이상 사회는
가능하다

01 정의로운 사회제도

개인보다 모두의 이익을 우선

이상 사회는 앞선 모든 인간이 추구해 왔고 미래에도 여전히 추구해 갈 목표입니다. 이렇듯 만인이 염원하는 이상 사회는 과연 건설될 수 있을까요? '모두가 함께 꿈꾼다면' 당연히 달성될 수 있습니다. 그런데 우리는 왜 아직도 이상 사회를 만들지 못했을까요? 혹시 각자 자기만의 이상 세계를 꿈꾸었기 때문은 아닐까요? 또 전체의 이상 사회에 대해서는 무관심한 탓은 아니었을까요?

개인이 혼자 꿈꾸는 이상 사회는 결코 이루어질 수 없습니다. 이상 사회란 사회 전체가 행복한 사회입니다. 따라서 모두가 행복한 삶을 누리기 위해서는 걱정거리와 고통이 전부 사라져야 합니다.

의식주, 학교 성적, 취업, 결혼, 사회적 비용(교육비, 의료
비 등) 등에 대한 걱정이 없는 사회 말입니다. 앞으로 다
가올 사회에서는 갖가지 고민들에 얽매여 있던 개인들
이 그것들로부터 자유로워질 수 있는 사회가 만들어질
수도 있습니다. 나아가 이웃과 다툼이 없는 사회, 지역
간 갈등이 없는 사회, 이념적 갈등과 전쟁이 없는 평화
롭고 번영된 사회가 도래할 수도 있겠지요.

한국 사회의 학생들
친구들이 모두 경쟁자가 되어
버린 입시 경쟁 사회에 지친
학생들의 모습이다.

　그러기 위해서는 모든 사람이 태어날 때부터 천부적으로 가진 인
간으로서의 존엄이 지켜져야 하며 이를 타인으로부터 절대적으로
침해받지 않아야 합니다. 가정, 학교, 직장, 사회 등 모든 조직 내에
서 사랑과 자비로 충만해야 하며 미움과 질시, 배척과 따돌림으로
부터 마음의 상처와 고통을 받는 사람들이 사라져야 합니다. 그리
고 공동체의 행복과 이익이 개인의 행복과 이익으로 순환되고, 나
보다는 공동체의 행복을 먼저 생각하는 마음가짐과 행동이 넘쳐날
때 이상 사회는 더욱 가까워질 것입니다. 따라서 이상 사회를 의미
하는 유토피아는 지구상에서 가장 훌륭한 국가일 뿐만 아니라 공화
국˚이라 불릴 수 있는 권리를 가진 국가입니다.

˚ 공화국commonwealth
공공적 이익을 가장 앞세우며
공공의 이익에 기초한 복지국
가라는 뜻.

　다른 나라 사람들도 항상 공동의 이익에 대해서 언급을 합니다만,
그러나 그 나라 사람들이 진심으로 염려하는 것은 사유재산이며 이것
에 더 관심을 둡니다. 개인, 즉 사유재산이라는 것이 존재하지 않은
유토피아 사회에서는 사회구성원 모두가 진심으로 공동체를 이루는
전체 시민의 이익에 대해 생각합니다. 이러한 상반된 현상들은 각 사

회의 여건이 다르므로 그 사회에 어울리는 지극히 타당한 태도라 할 수 있습니다.

유토피아가 아닌 다른 나라들에서는 국가가 아무리 부유하다고 해도 각 개인이 스스로를 돌보지 않고 부를 축적하지 못하면 굶어 죽을 수밖에 없다는 사실을 모두가 알고 있습니다. 그러므로 그들은 공공의 이익을 자기 자신의 이익보다 우선시할 수 없는 것입니다. 반면에 유토피아는 사유재산이 없고 모든 것이 모두의 소유인 나라입니다. 그리고 공동체 사회의 창고가 항상 그득 차 있는 유토피아에서는 어느 누구도 결핍의 두려움을 느끼지 않습니다. 또한 그로부터 오는 마음의 평화와 명랑함, 그리고 근심과 걱정으로부터 해방된 자유로움보다 더 큰 자산은 없습니다.(109)

모든 인간이 개인의 이익과 행복을 먼저 생각하는 것은 어쩌면 당연한 일이며, 그와 같은 인식과 행동은 자신 이외에 자신을 돌봐 주는 사람이 없는 사회구조에서 비롯됩니다. 이러한 사회 속에서는 가족이라는 최소공동체를 벗어난 즉시 어느 누구도 타인의 행복에 대해 관심을 두지 않습니다. 왜 이런 사회가 되었을까요?

자본가와 노동자의 부의 간극
노동자 계급의 궁핍화는 사유재산이 인정된 자본주의 사회에서 피할 수 없는 굴레와 같다.

모어는 그에 대한 해답을 인간의 이기심에서 비롯된 사유재산제도에서 찾았습니다. 근본적으로 사유재산으로 인해 공동체의 이익을 생각할 수 없다고 지적합니다. 하지만 그는 사유재산제도에 의해 혜택을 받는 사람들을 탓하지는 않습니다. 개인의 장래를 위해 부를 축적해 두지 못하면 국가가 책임져 줄 수 있는 사회적 구조가 아닌 탓에 개인이 스스로 어떤 대책을 마련해야 한다는 차원에서 이해합니다.

이와 반대로 모든 것이 공동의 소유인 유토피아에서는 결핍의 두려움이 없고 모든 것을 공평하게 분배하므로 빈부격차 자체가 생기지 않습니다. 따라서 아무 것도 소유하지 않으면서 부자이며, 자신은 물론 자손들까지 의식주를 포함한 생활의 전반을 걱정하지 않습니다. 이렇듯 개인의 현재와 미래를 국가가 책임져 주기 때문에 유토피아인들은 만족감과 행복을 느끼며 살아갑니다. 모어는 이런 사회야말로 진정한 이상 사회라고 보았습니다.

모어의 이러한 사고는 16세기에 영국을 비롯한 유럽에서 가난하고 비참한 삶을 살아가던 모든 시민의 소망을 나타낸 것입니다. 그러나 유토피아를 갈망한 시기가 비단 그때뿐이겠습니까? 그 전의 시대는 더욱더 처참했고, 16세기 이후에도 일반 시민의 비참한 생활은 지속되었습니다. 그로부터 500여 년이 지나 생산력이 최고조에 이른 현대 자본주의 사회에서도 빈곤층으로 구분된 인구의 수는 우리의 상상을 초월합니다.

어디 그뿐입니까? 중세 시대에는 이자 받는 것을 죄악시했는데도, 당시 영국 사회는 모어가 가장 경멸하던 고리대금업자들이 성행하였습니다. 당시나 지금이나 고리대금업자들의 횡포는 여전히 변함없으며 오히려 더욱 악랄해지고 있습니다. 이는 사회 풍조가 돈 중심의 사회로 깊이 빠져들고 있기 때문입니다. 현대에는 원금에 대한 이자율이 수백 퍼센트를 넘어가고, 만일 빚을 갚지 못하면

증가하는 절대 빈곤층
세계은행(IBRD)이 발표한 바에 따르면, 절대빈곤층은 하루에 1.25달러 이하로 생활하는 사람들로서 갈수록 급증하고 있다.

유엔(United Nations, 국제연합)은 세계의 절대빈곤 인구를 2010년을 기준으로 17억 5천만 명으로 명시하고 있다. 한국에도 빈곤층에 속하는 사람들이 의외로 많다. 2009년 말을 기준으로 전체 가구 1,691만 7천 가구 가운데 빈곤층은 18.1퍼센트인 305만 8천 가구에 이른다. 이들 가구의 월평균 소득은 92만 5천 원으로 고소득층의 월평균 소득인 705만 3천 원의 13.1퍼센트에 불과하다. 2009년 말 인구는 4,874만 7천 명이었으므로 한 가구당 구성원은 평균 2.88명이다. 따라서 한국 사회에서 빈곤층에 속하는 인구는 약 880만 명이라는 집계가 나온다.

수도원이나 교회가 중심이 되어 일반인들이 이자 받는 것을 죄악시했지만, 교회 및 성직자들이 비밀리에 고리대금업을 했으며 종교개혁 이후에는 일반화되기에 이르렀다.

신체의 일부나 장기臟器 매매를 강요하며(신체 포기 각서 등), 폭행, 감금, 매춘 등을 사주하는 사건까지 더욱 증가하고 있습니다.

고리대금업자 샤일록들이 그로부터 500여 년이 지난 한국 사회에도 여전히 건재하고 있습니다. 제도적으로 보면 한국에서는 '이자제한법'에 의해 사채 이자를 연간 30퍼센트 이상 받지 못하도록 되어 있습니다. 그러나 '대부업법(대부업의 등록 및 금융 이용자 보호에 관한 법률)'의 이자 제한은 49퍼센트까지로 되어 있어 합법적인 착취를 허용하고 있는 실정입니다.˚ 이러한 규정을 둔 배경이야 나름의 여러 이유가 있겠으나, 결국 이로 인한 폐해가 극심해지고 있으며 경제적 궁핍에 빠진 많은 서민들이 그 피해자가 되고 있습니다. 모어가 한국 사회를 본다면 과연 이 나라를 정의롭고 평등하며 공정한 국가라고 할 수 있을까요?

노력한 만큼 대접받는 사회

사회에 아무 필요 없는 일을 하거나 무위도식하는 사람들이 사회를 유지하는 데 필수적인 직위에 오르거나 열심히 일한 사람들보다 더 풍요롭게 사는 사회는 정의롭지 못한 사회입니다. 그러므로 일한 만큼의 대가를 받고 노력한 만큼 대접받는 사회가 정의 사회에 더 가까울 것입니다.

만약 건장한 성인 가장이 쉴 틈 없이 일한 임금으로 한 가족이 끼니를 해결하는 것만도 빠듯하다면, 그 사회를 과연 정상적인 사회라고 할 수 있겠습니까? 더욱이 검소한 생활 속에서도 앞날을 예비할

˚ 한국 제1금융권의 연체이자율은 19퍼센트이다. 따라서 국내의 연체이자율과 일본의 경우를 참고하여 한국 대부업의 이자율을 20퍼센트 이내로 낮춰야 한다. 이는 필자의 개인적인 생각이며, 진보정당에서도 같은 주장을 하고 있다. 참고로 일본 대부업의 이자율은 15퍼센트에서 20퍼센트 수준이다.

칼과 저울을 든 샤일록
영국 극작가 셰익스피어가 집필한 희곡 《베니스의 상인》(1596)의 등장인물 중 한 명으로, 유대인 고리대금업자이다. 극 중에서 자신에게 돈을 갚지 못하는 안토니오의 살을 떼어내겠다고 인육 재판을 벌인다. 그리하여 1파운드의 살을 도려낼 칼과 그 무게를 달 저울이 유대인 샤일록을 상징하는 상징물이 되었다.

수 있는 저축조차 힘든 사회라면, 그런 사회는 사라져야 마땅하겠지요.

자본주의 체제의 피라미드
자본주의 체제에서는 대다수의 노동자 계급이 최하층을 떠받치고, 그 위로 자본가 계급, 경찰(군인), 성직자, 마지막으로 소수의 지배 계급(공권력)이 최상층을 차지하면서 피라미드 구조를 형성한다.

일을 전혀 하지 않거나, 설령 일을 하더라도 사회에 아무런 도움이 되지 않은 일들만 하는 귀족, 귀금속상, 고리대금업자 들이 사회에 불필요한 그런 잡스러운 일과 게으름의 대가로 사치스럽고 화려한 생활을 누린다면 과연 누가 그 사회를 정의 사회라고 인정하겠습니까?

이와 반대로 노동자, 목수, 마차꾼, 농부 같은 사람들은 지금 어떤 상태에 처해 있습니까? 마차를 끄는 말과 쟁기를 끄는 소 같이 이들은 우리와 사회에 없어서는 안 될 반드시 필요한 일들을 쉴 틈 없이 힘들게 해주고 있습니다. 만약 이들이 하던 일을 멈춰 버린다면, 그 나라는 대부분 일 년도 채 못 가서 사회 기능이 마비되고 결국에는 무너지게 될 것입니다.

이처럼 사회에 필수적인 일을 함으로써 많은 공헌을 하는데도, 이들의 수입은 형편없어서 먹을 것과 입을 것도 없이 너무나도 비참한 생활을 하고 있습니다. 즉 짐승만도 못한 삶을 살고 있는 것입니다. 말과 소조차도 단 일 분도 쉬지 않은 채 오랜 시간 쉴 새 없이 일만 하지는 않습니다. 그리고 무엇보다도 그들은 질 좋고 풍족한 먹이를 먹으며 굶주리지도 않습니다. 또한 짐승들, 즉 소와 말 들은 미래의 두려움 때문에 불행하다거나 또 그렇게 살지도 않습니다.

그렇지만 우리가 보아온 그런 사람들은 죽도록 일한 대신에 그에 합당한 노동의 대가를 제대로 받지 못해 하루 임금으로 가족들이 연

합당한 대가를 받지 못하는 노동자들
모어가 살던 시대의 노동자들은 쉴 틈 없이 하루 종일 일에 시달리고도 궁핍한 생활고에 빠져 허덕일 수밖에 없었다.

명하기에 턱없이 부족합니다. 그렇기 때문에 자신과 가족의 미래를 위한 저축은 아예 꿈도 꾸지 못한 채 좌절 속에서 하루하루를 살아갑니다. 상황이 이렇다 보니, 가장으로서 빈털터리로 살아가게 될 자신의 노년기와 가족의 미래를 생각하면 깊은 고민에 빠지지 않을 수 없고 죽음보다 더한 두려움을 갖게 되는 것입니다.(110)

어떤 일의 중요성에 대한 가치의 판단과 평가는 사람마다 다를 수 있습니다. 모어는 인간은 모두 평등하다라는 관점에서 신분의 귀천을 가르기를 거부했으며, 사람이 살아감에 있어서 무엇이 중요하고 또 무엇이 가장 필요한 것인가를 기준으로 일의 중요성을 판단했습니다. 이를 바탕으로, 사회적으로 반드시 필요한 일들을 함으로써 그 사회에 공헌하고 있는 사람들이 가난하고 비참한 삶을 살아가는 것은 정의롭지 못하다고 주장합니다.

모어의 시각으로 보면 귀족은 일하지 않는 데다가 소작농들의 고혈을 빨아먹고 살기 때문에 사회에 아무런 쓸모가 없습니다. 그리고 귀금속이란 그것이 없어도 사람이 살아가는 데 하등의 불편을 느끼지 않고 실제로 아무 필요가 없는 것이기에 귀금속을 다루는 사람들의 일도 다른 직업군의 사람이 하는 일보다 중요하지 않다고 여깁니다. 또한 고리대금업자도 노동을 통하지 않고 특히 다른 사람들의 궁핍함을 이용해 자신들의 이익을 챙기는 사람들이므로 도덕적으로 용납할 수 없습니다.

유토피아에서는 모든 사람이 노동을 하도록 함으로써 이와 같은 일들이 발생하는 것을 원천적으로 봉쇄했습니다. 모든 계층의 사람들이 한 명도 빠짐없이 노동을 하면 공동체 구성원 모두가 풍요롭게 살 수 있기 때문입니다. 그리고 모어는 각자가 자기 수준에 맞는 노동력을 사회에 투입할 때 공동체가 유지된다고 보았습니다. 따라서 남자는 힘이 많이 필요한 일을 하도록 하

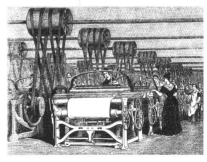

산업혁명
농업과 수공업 중심의 생산 경제에서 공업과 기계를 사용하는 경제 체제로 변화한 경제·사회상의 혁명. 18세기 영국에서부터 시작되었다.

고, 여성은 상대적으로 힘이 덜 든 일을 하며, 어린이들이나 고령의 노인들은 일하지 않습니다. 하지만 실제로는 당시 영국 사회에서 어린이 노동이 일반적이었으며, 그것은 이후 산업혁명을 거치면서 극에 달합니다. 그리고 현대에 들어서도 후진국에서 여전히 어린이 노동은 물론 고령자 노동도 지속되고 있습니다. 반면에 사회에 유해한 일을 하는 사람들과, 일하지 않고서도 호화롭게 사는 사람들은 더욱 많아졌습니다. 더욱이 사회에 필요한 일을 하는 사람들이 오히려 비하되고 멸시받는 세상이 되었습니다. 더욱 한심한 것은 한 일터에서 같은 종류의 일을 하면서도 월급은 차별적으로 받습니다. 바로 '동일 노동 동일 임금'의 원칙이 지켜지지 않고 있는 상황이지요. 정의로운 사회에서는 이럴 수 없습니다.

◦ 유토피아 섬의 계층을 세분화하면 학자, 성직자, 공직자 등의 계층과 노동자를 비롯한 평민 계층, 그리고 노예 계층으로 나누어진다. 그러나 일반적인 신분제와 달리 일에 대한 성과가 획기적이어서 능력을 인정받은 평민 계층은 언제라도 지식인 계층으로 갈 수 있는 '희망의 사다리'가 잘 구비되어 있다. 그리고 노예 계층도 맡은 일을 충실히 수행하면 평민 계층으로 이동할 수 있다.

◦ 두 가지 요인이 있다. 하나는 기업들이 이익 극대화를 위해 비정규직을 고용하기 때문이고, 다른 하나는 하도급 거래 구조의 문제로서 이른바 '사내 하청' 때문이다.

정의가 바로 서는 사회

물질적으로 풍요롭고 모든 사람들이 결핍을 느끼지 않는다면 그것만으로 정의로운 사회일까요? 당연히 그렇지 않습니다. 경제적 풍요는 정의로운 사회가 아니라 해도 달성할 수 있습니다. 정의 사

회는 정의로운 분배가 전제되고 공동체 구성원 모두가 그 풍요를 공평하게 향유할 수 있을 때 구현됩니다. 따라서 더 많은 구성원들이 물질적 풍요를 누려야 하는 것은 물론, 현존하는 법이 그렇게 작동해야 하며 실질적으로 법 앞의 평등이 구현되어야 합니다.

현대의 정의론을 살펴보면, 존 롤스*의 정의론과 최근 폭발적인 인기를 누리는 마이클 샌델*의 정의론이 있습니다. 하지만 모어가 보는 정의와는 달리 현대 국가의 현실을 감안한 정의관은, 모든 개인의 기본적 인권을 중시하는 가운데 합리적 차별을 수용하며 그 과정에서 기준의 공정성을 강화하는 것입니다. 이에 반해 모어의 정의론에서는 절대적 평등에 기초한 절대적 정의를 강조합니다.

(다른 국가들은) 사회 전체를 위해 바람직하거나 필요한 일이라고는 티끌만큼도 하지 않는 대신 쓸모없는 사치품을 만들고 헛된 쾌락이나 오락만을 즐기며 무위도식하는 귀족과 귀금속상, 은행이나 고리대금업자 들에게 넘치도록 많은 보상과 대가를 주고 있습니다. 이러한 사회를 두고 공정한 사회라 일컬을 수 없으며, 일반 시민으로 하여금 그 사회에 감사한 마음을 갖게 할 수도 없습니다. 반면에 사회나 국가가 지탱할 수 있도록 밑바닥에서 쉴 틈 없이 일하는 농부, 광부, 노동자, 마차몰이꾼, 목수 들에게 정당한 대가를 지급하는 것은 고사하고 국가에서 이들의 삶에 대해 전혀 신경을 쓰지 않고 있습니다. 이런 상황을 초래한 국가를 어찌 몰염치한 국가라고 하지 않을 수 있겠습니까? 국가의 몰염치는 이에 그치지 않습니다. 자신과 가족, 사회와 국가를 위해 열심히 일한 사람들이 늙고 병들어 일할 수 없게 되면 국가는 굶

• 존 롤스Jhon Rawls
미국의 정치철학자(1921~2002)로, 정당화될 수 없는 불평등이 존재하지 않은 상태를 추구하는 것을 정의라고 보았다. 이를 위해 그는 두 가지 원칙을 제시했다. 제1원칙은 자유원칙Liberty Principle으로서 사회 전체 체제에 적용되는 평등한 기본적 자유의 보장이고, 제2원칙은 차등원칙Difference Principle으로 사회경제적 불평등을 허용하지 않을 수 없지만 최소수혜자the worst-off들을 더 배려한 이후에 비로소 사회경제적 불평등이 용납된다고 했다. 저서에 《정의론》과 《공정으로서의 정의》 등이 있다.

• 마이클 샌델Michael J. Sandel
미국의 철학자(1953~). 사회적 연대와 시민적 덕목을 강조하는 공동주의를 주장하며 자유주의와 신자유주의를 비판했다. 현재 미국 하버드대학 교수로 재임하고 있으며, 저서에 《왜 도덕인가》, 《정의란 무엇인가》 등이 있다.

주림에 고통 받는 그들을 철저히 외면합니다. 더욱더 참을 수 없는 것은 가난에 허덕이는 사람들의 얼마 안 되는 소득마저 개인적인 사기 행위 와 공공적인 조세제도라는 입법활동으로 정당화하며 끊임없이 착취하고 있다는 사실입니다. 국가로부터 가장 많은 보상을 받아야 할 사람들이 가장 적은 몫밖에 받지 못한다는 것만으로도 충분히 정의롭지 못한 사회입니다. 그런데 국가는 그에 그치지 않고 착취할 수 있는 명분을 되도록 많이 만들어 시민의 상황을 더욱 악화시키고 있습니다. 이렇듯 국가는 법을 내세워 부정의를 정의로 왜곡하고 정당화하는 일들을 자행하고 있습니다. 그렇기 때문에 번영을 구가하는 현대의 여러 공화국과 그 속의 체제를 돌이켜볼 때 나는 그것이 공화국의 이름을 빌려 이익만을 추구하고 부를 더욱 불리려는 부유층의 음모 이외에는 다른 어떤 것도 아니라는 생각을 하게 됩니다.(111)

● 조세제도가 공식적인 수탈 행위라면, 개인적 사기 행위란 지위와 권력을 이용해 약자들로부터 뇌물을 받거나 그들의 이익을 가로채는 비공식적 수탈 행위를 의미한다.

모어는 말초적 쾌락을 위해 사치품과 오락만을 탐닉하는 계층을 사회의 장애물과 기생충에 비유하며 경멸합니다. 반면 요즘 말로 표현하면 3D업종 에 종사하는 하층 계급의 시민에게는 정당한 보상을 해주고 이들이 노동력을 상실한 이후의 삶에 대해서까지 국가가 책임져야 정의로운 국가라고 주장합니다. 나아가 모어는 권력층과 부유층이 개인적 사기 행위와 조세제도를 통해 하층민의 소득을 착취하는 구조의 국가에 대해서는 공화국이라 이름 붙일 수 없다고 봅니다.

모어의 생각처럼 국가는 노동에 대한 정당한 대가를 지급해야 함은 물론 모든 국민이 노동력을 상실한 이후에도 그들의 삶을 보장

● 3D업종
3D업종은 힘들고(difficult), 더럽고(dirty), 위험하여(dangerous) 사람들이 기피하는 직업을 말한다.

세계 10대
경제대국
대한민국!

빈부격차는
몇 위?

삶의 질은
몇 위?

복지는
몇 위?

복지

비정규직 철폐를 주장하는 이유
비정규직은 계약에 의해 고용된 임시 직원으로 처우와 급료 면에서 정규직과 차별받는다. 1997년 경제위기 이후 비정규직 노동자는 57퍼센트까지 증가하였으나, 2010년 8월 현황은 약 855만 명인 50.2퍼센트로 다소 감소하고 있다. 임금 수준은 정규직 대비 46.8퍼센트이다(통계청 비정규노동센터).

해 줘야 합니다. 그리고 각종 법제도를 정당한 절차와 내용으로 제정해야 하며 정의라는 이름을 도용해 법을 타락시키지 않아야 합니다. 국가 체제를 동원하여 권력층과 부유층의 사사로운 이익을 추구해서는 정의로운 국가라 할 수 없습니다. 따라서 가난한 사람들에 대해서 사회적 배려와 함께 조세제도에 있어서도, 예컨대 누진세 제도* 같은 재분배 정책을 더욱 강화해야 합니다.

어느 사회나 열심히 일하는 사람들이 있는가 하면 그와 반대되는 사람들도 있게 마련입니다. 현대의 산업화된 국가는 어떨까요? 명시적으로 귀족이라는 계급과 계층은 사라졌습니다. 그렇지만 그 내부를 들여다보면 여전히 귀족적 생활을 영위하는 사람들이 많으며, 노동자와 농민 그리고 3D업종에 종사하는 사람들의 임금 수준과 수입은 그들과 비교하면 형편없이 낮습니다.

산업이 발전하여 하루벌이라 해도 일정한 임금 수준으로 인해 독신 생활을 하기에는 무리 없어 보이지만, 사람다운 삶, 즉 가정을 꾸려 자신과 가족의 미래를 설계하는 과정에 들어가는 병원비, 교육비, 집세 등을 걱정하지 않을 수 있는 삶을 살아가기에는 턱없이 부족한 현실입니다. 더욱이 일부 노동자들은 여전히 자신과 가족의 미래를 위한 저축은 꿈도 꾸지 못합니다. 특히 비정규직 노동자들, 일용직 노동자들이 그렇습니다.

한국 사회는 1인당 국민소득(GNI)이 꾸준히 증가하여 세계 10대 부국富國으로 성장했다고 하지만, 그 이면에는 빈부격차가 심해 가난에 허덕이

는 사람들이 너무 많습니다. 또한 정책적으로 많은 개선이 이루어
지고 있지만, 국민에 대한 국가의 책임은 여전히 부족합니다. '가
난은 나랏님도 못 구한다'라는 옛말이 있습니다. 그러나 이 말은 복
지주의 시대 이전과 봉건 시대에 해당하는 이야기입니다. 산업화
이후 복지국가를 천명하고 복지국가 시대에 들어선 20세기부터는,
국민이 가난하게 사는 것은 상당 부분 국가의 책임이라고 할 수 있
습니다. 그런 점에서 모어가 언급한 바와 같이 한국도 공화국이라
는 이름을 떳떳하게 사용하고자 한다면 계층을 막론하고 모든 국민
이 국가 정책 안에서 실질적인 수혜를 입을 수 있도록 해야 합니다.

노동자의 노동력에만 의지하
는 나태한 자본가
생산력 발전을 위한 노력은 게
을리한 채 노동자의 노동력을
헐값에 착취하는 데만 몰두하
는 자본가의 모습을 여실히 보
여 주고 있다.

　　그들은 정당하지 않은 방법으로 취득한 부와 권력을 지키기 위해
수단과 방법을 가리지 않습니다. 또한 가난한 사람들의 노동력을 가
능한 한 헐값에 사서 착취하고자 모든 종류의 편법과 속임수 들을 고
안해 냅니다. 이와 같은 편법들은, 모든 계층을 포함한 공동체 사회일
지라도 부자들이 중심이 되어 주장하면 곧 공식적인 법으로서 효력을
획득합니다. 부자들의 공화국에는 진정 빈민들이 포함되어 있지 않다
는 것입니까?(111)

　　모어는 이를 통해 시민에 대한 국가의 책임을 강조하고 있습니다.
당시 왕정은 사실 지금과 차원이 아주 다른 상태로 존재했기 때문에
시민이 왕정을 위해 더 많은 역할을 해주기만을 강요했습니다.

* 절대왕정은 다수의 시민보다
는 왕정을 위해 충성하는 일부
계층(귀족, 귀금속상, 고리대금
업자 등)의 이익을 위해 움직
였다. 그래서 왕족과 귀족 들
은 공화국의 이름으로 하층민
들을 수탈하는 법을 제정할 수
있었다.

살찐 자본가와 마른 노동자

모어가 살던 시대뿐 아니라 한국 사회에서도 여전히 기득권을 가지고 있는 계층들이 법제도가 만들어지는 과정에 결정적인 영향력을 행사합니다. 그들은 소비자들을 위한 법 제정을 무력화하는 데 골몰한다든지, 일반 다수의 주주들보다는 극히 소수인 대주주를 위한 법을 끝까지 고수합니다. 그리고 각종 이익 집단들이 자신들의 이익 달성을 목적으로 공직자(국회의원, 지방의회의원, 중앙정부 및 지방정부 관료)들에게 압력을 가합니다. 이처럼 21세기 한국에도 편법과 속임수를 통해 자신들만을 위한 법을 만들었던 500년 전 절대 왕정의 행태가 여전히 남아 있습니다. 따라서 변호사, 회계사, 의사, 약사, 변리사, 세무사 등 국가고시의 합격자 수를 대폭 확대함으로써 희소성을 완화시켜 그들이 향유해 온 특권을 없애야 합니다.

• 예컨대 '제조물책임법PL法'은 소비자를 보호하기 위한 제도인데, 기업들이 경영에 걸림돌이 된다며 극력 반대하고 있다. 그리고 최근 고소득 전문직의 최소한의 탈세 방지를 위한 '세무검증제'가 국회에서 통과되지 못했을 뿐만 아니라 그 내용도 대폭 축소되어 버렸다.

• 대주주
회사(주식회사)의 소유권을 의미하는 주식(지분)을 가장 많이 소유하고 있는 주주로서, 일반적으로 회사의 소유주들이다.

계층의 격차
신분의 높낮이에 따라 계층 간 생활상의 뚜렷한 차이를 보여 주는 그림이다.

이런 식으로 탐욕스럽고 사악하기 그지없는 소수 집단의 끝없는 욕심 때문에 시민 모두가 쓰고도 남을 만큼의 풍족한 재화가 그들의 수중에 독점되어 버립니다. 그런데 만일 소수의 부자들이 유토피아에서 살게 된다면 얼마나 행복해지겠습니까? 유토피아인들은 돈을 없앰으로써 돈에 대한 욕심과 탐욕까지 사라지게 했습니다. 그로 인해 그렇게 큰 고통도, 그렇게 많은 범죄도 사라졌습니다. 돈이 필요 없는 사회는 평상시 사용되는 징벌로써는 억제하기 어려운 모든 종류의 사회적 악행을 소멸시킵니다. 가령 사기, 절도, 강도, 폭행, 분쟁, 살인, 독살, 반란 등 온갖 유형의 범죄가 사라집니다. 그리고 돈이 사라지는 즉시 공포, 고뇌, 근심과 걱정, 고통, 이로 인해 잠 못 드는 밤들이 동시에 사라질 것입니다. 더욱이 항상 빈곤 상태를 탈피하기 위해 돈이 필요했던 것과 반대로, 돈이 존재하지 않는다면 가난이라는 것도 완전히 사라질 것입니다.(111)

최초의 종이 화폐
1690년 매사추세츠에서 발행된 최초의 종이 화폐로 뒷날 미국 화폐의 원형이 되었다.

한 줌도 되지 않은 귀족과 부자, 권력자 들이 온갖 수단과 방법을 가리지 않고 거의 모든 재화를 독점하다시피 합니다. 돈이 모든 것의 중심이 되는 자본주의 사회이고, 따라서 모든 사람이 오직 돈만을 인생의 목표로 삼기 때문입니다. 이에 모어는 돈이 없다면 가난이라는 문제가 사라지며, 돈으로 인해 발생하는 온갖 사회적 범죄와 반인륜적인 악행들이 사라질 것이고, 귀족과 부자 들도 아무런 걱정과 근심과 고통이 없는 삶을 살아갈 수 있다고 말합니다. 그리고 가장들의 잠 못 드는 밤도 없어질 것이라고 덧붙입니다.

따라서 모어는 인간다운 삶과 사람 중심의 사회를 꾸려 가기 위해서는 화폐(돈)를 없애야 한다는 화폐무용론을 주장합니다. 탐욕의 근원인 돈을 없앰으로써 모든 인간이 궁극적인 행복을 손에 쥘 수 있다는 것입니다.

그렇습니다. 화폐가 등장한 초기에 그것은 사람들이 좀 더 편리하게 살아갈 수 있게 해 주는 도구에 불과했습니다. 그런데 어느 때부터인가 사람들이 돈에 휘둘리며 살아가는 처지가 되어 버렸습니다. 즉 본말이 전도顚倒된 것이지요. 과거 어른들이 하시는 말씀에

'사람 나고 돈 났지, 돈 나고 사람 났나?'라는 말이 있습니다. 당연히 돈보다 사람이 우선이며 사람을 더 소중하게 여겨야 한다는 의미입니다. 그리고 돈만 좇는 사람들을 경멸하며 그러한 사회로 흘러가는 시대의 흐름을 완곡하게 비판하는 소리입니다. 아울러 사람 중심의 사회로 만들어 가야 한다는 가난한 소시민의 항의이기도 합니다.

자본주의 사회란 모어의 말과 같이 돈이 모든 평가의 기준이 된 사회입니다. 돈을 많이 가진 자는 필요한 무엇이든지 구할 수 있고, 힘든 노동을 하지 않아도 살 수 있습니다. 그러므로 자본주의 사회에서는 돈을 위해서라면 무슨 일이든지 하게 되는 것입니다. 돈을 주고 살인을 청부하거나, 돈을 위해 용병이 되어 목숨을 건 전쟁터에 나가기도 합니다. 또 범죄를 저지르고서도 나라에 일정 정도의 돈을 내면 보석˚으로 석방되기도 합니다. 그리고 더 많은 돈을 소유하기 위해 피를 나눈 형제들끼리 철천지원수가 되도록 싸우는가 하면 심지어는 자기를 낳아 준 부모까지도 살해하는 등 도저히 인간의 행위라 할 수 없는 패륜이 자행되는 사회이기도 합니다.

모어는 이와 같은 돈의 폐해가 생기지 않도록 아예 화폐가 필요 없는 사회 체제를 구축하고자 했습니다. 그리고 이러한 사회구조가 모든 종류의 반사회적 범죄를 소멸시킬 수 있다고 보았습니다. 가난을 없애면, 그리고 돈이 모든 것을 평가하는 기준이 아니라면, 사회는 한층 더 맑아지고 이상 사회에 한 걸음 더 다가설 수 있겠다고 말입니다.

˚ 보석保釋
판사가 범죄 행위에 의해 체포 또는 구속된 피고를 이후 소송 절차에 출두할 것을 보증받은 후 석방하는 제도로서, 일정한 정도의 보증금(돈)을 납부하면 석방하여 재판을 받도록 하고 있다(형사소송법 제95조).

❖ 정의란 무엇인가

고대 그리스의 서사시인 헤시오도스(기원전 700년경)는 그의 저서 《노동과 나날》을 통해 권력자들에게 뇌물을 주고 부정한 재판으로 형의 상속분까지 가로채려고 한 동생의 부정의함에 대해 정의를 위한 투쟁을 강조했다. 그리스 철학자 아리스토텔레스는 공동체 사회의 법을 지키는 것을 일반적 정의로 파악하고, 합법성이 구체화되는 상황에서 지켜져야 하는 정의를 특수적 정의라고 하였다. 특수적 정의를 다시 배분적 정의와 교정적 정의로 구분하여 설명했는데, 배분적 정의는 능력과 공헌도에 따른 차등적 배분으로서 상대적 평등을 의미한다. 그러나 이러한 상대적 평등만으로는 사회 문제를 해결할 수 없기 때문에 그 보완책으로 교정적 정의를 통해 최종 배분에 대한 균형을 맞추어야 비로소 분배에서의 평등이 달성된다고 보았다. 로마의 법학자이자 정치가 울피아누스(170~228)는 '정의는 각자에게 그의 권리를 주려고 하는 항상 불변하는 의지이다'라고 했다. 이탈리아의 신학자 토마스 아퀴나스(1225~1274)는 '정의는 사람들의 항상 불변하는 의지로, 각자에게 그의 몫을 돌려 주려고 하는 습성이다'라고 했다. 토머스 모어는 '인간을 차별하여 그에 따라 대우하거나 타인에게 해악을 끼치거나 공동체 전체 번영에 해로운 일을 하는 것은 부정의하고, 이러한 사람들이 사회를 지배하면 그 공동체는 붕괴한다'라고 했다.

02 도덕적 의무와 행복

사회 전체를 고려하는 것이 도덕적 의무

유토피아에서는 개인보다 타인을 위한 그리고 사회공동체의 건전한 발전을 위한 행위를 가장 고귀한 것으로 간주하며, 도덕의 가장 근본으로 삼고 있습니다. 따라서 모어는 개인의 이익과 편의만을 추구하느라 타인이나 이웃과 이해가 상충하거나 투쟁 등이 벌어지는 곳은 이성을 가진 인간 사회가 아니라 먹잇감을 두고 혈투를 벌이는 동물의 세계와 다름없다고 말합니다. 그러므로 모어가 제시한 이상 사회에서는 공동체 사회를 위한 행위에 도덕적 무게를 가장 높게 두고 있습니다.

이는 이타주의利他主義와 부분적으로 맥을 같이한다. 이타주의는 타인을 위한 행위를 의무의 기준으로 삼으며 다른 사람들의 이익을 위해 자기를 기꺼이 희생하도록 가르치는 도덕적 학설이다. 종교에서 주로 주창되며 이웃에 대한 사랑, 타인을 위한 봉사 등으로 나타난다. 이기주의 그리고 부분적으로 공리주의와 대립한다.

유토피아인들은 ……재화를 배분하는 공적인 제도에 순종하는 일도 옳은 것이라 생각합니다. 물론 그러한 공적인 법제도들은 현명한 통치자에 의해 제정되어 매우 적절하게 제시되어야 하며, 어떠한 형태의 강압이나 사기 등으로부터 영향을 받지 않는 가운데 공동체 전체 구성원들의 동의 아래 제정되어야 합니다.(73)

엔지오 활동과 역할 증가
시민의 참여의식이 향상되고, 사람들의 모임이 활성화되면서 비정부기구Non-governmental Organization(NGO), 즉 다양한 시민단체들의 활동이 활발해졌다. 엔지오는 정부가 신경 쓰지 못하던 세세한 분야에서 우리 사회를 변화시키는 건강한 변화의 주체로 성장하고 있다.

공적인 제도는 사회구성원 모두의 동의하에 마련되어야 합니다. 이는 일반 시민이 법제도와 같은 공식적인 제도를 준수하기 위한 전제 조건으로서, 무엇보다 그 제도가 자유의사에 따르는 것이어야 하며 특정 집단 혹은 특권층의 강압이나 사기가 없는 자유로운 상태에서 만들어져야 함을 의미합니다. 이는 절차의 민주성과 내용의 공정성이 담보되어야 함을 의미하며, 그러할 때 비로소 공적인 구속력이 발생합니다.

오늘날 민주적 절차와 내용은 크게 발전했지만, 그 본질은 제대로 찾지 못한 채 갈팡질팡하고 있습니다. 민주주의 사회인 한국에서도 이러한 제도들이 적법하게 제정되고 있다고 보기 어렵다는 점에서 모어의 주장이 시사하는 바는 매우 큽니다. 예컨대 각 지방자치단체의 의회나 국회 등에서 시행하는 각종 법제도의 제정과 개정이 여전히 특권층과 이익 집단이 요구하는 방향으로 이루어지고 있습니다. 이로 인해 2010년에는 기초지방자치단체 의 의사결정기구인 구의회 를 폐지하자는 여론이 들끓었습니다. 이는 대의민주주의의 뿌리인 지방자치제도의 위기입니다. 구의회를 구성하는

◦ **기초지방자치단체**
지방자치단체의 행정 단위로서 도시에는 구區, 광역권에서는 군郡 혹은 시市로 구분된다.

◦ **구의회**
대의민주정치의 일환으로 선거를 통해 선출된 의원들이 행정체계인 구청의 조례條例를 제정하고 예산과 결산을 심의하는 역할을 한다.

의원들이 국민의 행복보다는 지방의 세력가들과 자신들의 이익을 위해 활동하고 있기 때문입니다. 이들의 행태는 500년 전의 왕이나 귀족들의 그것과 크게 다를 바가 없습니다.

유토피아인들은 이러한 범위 내에서 자신들의 이해관계를 협의하는 것이 현명하다고 말하며, 마찬가지로 사회 전체적인 이해관계를 고려하는 것이 도덕적 의무라고 말합니다. 그리고 자신들의 쾌락을 얻기 위해 다른 사람들의 즐거움을 빼앗는 것은 정의롭지 못하다고 봅니다.(73)

이와 같은 제도가 마련되어 있는 사회에서는 개인의 이익을 먼저 생각하기보다 사회 전체적인 이익을 우선하는 것이 바로 인간으로서 해야 할 도덕적 의무이자, 곧 정의입니다.

개인이 가져야 할 사회에 대한 책무는 사회공동체를 발전시키는 것입니다. 그리고 도덕적 의무는 다른 이해관계자, 특히 자신보다 열악한 처지에 있는 사람들을 충분히 고려함으로써 정의를 실천하는 것입니다. 이때 자신의 이익과 쾌락 그리고 행복을 희생하는 것이 인도주의이며, 이것이 확대되면 그 사회는 더불어 사는 공동체로서 더욱 발전할 것입니다.

그러나 개인주의에 매몰된 현대 사회에서는 사회 전체의 이익보다 자기가 속한 집단의 이익을, 다른 사람보다 내 개인의 이익을 먼저 생각합니다. 나아가 이를 위해 타인의 권리까지도 수단과 방법을 가리지 않고 침해하며, 또한 다른 사람의 행복을 질시하여 그것

인도주의
인도주의는 모든 인간은 같은 종류의 존재라는 입장에서 동등한 자격을 갖추고 있다는 생각에서 기인한다. 이는 사회적 약자에게 구원의 손길을 내미는 운동으로 나타나는데, 동정심이라든지 일시적인 감상으로 치우칠 우려가 있다. 18세기 영국에서는 죄인에 대한 잔혹한 형벌의 폐지, 노동 조건의 개선, 어린이 노동 금지를 위한 운동으로 행해졌다. 사진은 대표적 인도주의자로 프랑스의 문학가이자 사상가인 로맹 롤랑이다.

을 빼앗으려고까지 합니다. 특히 경쟁관계에 있다면 더욱 그러합니다. 그러나 자신의 즐거움을 얻기 위해 다른 사람을 희생시키는 것은 어떤 경우에도 도덕적으로 용납될 수 없습니다.

따라서 우리는 공직자들의 도덕성을 엄밀히 검증해야 합니다. 불법으로 당선된 의원이나 지방자치단체의 단체장이 있다면 검증을 통해 퇴위시켜야 하며, 동시에 공직선거에 소요한 비용을 부담하게 하여 그들에게 투입된 국민의 세금을 환원시켜야 합니다.

슈바이처Albert Schweitzer
독일의 의사, 음악가, 철학자. 개신교 신학자이자 루터교 목사(1875~1965). 아프리카의 성자A saint of Africa라고 불리며 가난한 아프리카 사람들을 위해 한평생 몸바처 그들을 진료해 주었다. 1952년에 노벨평화상을 수상했다.

아울러 우리 스스로도 자신의 행복과 쾌락을 위해 다른 사람의 권리와 인격을 침해하는 부도덕함을 스스로 거두어야 합니다. 이처럼 사회 전체의 도덕성뿐 아니라 개인 스스로 도덕적 힘을 가질 때 비로소 형식적 측면과 내용적 측면 모두에서의 도덕성을 강화할 수 있습니다. 그리고 이를 토대로 부정의함을 일삼는 지배 계층을 더욱 강하게 질타할 수 있습니다.

자연은 우리에게 타인을 도우라고 명령한다

다른 사람을 먼저 생각하는 것은 인도주의적 관점에서 지극히 타당한 일이며, 사람다운 삶을 영위해 가는 하나의 증거라고 할 수 있습니다.

다른 사람들의 쾌락을 증가시키기 위해 자신의 즐거움을 희생하는

것은 항상 잃는 것보다 얻는 것이 더 많은 인도주의적 행위입니다.(73)

내 자신만의 행복과 즐거움이 아닌 다른 사람들의 즐거움과 행복을 배가 시키는 일은, 인간이 본원적으로 가지고 있는 양심과 도덕에 의한 자연스러운 행위입니다. 따라서 다른 사람의 고통을 경감시켜 주는 일은 인간에 대한 인간의 근본적 의무라 할 수 있습니다.

사실 가장 엄격한 금욕주의자라 할지라도 쾌락을 비판할 때는 어느 정도 모순을 보이는 경향이 있습니다. 그는 고된 노동의 삶, 충분하지 못한 수면, 그리고 일상적 불편함을 감수하는 삶을 살 것을 사람들에게 선언하는 한편, 다른 사람들의 고난과 고통을 완화해 주기 위해 사람들이 최선을 다해야 함을 말하기 때문입니다. 따라서 그는 다른 사람들의 고통을 줄여 주고 비참함을 종식시키고 그들의 삶의 기쁨, 즉 쾌락을 느낄 수 있는 능력을 복원시켜 주는 일보다 인간으로서 더 인간적이고 더 자연스러운 것은 없으며, 이와 같은 모든 시도들을 최고의 칭찬을 받아야 하는 아주 당연한 인도주의적 행위라 간주할 것입니다.(72)

금욕주의자들은 사람들에게 인간의 모든 욕구를 절제하면서 고난을 받아들이며 살 것을 강요하는 한편, 다른 사람들이 고통과 고난 속에 살아가는 것을 방치하지 말고 적극 도우라고 합니다. 또한 인간이 겪는 고통을 또 다른 인간이 자신의 행복을 희생하면서까지

금욕주의 창시자 제논
금욕주의 스토아학파의 창시자 제논(기원전 334~기원전 262)의 흉상. 금욕주의란 인간의 정신에 속하는 것을 선이라 보며 육체에 속하는 것을 악의 근원으로 보는 사상이다. 따라서 육체적 욕구나 욕망을 이성理性이나 의지로 억제하고 금한다.

● 배가倍加
어떤 것이 갑절 또는 몇 배로 늘어남.

돕는 것이야말로 최고의 인도주의라 말합니다.

　인간의 존엄성은 천부적 권리이므로 그 누구도 차별받지 않아야 하며, 따라서 모두가 평등한 삶을 영위해야 합니다. 주위에 끼니를 걱정하는 가난한 사람들이 들끓고 병이 들어도 돈이 없어 치료받지 못하는 사람들로 넘쳐난다면, 또한 노예 같은 삶을 살아가는 사람들이 한 사회에 공존한다면, 그것을 바라보는 사람들이 과연 행복할 수 있을까요? 좀 더 타산적˙으로 언급하면 자신의 행복을 극대화하기 위해서라도 자신의 주위를 둘러싼 다른 모든 이들도 행복해져야 하는 것입니다. 그러므로 우리 모두는 현 사회를 함께 살아가는 다른 사람들의 고민을 나누고 고통을 줄여 주기 위해 노력해야 합니다.

　기아에 허덕이고 죽어가는 아프리카 난민들을 보면서 가슴 아파하고 눈물을 흘리는 것은, 바로 우리들의 내면 깊숙한 곳에 자리 잡은 도덕적 감성 때문입니다. 그리고 그들을 돕고자 하는 행동은 휴머니즘˙의 한 형태입니다. 한국 사회에서는 고故 이태석˙ 신부 같은 사람들이야말로 휴머니즘의 상징이라 할 수 있습니다.

　같은 시대를 살면서 한쪽은 주체할 수 없는 물질적 풍요 속에서 살아가는 반면, 다른 한쪽은 굶주림으로 생과 사의 갈림길에서 허덕이고 있습니다. 그리고 많은 사람들이 하루 세 끼니를 걱정하며 추운 겨울에도 난방이 되지 않는 쪽방에서 잠을 잡니다. 이처럼 세계 도처에 고통 받는 사람들이 넘쳐나는데 우리가 과연 진정으로 행복하다 할 수 있겠습니까?

　그들은 분명히 불행합니다. 그런데 그 불행은 그들의 잘못이 아

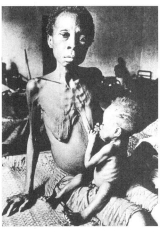

누구나 휴머니즘이 있다
굶주림에 지쳐 넋을 잃고 있는 어머니의 앙상한 가슴에 매달린 아이의 모습을 보면 이들을 돕고자 하는 마음이 생겨난다.

˙타산적打算的
자신에게 도움이 되는지를 따져 헤아림.

˙휴머니즘humanism
'더 인간다운'을 뜻하는 라틴어 '후마니오르humanior'에서 유래했으며, 인문주의와 뜻이 통한다.

˙이태석
부산 출신으로 가톨릭 사제이자 의사(1962~2010). 아프리카 남부 수단의 마을인 톤즈에서 의료봉사활동과 구호운동 등 휴머니즘을 실천하다가 대장암으로 2010년에 세상을 떠났다.

니라 인간의 힘으로 어쩔 수 없는 운運이 작용한 탓입니다. 따라서 이와 같은 현실은 불평등한 것입니다. 이런 불평등을 최소화하는 데는 그 어떤 논리도 필요 없으며 단지 인도주의적 관점에서 접근해야 합니다. 이러한 인도주의가 지배하는 사회가 바로 이상 사회입니다.

아울러 모어가 언급한 대로 많은 사람들이 나쁜 쾌락을 탐닉하는 것을 방치하는 것도 인도주의가 아닙니다.

삶을 즐기는 일, 즉 다른 말로 하면 쾌락을 탐닉하는 것이 나쁜 것인 경우도 있습니다. 그런 경우에 우리는 다른 사람들이 그렇게 하는 것을 도와서는 안 되며 그런 끔찍한 운명으로부터 모든 인류를 구해내기 위해 노력을 기울여야만 합니다. ……쾌락은 모든 인간이 얻고자 노력하는 본성적인 목표이며, 그들은 본성적인 것을 도덕적 선과 동의어로 규정짓습니다. 그러나 자연은 우리들에게 다른 사람들이 삶을 즐길 수 있도록 도와주길 원합니다. 이것은 어떠한 사람도 자연의 사랑을 독차지할 수 없다는 매우 타당한 이유 때문입니다. 그리고 자연은 모든 사회의 개별 구성원들의 후생복지가 공평하기를 열망합니다. 따라서 자연은 다른 사람들의 것들을 희생시키는 대신 우리들 자신의 이익을 추구하지 말 것을 명령합니다.(72)

자연은 모든 사람에게 행복을 추구하고 이를 향유할 권리를 주었으며, 모든 개인의 후생복지가 평등하게 이루어지기를 바랍니다. 그러므로 우리는 어떤 사람

촛불 추모 집회
2002년에 미군 장갑차에 치어 죽은 심미선·신효순 두 여중생의 죽음에 대해 사과와 보상 없이 미군 자체 조사로 사건이 마무리되자 온 국민이 분노했다. 6월에 시작된 촛불시위는 12월로 이어지면서 절정에 달했으며 그 결과 당시 미국 부시 대통령의 공식 사과를 얻어냈다.

이 타락의 길로 접어드는 것을 방치해서는 안 되며, 더 고차원적인 행복을 추구하도록 조언해야 합니다. 현 사회가 아무리 개인주의와 자유주의에 경도傾倒되었다 할지라도 공동체 사회를 위해서는 다른 사람들이 올바른 것을 행할 수 있도록 그들을 인도해야 한다는 의미입니다. 명시적으로는 나와 무관해 보이는 일일지라도 말입니다. 그러므로 방관자들도 자연이 주는 행복을 독차지하고자 하는 사람과 다를 게 없습니다.

따라서 우리는 약자가 강자로부터 폭력을 당할 때, 권리를 침해당할 때, 부정의함이 드러날 때, 불법과 부패가 나타날 때, 평화가 깨질 때 등의 경우에 인간다운 삶과 사회정의를 위해 분연히 나서서 그것을 저지해야 합니다. 또한 개인의 이익을 위해 타인의 이익을 강제로 혹은 불법적으로 침해해서도 안 됩니다. 애덤 스미스 도그의 저서 《국부론國富論》에서 이와 유사한 명제를 천명하고 있습니다. 그는 개인이 자유롭게 이익을 추구함으로써 결국 사회 전체의 부인 국부가 커진다고 하는 한편, 모든 사람이 정의의 법을 위반하지 않는 범위에서의 자유를 추구할 수 있다고 이야기합니다.

미국은 극도의 이기주의가 존재하는 한편, 다른 한 축으로 평등이라는 가치를 가장 잘 구현하고 있는 나라입니다. 그리고 더욱 주목해야 할 것은 자선donation문화가 세계적으로 최고 수준인 나라라는 점입니다. 혹자는 미국 자본주의를 떠받치고 있는 핵심 요인을 바로 가장 활성화된 개인들의 기부문화라고 봅니다. 빌 게이츠, 워런 버핏, 조지 소로스 등 세계 최고의 부자들이 함께 나서서 전 재산을 사회에 환원하고 있으며, 미국 정부가 상속세 폐지를 추진할 때 이

• 애덤 스미스Adam Smith
영국의 정치경제학자(1723~1790). '경제학의 아버지'로서 자본주의와 자유무역의 이론적 기초를 제시했다. 저서에 《도덕감정론》과 《국부론》이 있다.

• 빌 게이츠William Henry Gates
마이크로소프트사의 창립자(1955~). 2009년 현재 세계 제일의 부자로서 재단을 설립한 이후 자선사업을 자신의 남은 삶의 사업으로 수행중이다.

• 워런 버핏Warren Edward Buffett
투자지주회사 버크셔 헤서웨이의 회장(1930~). 주식투자의 귀재로 정평이 나 있으며, 자신의 전 재산을 사회를 위해 기부하고 또한 미국의 부자들에게도 동참할 것을 권하고 있다.

• 조지 소로스George Soros
헝가리 출신의 미국인으로 헤지 펀드를 운용하는 금융전문가이자 자선사업가(1930~). 매년 4억 달러 정도를 전 세계인을 대상으로 기부하고 있다.

미국의 제41대 부시 대통령은 '조세 부담이 낮은 나라의 경제 성장이 더 빠르다'라고 주장하며 상속세를 없애야 할 대표적인 세금으로 꼽았다. 이에 따라 의회는 당시 50퍼센트이던 상속세 최고 세율을 2009년까지 45퍼센트로 낮추고, 2010년에는 상속세 자체를 폐지하는 법안을 통과시켰다. 하지만 이에 반발하는 여론이 만만치 않아 빌 게이츠와 워런 버핏이 반대운동에 적극 나섰으며 이들은 조지 소로스 등과 함께 '책임 있는 부자'라는 모임을 만들어 〈뉴욕타임스〉 등에 상속세 폐지 법안을 취소하라는 광고를 게재하기도 했다.

기부문화 선구자인 유일한 박사(유한양행 창업자, 1895~1971)나, 강태원 선생(KBS강태원복지재단 설립자, 1924~2003), 전 재산을 기부한 류근철 박사(KAIST 교수) 등이 대표적이며, 가수 김장훈 씨 등을 중심으로 일부 연예인들도 기부문화에 귀감이 되고 있다.

명시적으로 부자들이 앞장서지는 않았지만 대한상공회의소(기업경영자들의 모임) 등이 상속세율 인하를 주장했고, 강만수 전 국가경쟁력강화특위위원장은 '2010년 중소기업 리더스포럼'에서 전문가들의 입을 빌려 상속세율을 낮출 것을 주장했으며 여러 신문지상에 칼럼과 사설 등을 통해 상속세 폐지 주장을 이어가고 있다.

들은 부의 대물림으로부터 비롯되는 사회적 기회의 불평등을 문제 삼아 적극적으로 반대운동을 펴기도 했습니다. 바로 다른 사람을 도우라는 자연의 명령을 실천한 사례입니다.

한국에도 이와 같은 사람들이 전혀 없지는 않습니다만, 더욱 활성화될 필요가 있습니다. 한국의 부자들은 어떻습니까? 물론 그들 가운데 일부는 해당되지 않지만, 대부분이 더 많은 부를 축적하고 더 많은 유산을 후손들에게 남길 방안에 대해 고민합니다. 결국 그들은 법에 충돌되는 반사회적인 일도 서슴지 않습니다. 그리고 그들의 이익에 반하는 상속세를 폐지하고자 다양한 방식으로 여론을 만들었습니다.

그렇다면 우리들은 어떻습니까? 인도주의적 관점에서 자기 자신을 희생하는 일은 둘째치고라도, 다른 사람, 불행한 이웃을 도우려 얼마나 노력하고 있는지 스스로 되돌아봐야 합니다. 이상 사회는 다른 누군가에 의해서가 아니라 자기 자신에게 달려 있습니다. 따라서 개인의 이익과 특정 집단의 행복을 추구하기 위해서만 행동하기보다는 공동체 사회 혹은 공동체 국가 전체의 이익과 행복을 먼저 생각해야 합니다. 강한 사람은 약한 사람을, 부자는 가난한 사람을, 국가는 그 구성원 모두를 품어 안는 그런 정책과 사회제도를 정착시킴으로써 이상 사회가 구축될 수 있습니다.

수준 높은 쾌락이 진정한 행복

모든 인간의 궁극적인 목표는 행복한 삶을 누리는 것에 있습니다. 이때 행복은 물질적인 것뿐만 아니라 정신적인 행복을 모두 포함합니다. 또한 즐거운 삶을 추구함은 인간이 원천적으로 가지고 있는 쾌락을 향유하고자 하는 특성에서 비롯되었습니다. 그런데 물질적 쾌락과 말초적 쾌락, 육체적 쾌락은 저급한 것이며 한시적인 반면, 정신적 쾌락과 수준 높은 쾌락은 무한하며 영원합니다.

다른 사람들에게 친절을 베풀었다는 간단한 감정만으로도 사랑과 선한 의지를 획득할 수 있으며, 이것은 사람들에게 선한 행동을 위해 스스로 포기한 것으로부터 육체가 느낄 수 있었던 말초적 만족감을 훨씬 뛰어넘는 정신적인 만족감을 느끼게 합니다. ……종교적 심성을 가진 사람들이 갖는 믿음으로서, 하느님께서 우리가 사소한 순간적 쾌락을 포기한 데 대해 완벽하고 영원한 기쁨을 주는 방식으로 보상을 해 준다는 것입니다.

유토피아인들도 삶의 목적을 행복의 추구에 두고 있으며, 그 행복은 쾌락을 추구하는 것과 같다고 합니다. 그런데 행복은 고통을 피한다는 점에서 쾌락과 뜻이 통하지만, 쾌락의 수준에는 차이가 있으므로 저급하고 동물적인 쾌락보다 더 높은 차원의 쾌락이 진정한 행복이라는 것입니다. 이는 사소한 쾌락을 스스로 포기한 순간부터 더 커다란 만족감을 얻는다는 의미입니다. 예컨대 게임을 함으로써 사소한 쾌락을 얻을 수는 있으나 그것을 포기하고 독서를 하거나 신체를 단련하는 운동을 함으로써 획득하는 자기 스스로에 대한 자긍심이나 만족감 같은 것들입니다.

다른 나라 사람들은 본질적 쾌락과 전혀 다른 말초적인 것들을 추

에피쿠로스 Epicouros
고대 그리스의 철학자 에피쿠로스(기원전 342?~기원전 271)는 세속적 욕망에서 벗어난 마음의 평정 상태를 진정한 쾌락이라고 보았다. 《유토피아》에서 유토피아인들이 이상화된 에피쿠로스주의자로 그려지기도 하지만, 근본적으로 에피쿠로스가 신의 역할과 사후 세계를 부정하고 인간 스스로의 실천을 추구한다는 점에서 신의 존재를 바탕으로 기독교적 윤리를 주장한 모어의 사상과는 거리가 있다.

공모共謀
두 사람 이상이 모여 어떤 불법적 일을 하기로 합의하는 것.

구하는 바보 같은 공모˚ 속으로 쉽게 빠져듭니다. 마치 명칭만 바꾸면 본질들이 쉽게 바뀐다고 생각하면서 말입니다. 그렇지만 유토피아인들은, 이러한 생각과 행동은 사람들의 행복에 이바지하기는커녕 오히려 행복한 삶을 불가능하게 한다고 믿습니다. 사람들의 왜곡된 습관은 진정한 쾌락을 느낄 수 있는 모든 능력을 상실하게 하고, 그들을 간단히 현혹시키는 거짓 쾌락들의 형상에 사로잡히게 합니다. 그러나 유사쾌락들은 매우 상시적인 것으로 아무런 즐거움을 포함하고 있지 않으며 대부분 불쾌감만 줄 뿐입니다. 하지만 쾌락에 대해 왜곡된 취향을 가진 사람들에게는 매우 강하게 와 닿으므로 이것을 인생의 중요한 쾌락들로 잘못 인식할 뿐더러 삶을 살아가는 핵심적인 이유들로 잘못 받아들이기도 합니다.(73~74)

이리로 와~
이쪽이 훨씬
쉽고 빠르다고!

인간은 본능에 따라 이성적인 방법이나 자연적인 방법을 통해 행복을 추구합니다. 이때 행복은 매우 다양한 쾌락들로 구성되어 있습니다. 이를 살펴보면 감각의 만족에서 오는 말초적 쾌락은 순간적이지만, 정신적 쾌락의 만족감은 오로지 개인의 것으로서 사라지지 않는 영원성을 갖고 있습니다. 그리고 여기에는 도덕적 우월감이 당연히 포함되어 있으므로 정신적 쾌락이 육체적 쾌락보다 훨씬 더 바람직합니다.

그러나 인간은 본질적 쾌락보다는 말초적 쾌락에 쉽게 경도됩니다. 이로써 유사쾌락˚을 인생의 중요한 쾌락으로 간주하며, 이를 삶의 핵심적인 목표로 잘못 이해합니다. 무엇 때문에 그럴까요? 바로 사람들이 즐겨 찾기 때문입니다. 사람들은 이것의 원인을 스트레스

유사쾌락
말초적 쾌락을 본질적 쾌락과 유사하다고 오인하는 것에서 이를 유사쾌락이라고도 부른다.

해소와 고통으로부터의 일시적 해방 때문이라고 답합니다. 이는 인간 본성보다 돈이 최고인 자본주의 체제를 지탱하는 시장만능주의와 경쟁 사회 속에서 돈이 된다면 무엇이든 할 수 있다는 생각과 오로지 돈만을 좇는 데서 오는 고통과 스트레스로부터 해방시켜 준다고 생각하기 때문입니다. 아울러 현대인들의 이러한 정신적 질환을 핑계 삼아 돈을 벌고자 하는 사람들까지 생겨났기 때문입니다. 이들이 행하는 유사쾌락 산업*이 팽창되고 일반화됨으로써 모두가 삶의 핵심목표를 잘못 이해하게 되는 것이지요. 그리고 자본주의적 가치관이 확산되면서 이러한 유사쾌락 산업은 반드시 있어야 할 핵심적 산업으로 받아들여지고 있습니다. 이는 자본주의의 병폐이면서, 또한 과학 기술과 문명의 발전에 따른 또 다른 병폐입니다.

＊ 유사쾌락 산업
카지노 도박장, 성인오락게임, 돈을 받고 운영하는 각종 컴퓨터게임, 돈을 목적으로 하는 술집 및 유흥업소 등이 이에 모두 포함된다.

　이제 모어의 입장에서 생각해 봅시다. 유사쾌락이 중요해진 이유로 앞서 제시한 원인들보다 더욱 중요한 것은, 바로 인간의 내면에 도사린 동물적 본능을 통제하는 이성을 충분히 발전시키지 못했기 때문이라고 볼 수 있습니다. 또한 극히 일부를 제외하고는 대부분의 사람들이 사회를 정화하려 하지 않고 방치했기 때문입니다. 나아가 모든 사람들이 그러한 사회 시스템에 이미 적응되어 버렸습니다. 이는 인간의 이성을 사회 전체로 작동될 수 있도록 하는 훈련을 게을리한 결과입니다. 따라서 기성세대는 그러한 직무유기에 대해서 후세대에 무한한 책임을 느껴야 합니다.

　과거에는 유사쾌락이 범람하는 현상이 가정교육과 학교교육을 통해 청소년 시기에 어느 정도 통제가 되었습니다. 그런데 최근에는 가정교육도, 학교교육도 제대로 이루어지지 못해 문제가 심각해지고 있습니다. 특히 성인이 된 이후까지도 자기의 이성적 능력을 갈고 닦는 데 무관심함에 따라 이러한 문제가 대물림되고 있습니다. 따라서 모어는 어린 시절의 교육과 성인이 된 다음의 교육을 매우 중시했으며, 사회 전체적으로도 다양한 교육과 강좌가 이루어져야 한다고 주장합니다. 아울러 그것이 제도적으로 구축되어야 한다고 강조했는데, 이것이 곧 이성 훈련에 대한 평생교육 시스템이라고 할 수 있습니다.

기성세대들의 무관심한 사회 풍조 탓에 사이비 행복이 횡행하면서 인간을 타락시키고, 우리들이 살아가야 할 공동체 사회를 뿌리부터 균열시키고 있습니다. 따라서 진정한 쾌락과 행복을 느낄 수 있는 능력을 상실한 사회, 유사쾌락에 마춰된 사회를 변화시켜야 하는 과제가 우리들 눈앞에 있습니다.

유토피아인들은 진정한 쾌락을 정신적 쾌락과 육체적 쾌락으로 나눕니다. 정신적 쾌락에는 어떤 것을 새로이 이해하게 되거나 사물의 본질을 탐구하는 것으로부터 얻어지는 만족감도 포함됩니다. 그리고 훌륭한 삶을 살아온 과거의 삶에 대한 추억과 함께 그런 삶으로부터 비롯될 미래와, 그 속에서 향유할 수 있는 선한 것들에 대한 기대감도 포함됩니다.

육체적 쾌락은 다시 두 가지 유형으로 나눕니다. 첫 번째 유형은 인체의 모든 기관이 즐거움의 감정으로 채워질 때 느끼는 쾌락입니다. 가령 음식물을 섭취할 때 신체 기관의 본능적인 작동에 의해 물질적 실체를 에너지나 화학물질로

전환함으로써 나타나는 결과입니다. 또는 성관계를 하거나, 모든 형태의 배설 행위를 통해 무엇인가 여분의 것을 인체 밖으로 내보내거나, 살갗을 긁어서 가려움증을 해소할 때도 느끼는 쾌락들입니다. 그렇지만 이와 같은 말초적 욕구를 해결해 주거나 불편함을 경감시키지는 못하지만 진정한 쾌락도 존재합니다. 음악이 가져다주는 쾌락이 대표적이며, 이것은 겉으로 보이지 않지만 우리들의 모든 감각에 직접 작용하면서 감동을 일으키고, 신비스럽게 신체의 감각을 집중시켜 줍니다.

두 번째 유형의 쾌락은 건강으로, 신체 기능이 평온하고 규칙적으로 작동함으로써 이뤄집니다. 그것은 어떤 사소한 병치레로부터 방해받지 않은 건강한 상태에서 느낄 수 있는 쾌락입니다. 정신적인 불편함이 없는 가운데에서 오는 건강함의 쾌락은 신체 외부의 다른 도움이 없다 할지라도 우리의 기분을 즐겁게 합니다. 물론 이것은 훨씬 덜 화려하면서도 우리들이 먹거나 마실 것으로부터 얻을 수 있는 말초적인 쾌락들보다는 강압적이지 않으므로 우리가 관심을 가져야 하는 쾌락입니다.

건강함의 쾌락은 인생에 있어서 매우 빈번하게 가장 중요한 쾌락으로 간주됩니다. 아울러 유토피아의 모든 사람들은 실제로 이 쾌락이 가장 중요하다는 데 동의합니다. 건강은 모든 쾌락의 가장 기본이기 때문입니다. 그리고 건강은 그 자체만으로도 우리들의 삶을 즐겁게 하기에 충분하며, 반대로 우리가 건강하지 않다면 다른 어떤 쾌락도 얻을 수 없습니다. 따라서 유토피아인들은 적극적인 신체적 활동이 없고 단순히 고통으로부터 벗어난 상태만을 가리켜 쾌락이라 하지 않

으며, 이런 상태에 대해서는 단지 마취 상태라고 합니다.(76-77)

모어에 따르면 쾌락은 정신적인 것과 육체적인 것으로 나눕니다. 그리고 육체적인 쾌락은 다시 본능적이고 말초적인 것과 더욱 본질적인 건강으로 구분할 수 있습니다. 건강이 모든 것의 가장 기본이 되기 때문이지요. 많은 사람들이 돈이나 명예보다 건강을 중시하고 건강함을 삶의 최고 목표로 정하기도 합니다. 그것은 단지 쾌락에서 오는 만족감을 즐기려는 의도에서만은 아닙니다.

현대 자본주의 사회, 특히 사회복지제도가 불충한 사회에서는 건강이 악화되면 다른 사람에게 의존해야 할 뿐만 아니라 본인도 불행한 삶을 살아갈 수밖에 없습니다. 그러므로 인간의 존엄성을 지키며 독립적으로 살아가는 것이 자기 자신에 대한 예의이고 주변 사람들에 대해 불행을 경감시키는 일이기 때문에, 결국 인간다운 삶과 더 좋은 삶을 통한 쾌락과 행복을 얻기 위해서는 건강이 가장 중요한 원천입니다.

이를 좀 더 확장해 보면 자연환경의 보호도 자신과 사회, 인류의 건강을 위한 일입니다. 균형적인 음식의 섭취도 중요하지만 더욱 중요한 것은 오염되지 않은 자연환경에서 생산된 식재료들을 섭취하는 것입니다. 현대 자본주의 체제에서는 대량생산으로써 더 많은 이익을 벌어들이기 위해 유전자 변형 식품을 만들어 내고 있으며 무차별적으로 농약과 화학비료가 살포되고 있습니다. 이는 1차적으로는 환경오염을 유발하지만 결국 인간의 건강에 치명적인 영향을 주게 됨

• 경제성장으로 인해 많은 사람들에게 기본적 욕구가 충족되면서 좀 더 풍요롭고 질 좋은 삶을 영위하고자 하는 새로운 욕구들이 웰빙wellbeing이라는 단어로 표현되고 있다. 이것은 건강한 삶을 의미하며 육체적·정신적 건강함과 평안함을 추구하는 신조어이다 한국 사회에서는 2003년부터 웰빙 바람이 불기 시작했다. 그러나 웰빙문화가 급속히 확산됨과 동시에 이를 이용하는 상업주의가 끼어들어 와 오히려 가계 지출만 늘려가고 있으며, 이는 또 다른 빈부격차를 만들어 내는 요인으로 지적받고 있다.

유전자 변형 식품GMO
생물체의 유전자 중 필요한 유전자를 인위적으로 분리 또는 결합하여 개발자가 목적한 특성을 갖도록 한 농산물. 유전자 변형 식품은 수량 증대, 품질 향상 등의 이점이 있는 반면에 소비자단체와 환경단체 등으로부터 인체 및 환경에 대한 잠재적 위해성에 대한 지적을 받고 있다.

니다. 따라서 자연과 환경의 보호는 윤리적 측면을 고려하고 세대
간 자원 배분의 문제로 보기도 합니다만 결국 인간 스스로의 건강
을 보호하는 것입니다.

03 철학이 깃든 사회제도

그리스도 정신과 새로운 철학

이 세계에는 인간 중심의 사회 시스템과 이에 반대되는 사회 시스템이 공존하고 있습니다. 인간 친화적인 시스템을 구축한 사회에서는 공리공론 만을 일삼지 않으며, 깊은 철학적 사고와 현실을 조화시킨 법과 제도로써 끊임없이 실상을 분석하고 개선해 나갑니다. 그리고 인본주의, 민주주의, 평등, 자유, 평화 등의 가치가 전체 사회에서 제대로 실현되도록 합니다. 이처럼 진보된 사회에서는 인간들이 추구하는 고차원적 가치가 더욱 용이하게 구현됩니다.

철학philosophy이란 지식과 지혜를 사랑한다는 의미를 내포하며, 인간과 사물, 우주 등의 본질과 모든 현상의 관계를 배우고 깨닫는

● 공리공론空理空論
실천하지 않을 뿐만 아니라, 현실 세계와 무관하며 타당하지도 않은 가설과 이론을 논하기만 하는 것.

학문입니다. 플라톤과 아리스토텔레스는 고대 그리스 철학의 연구 대상인 자연과 소크라테스* 때부터 주목한 인간의 영혼 및 윤리 등을 동일한 수준으로 바라보고 탐구하여 철학 체계를 정립했습니다.

이후 중세는 기독교 사상을 중심으로 신神에 대한 연구가 주된 관심사가 됩니다. 그리하여 중세의 철학은 신학의 시녀侍女로 표현됩니다. 중세 말에 이르러 갈릴레이*가 과감하게 지동설*을 주장했고, '신으로부터의 인간 해방'을 지향한 르네상스 및 종교개혁* 등이 중세를 마감하는 데 결정적인 역할을 합니다. 여기에서 확장되어 '신으로부터 해방된 인간은 과연 스스로 진리를 인식할 수 있는가?', '우주와 지구와 나는 무엇인가?', '나는, 인간은 어떻게 살아가야 하는가?' 등의 질문에 관한 내용이 인식론, 존재론, 윤리학 등 근대 철학의 핵심이 됩니다. 그러므로 철학자들은 '신으로부터 독립한 인간이 어떻게 스스로 진리를 인식할 수 있을 것인가', '신이 창조하지 않은 세계와 나는 어떤 존재이고 그 근거는 무엇인가'를 규명해야 했습니다. 또한 신이 만들어 놓은 윤리관과 도덕적 잣대를 피동적으로 수용하는 것이 아니라 인간 스스로가 이성에 의해 도덕률을 구성하고 그에 따른 행위의 도덕적 근거를 만들 수 있어야 했습니다.

유토피아의 철학은 어떤 것일까요? 모어가 살던 16세기 초, 1500년대는 바로 중세와 근대를 이어주는 시기입니다. 이 무렵에 종교 개혁이 수면 위로 떠올랐으며, 이 역사적 사건은 1517년 10월에 마르틴 루터가 95개 조문을 발표하면서 본격화되었습니다. 하지만 그에 앞서 에라스무스도 비록 교황의 권위는 인정했지만 교회의 타

• 소크라테스 Socrates
그리스의 철학자(기원전 470~기원전 399). 4대 성인 중의 한 사람이며, 플라톤의 스승이다. 저서는 남기지 않았다.

• 갈릴레이 Galileo Galilei
이탈리아의 철학자, 과학자, 천문학자(1564~1642). 저서에 《천문학 대화》, 《신과학의 대화》 등이 있다.

• 지동설地動說
태양이 정지해 있고 지구가 그 둘레를 돌고 있다는 천문학상의 가설로, 지구가 우주의 중심에 정지해 있고 태양·달·별이 그 둘레를 돌고 있다는 천동설에 대응된다. 그러나 천동설은 지구에서 본 상대운동일 뿐 실제로는 지구와 행성이 태양의 둘레를 공전하고 있다. 그런데 로마교회의 교의는 고대 그리스의 천동설을 받아들여 폐쇄적인 세계상의 기초로 삼고 있었으므로, 지동설을 주장한 갈릴레이는 종교재판에 회부되었다.

• 종교개혁
영국의 존 위클리프(John Wycliffe, 1324~1384)가 1378년에 로마교회의 부패와 교황의 권력 및 교리를 강력히 비판하기 시작했다. 이어서 1517년에 루터가 면죄부 판매를 공격하였고, 그 결과 프로테스탄트 교회가 성립되었다.

마르틴 루터Martin Luther
독일 출신의 성직자, 성서학
자, 언어학자(1483~1546). 인
간의 구원은 개인의 내면적인
신앙에 의해 이루어진다고 주
장하면서 면죄부 판매에 반대
하는 95개조의 반박문을 발표
했다. 저서에 《로마서 강의》,
《그리스도인의 자유에 대하여》
등이 있다.

락과 폐단과 악습, 그리고 부도덕성을 맹렬히 공격했습니다. 다시
말하면 모어가 정신적·사상적 혼돈의 시대 한가운데에 서 있었다
는 의미입니다.

　모어의 철학은 이러한 시대적 배경에 큰 영향을 받기도 했지만,
저 멀리 고대 그리스 철학의 영향을 더 많이 받았다고 볼 수 있습니
다. 그는 고대 그리스 철학에서 그런 것처럼 무엇보다도 인간을 가
장 중시했으며, 인간도 주체적으로 진리를 인식할 수 있다는 생각
을 가졌습니다. 그래서 《유토피아》에서는 전체 시민이 노동시간 이
외의 자유시간에는 많은 독서와 사유를 통해 정신을 계발하는 데
대부분의 시간을 할애합니다. 또한 그들은 주체적으로 자각하고 발
전하며, 문학, 의학, 자연과학, 역사 등에 대해서도 심도 있는 탐구
를 하는 독립적 인간들로 표현됩니다. 그리고 윤리적 측면에서 변
질되거나 타락하지 않은 그리스도 정신을 강조했고, 이를 통해 사
회구성원 모두가 사람다운 삶을 누릴 수 있다는 생각을 버리지 않
았습니다.

　유토피아인들은 모든 인간의 행복을 논할 때마다 몇 가지 종교적
원칙을 이끌어 내어 그들이 주장하는 철학적 합리성과 연결시킵니다.
그들이 생각하기에 진정한 행복을 구별하고 추구하고자 할 때는 반드
시 이러한 종교적 원칙을 통한 철학이 있을 때만 완전하다는 것입니
다.(71)

　이를 확대하여 해석해 보면, 모어의 생활철학은 정신수양과 정신

적 혁명을 통한 모든 인간의 행복한 삶에 집중되어 있습니다. 이는 플라톤이 언급한 소수의 철인 정치나 이들의 지배를 통한 이상 국가 건설과는 다릅니다. 무엇보다 그는 모든 시민의 철학적 사고와 이로부터 비롯된 시민이 참여하는 민주주의, 이를 위한 개별 시민의 정신적 자각의 필요성을 강조했습니다.

또한 모어는 개인의 행복을 극대화하기 위해 우선 사회 전체의 행복을 극대화해야 한다고 보았는데, 모든 개인이 평등한 삶을 살 때 그것이 가능하다고 주장합니다. 돈이 모든 것의 기준이 되는 사회구조에서는 개인의 평등성이란 한낱 구호에 지나지 않음을 인식한 모어는 유토피아에서 이를 구조화시키고자 했으며, 고심 끝에 초기 기독교적 사상에 근거한 공동체를 조직함으로써 달성하려 합니다. 그는 이를 위해 후천적인 인간 불평등의 요인이자 모든 사회악의 근원인 사유재산제도를 폐지하고, 태어나서부터 죽음에 이르기까지 개인의 삶과 생활을 국가가 전적으로 지원해야 한다고 주장한 것입니다.

한편 영국뿐만 아니라 중세의 모든 학문은 신학이 가장 중심이었으며, 과학은 기독교적 관점에서 자연과 우주를 해석하는 데에 그쳤습니다. 학문과 과학이 단지 교회의 권위와 권력을 유지하기 위한 수단으로 활용되었으며, 따라서 당시에는 기독교 교리에 위배되는 어떠한 자연현상의 해석도 용납되지 않았습니다. 따라서 모어의 과학에 대한 생각도 궁극적으로 우주의 창조자를 신으로 설정해 놓았다는 점에서 중세 기독교관을 벗어나지 못합니다. 하지만 그는 인간의 이성에 대한 믿음과 기대는 《유토피아》에 한껏 펼쳐 놓았습니다.

파리 대학의 인장
지혜의 원천이 신에게 있다는 신앙과 중세 학문의 관계가 아기 그리스도를 안은 성모(위), 성자(오른쪽), 사교(왼쪽)로 표시되어 있다. 하단은 두 교수의 교육 장면이다.

• 물론 현대 과학에서도 우주의 기원에 대해 충분한 해답을 내놓고 있지 못하다. 다만 아인슈타인이 일반상대성이론으로 우주가 팽창하고 있다는 것을 증명했고, 미국의 물리학자 조지 가모프(George Gamow, 1904~1968)와 미국의 과학자 랠프 알퍼(Ralph Alpher, 1921~2007) 등이 이른바 빅뱅이론으로 우주의 기원을 설명하고 있다.

유토피아인들은 자국어를 사용합니다. 그들은 당시까지만 해도 유
럽에 알려진 저명한 철학자들에 대해서 전혀 알지 못했습니다. 그러
나 그들은 음악, 논리학, 대수학, 기하학 같은 분야에서는 유럽에 알
려진 권위 있는 고대 학자들의 이론과 매우 흡사한 이론들을 스스로
찾아냈습니다. 논리학을 제외하고는 유럽의 현대 학자들보다 뒤처지
지만, 거의 모든 학문에서는 고대 학자들과 비슷한 수준에 있습니
다.(70)

◦ 플루타르코스Plutarchos
그리스의 철학자이자 전기 작
가(46년경~120년경). 그리스와
로마 인물들의 위인전인 《영웅
전》과 《모랄리아》, 《윤리론집》
등 227편의 작품을 남겼다.

모어는 학문으로서의 철학은 그리 중시하지 않은 듯합니다. 이것
은 그가 유토피아인들이 유럽의 저명한 철학자들을 알지 못하는 것
으로 설정한 반면, 다른 학문들은 유럽의 수준보다 다소 뒤처지지
만 고대의 수준과는 동일하다고 표현했기 때문입니다. 이때는 학문
의 분화가 이루어지기 전의 상황이므로, 모어가 학문의 발전이 철
학적 사고와 연결되어 있음을 모르지 않았을 텐데 말입니다.

◦ 루키아노스Lucianos
그리스의 웅변가이자 풍자작가
(120년경~180년경). 저서에
《신들의 대화》, 《죽은 사람들의
대화》 등이 있다.

모어는 사회가 발전하는 과정에서, 특히 인간의 이성과 지성을
종교적 윤리와 도덕에 바탕을 두고 자연스럽게 발전시킴으로써 이
를 실생활에 적용할 수 있는지의 여부가 더 중요하다고 본 것입니
다. 다시 말하면 공리공론으로서의 철학은 의미가 없다는 이야기이
지요.

◦ 아리스토파네스Aristo-
phanes
그리스 최대의 희극작가(기원전
450년경~기원전 388년경). 신
식 철학, 신식 교육, 소피스트,
전쟁 등을 비난하고 풍자했다.
저서에 《아카르나이 사람들》,
《바빌로니아 사람들》 등이 있
다.

◦ 호메로스Homeros
그리스의 시인(기원전 9세기경
~기원전 8세기경). 저서에 서
사시 《일리아드》, 《오디세이아》
등이 있다.

유토피아인들에게 그리스의 문학과 철학에 대해 설명해 주자 그들
은 원본을 배우고 싶다고 간곡히 열망했습니다. ……그들에게 플라톤
의 저서들, 그보다 더 많은 아리스토텔레스의 책들, 테오프라스토스

◦ 에우리피데스Euripides
그리스의 3대 비극시인 중 한
사람(기원전 480년경~기원전
406년경). 저서에 《안드로마
케》, 《헤라클레스》 등이 있다.

가 쓴 식물학 저서들을 선물해 주었습니다. 또한 그들이 가장 좋아하는 플루타르코스˚와 루키아노스˚의 책들도 주었습니다. ……아울러 문학작품으로 아리스토파네스,˚ 호머,˚ 에우리피데스,˚ 소포클레스˚의 작품들도 있었고, 헤로디아누스˚의 저서는 물론이려니와 투키디데스,˚ 헤로도토스˚ 같은 역사학자들의 저서도 전해 주었습니다. ……그리고 제 친구 토미 로트도, 히포크라테스˚의 의학 소책자 몇 권과 갈레노스˚의 《의학 입문서》 등을 전해 주었습니다.(80)

한편으로 유토피아인들에 관해 그들이 문학, 자연, 역사, 철학, 의학의 진수들이라 할 수 있는 인물들의 저서를 받아들이고 그것에 대한 배움의 열망을 갖고 있었다고 묘사함으로써, 그들의 폐쇄적이지 않은 자세와 발전하려는 인간의 고유한 의지를 강조하고 있습니다. 아울러 혼돈의 시대에 인간 이성의 주체적 역량이 중요함을 강조한 것으로도 볼 수 있습니다. 따라서 모어는 학문 그 자체로서의 철학이 아니라 정치, 경제, 사회, 문화, 생활의 저변에 깔린 생활철학을 중시했고, 유토피아 사회구조 곳곳에 숭고한 철학적 가치가 스며들도록 했습니다.

모어의 철학은 인간을 중심에 둔 고대 그리스의 철학에 뿌리를 두고 있으며 더욱이 기독교 초기의 사랑과 박애, 평등정신이 그 핵심입니다. 특히 모어는 기독교가 유럽의 정신 세계와 현실 세계를 지배하고 있을 때 나타난 타락상에 대해 충분히 인식했습니다. 그 결과 인본주의에 대한 자신만의 영역을 구축했으며, 아울러 고대 철학과 그리스도의 사상이 공리공론으로서만이 아니라 현실 세계

• 소포클레스Sophocles
그리스의 3대 비극시인 중 한 사람(기원전 497~기원전 406). 저서에 《트라키니아 여인들》, 《콜로노스의 오이디푸스》 등이 있다.

• 헤로디아누스Herodianus
시리아 출신의 문법학자(170~240). 저서에 《로마 역사》가 있다.

• 투키디데스Thucydides
그리스 아테네의 역사가(기원전 5세기경). 저서에 《펠로폰네소스 전쟁사》가 있다.

• 헤로도토스Herodotos
그리스의 역사가(기원전 484경~기원전 430년경). 저서에 그리스와 페르시아 전쟁을 다룬 역사 《페르시아 전쟁사》가 있다.

• 히포크라테스Hippocrates
그리스의 의학자(기원전 460년경~기원전 377년경). 저서로 의사의 윤리강령이라 할 수 있는 《히포크라테스 선서》를 남긴 것으로 전해진다.

• 갈레노스Claudios Galenos
그리스의 의학자(129년경~216년경). 실험생리학을 확립하여 중세와 르네상스 시대의 의학 이론에 영향을 주었다.

* 실천철학
철학적 사유와 사상으로부터
유추된 진리를, 인간을 위해 현
장에서 구현하는 것으로, 도덕,
윤리, 경제, 법률, 예술, 과학 등
모든 분야에 대해 철학적 고찰
과 실천을 위해 연구한다.

의 인간을 위해 실전되어야 한다고 보았습니다. 이로써 모어는 실
천철학을 탐구한 철학자라고 할 수 있습니다.

　현대의 철학은 학문적 연구의 영역에 국한된 측면이 없지 않습니
다. 물론 깊은 사유와 사색과 성찰을 통해 제시된 가치들이 삶의 좌
표 설정에 커다란 영향을 주고 있는 것은 사실입니다만, 그와 같은
가치들이 실생활과 사회구조에 충분히 스며들어 있지 못합니다. 학
문의 목적은 곧 신리를 찾고, 그 신리는 생명체, 특히 인간을 위해
존재할 때 의미가 있습니다. 그러므로 학문이 지식만을 추구하기보
다 그 울타리를 벗어나 '사람됨'을 위해 활용될 때 진정한 학문이
라 할 수 있겠습니다. 모어는 이 점을 강조하고 있습니다.

도덕적 선은 본능

　유토피아에서는 개인의 사상과 표현의 자유 또한 높은 수준이었
습니다. 인간의 존엄성과 양립할 수 없는 종교적 교리에 대해서만
공식적 자리에서 논의가 제한되었을 뿐, 사적인 장소에서는 그 어
떤 주제도 예외 없이 자유로운 토론이 허용되고 권장되기까지 했습
니다.

　이처럼 모어가 유토피아 사회에 자유로운 토론문화를 정착시키
고 유토피아인들로 하여금 독서와 음악을 생활화하도록 한 점을 통
해 그가 좀 더 바람직한 가치를 추구하기 위한 수단으로 사상과 이
념 그리고 표현의 자유를 가장 중요한 것으로 보았음을 알 수 있습
니다. 이 자유는 인간 사고의 지평을 확대시키고 삶의 방식을 개선

시키는 것은 물론이고 더 나은 인간의 삶을 위한 사회 체제를 선택하는 데 도움을 줍니다.

성직자들이나 덕망 있는 사람들과의 사적인 토론장에서는 '영혼은 육체와 동시에 소멸된다' 또는 '우주는 무엇인가 통제하는 섭리 없이 그리고 목적도 없이 작동한다'라는 주장 등도 토론의 대상이 될 뿐만 아니라 적극적으로 권장되기도 합니다. 이와 같은 망상이 언젠가 이성에 의해 극복될 것이라는 사실을 모두가 알고 있기 때문입니다. 나아가 유토피아에는 영혼의 소멸을 믿는 물질주의자들도 존재하지만, 그들을 통제하는 법은 존재하지 않습니다.(101)

모어는 유토피아에서 모든 주제에 대해 자유롭게 토론할 수 있도록 함으로써 다양한 오류와 거짓 등이 시민의 토론을 통해 걸러질 것이라고 생각했습니다. 이는 합리적인 이성으로 옳고 그름을 밝혀낼 수 있으며, 특히 집단적인 토론의 과정을 거친다면 더욱 세련되게 발전할 수 있기 때문입니다. 이것을 집단 지성˚의 작동이라고 할 수 있습니다.

또한 모어는 공동식당과 여가시간들을 통해 자유로운 토론이 이루어진다는 점을 언급함으로써 사상의 자유가 중요하다는 것을 강조했습니다. 이러한 사상과 표현의 자유는 특히 모어가 인간의 이성에 대한 신뢰를 바탕에 두고 있었기 때문입니다. 그는 일시적으로 참과 거짓, 선과 악을 구별할 수 없는 경우가 더러 있겠지만, 궁극적으로는 인간 이성의 지배에 의해 그것이 구분된다고 보았습니

˚ 집단 지성은 1910년대에 곤충학자이자 하버드대 교수인 윌리엄 모턴 휠러가 개미의 사회적 행동을 연구하면서 제시한 개념이다. 다수의 개체들이 협력과 경쟁을 통해 획득하는 지적 능력은 개별 개체의 능력을 초월한다는 내용이다.

공동식당
유토피아인들은 함께 모여 공동식사를 했다. 이것은 스파르타나 수도원의 공동식사를 연상시킨다. 그림은 《유토피아》(1715)의 삽화이다.

민주주의 사회에서의 억압과 통제
표현의 자유를 허용하는 민주주의 한국 사회에서도 언론이 정치권력에 좌지우지되는 현상이 비일비재하다. 이에 의식을 가진 사람들은 표현의 자유 탄압에 대한 끊임없는 각성의 의지를 보이고 있다.

● 국경 없는 기자회Reporters Without Borders가 발표하는 '언론자유지수'에 따르면, 한국의 2010년 순위는 42위로서 2009년 69위보다 크게 상승했으나 2008년 47위, 2007년 39위, 2006년 31위, 2005년 34위보다는 낮은 수준이다.

다. 즉 모든 망상은 이성의 힘에 의해 통제되므로 거짓과 오류가 가져오는 사회적 악습과 제도 등이 종국에는 소멸되리라고 본 것입니다.

이와 반대로 모든 주제에 대한 토론이 불가능한 사회에서는 각종 유언비어가 난무하고 진실이 왜곡되며 거짓이 힘을 얻습니다. 이러한 사회에서는 시민의 이성에 근거한 발전된 민주주의가 제대로 작동될 수 없습니다. 이때 이성의 작동을 원활하게 하기 위해서는 정확한 정보가 가장 중요합니다. 투명한 사회 체제 속에서 정확한 사실들을 근거로 할 때 각자의 이성이 올바르게 작동합니다. 이처럼 사상과 표현의 자유가 보장되고 투명한 사회는 민주주의 체제가 필요로 하는 가장 중요한 요소이기에 더는 강조할 필요가 없습니다.

그런데 한국 사회는 민주주의 사상과 표현의 자유에 있어서 한계를 보이고 있으며, 앞선 역대 정치권력들도 그들의 성향에 따라 개인의 표현과 언론의 자유에 영향을 주어 왔습니다.

한편 모어에 의하면 인간의 이성은 그 스스로 참과 거짓, 선과 악을 구분할 수는 있지만, 단지 구분만 할 뿐 모든 판단을 이성에 따라 실행하지는 못한다고 합니다. 따라서 인간을 불완전한 존재라고 표현하는 것이지요. 그러므로 참된 이성이란 두뇌 속 사고의 틀 안에 갇혀 있는 것이 아니라 스스로를 포함하여 타인과 공동체 구성원 모두를 위해 밖으로 발산되어야 하며, 그것이 행동으로 이어질 때 비로소 참된 이성으로 인정됩니다.

그리고 모어는, 사회의 여러 관계와 인간관계를 규정하는 다양한 규범과 원리를 확립하는 것으로서의 도덕철학, 즉 윤리학에 대해 다음과 같은 원칙을 제시합니다.

그들은 선善의 특성을 정신적인 선, 육체적인 선, 외부 환경 차원의 선으로 구분합니다. 그리고 과연 선이 세 가지 특성 모두에 적용되는지, 아니면 오직 정신적인 선에만 적용되는지에 대해서 반복적으로 질문을 던집니다. 아울러 그들은 덕과 쾌락을 논하면서도 핵심적인 관심사는 인간의 행복과 그 본질이며, 이 행복이 어떠한 요인들에 의해 영향을 받는지를 탐구합니다. 그들에 의하면 행복이란 거의 전적으로 쾌락에 영향을 받는다는 점에서 쾌락주의적 경향에 크게 치우쳐 있습니다.(71)

이렇듯 모든 인간은 미덕, 도덕, 행복에 관해 탐구하고 추구하지만, 특히 인간의 행복을 위한 것에 더욱 관심을 갖습니다. 그리고 쾌락은 행복과 크게 관련되어 있는 것으로서 몇 가지 종교적 원칙에 의한 철학과 상통할 때의 쾌락을 진정한 행복과 동일시합니다. 즉 쾌락은 종교적 윤리와 도덕적 관념에 의해 통제되는데, 여기에는 탐구의 힘이라는 합리적 이성이 개입되므로, 결국 주체적인 인간의 이성은 신이 주는 윤리와 도덕의 바탕이 된다는 의미입니다.

참고로 인간 삶의 궁극적인 목표가 행복한 삶이자 쾌락의 영위라는 점에서 18세기 말과 19세기 초에 나타난 공리주의 와 궤를 같이 하는 것처럼 보입니다. 그러나 제러미 벤담과 존 스

▸ 공리주의
사전적 정의로는 행위의 목적이나 선악 판단의 기준을 인간의 이익과 행복을 증진시키는 데 두는 사상. 개인의 복지를 중시하는 견해와, 최대다수의 최대행복을 내세우며 사회 전체의 복지를 중시하는 견해로 나뉜다.

제러미 벤담Jeremy Bentham
영국 출신의 공리주의 철학자(1748~1832). 삶의 목적이 최대다수의 최대행복을 실현하는 것이라고 주장하며 쾌락의 증가와 고통의 방지가 모든 도덕과 입법의 원칙이 되어야 한다고 역설했다. J. S. 밀의 철학에 많은 영향을 끼쳤다. 저서에 《도덕과 입법의 원리서설》, 《정부소론》 등이 있다.

튜어트 밀의 공리주의와는 약간의 차이가 있습니다. 벤담의 '최대 다수의 최대행복'은 모든 쾌락이 질적으로 동일하나, 사회 전체적인 이익을 감소시킬 수 있는 평등적 가치는 받아들여지지 못합니다. 그리고 밀은 모어와 마찬가지로 쾌락의 질적 차이는 인정했으나, 개인의 자유를 최우선의 가치로 삼았습니다.

첫 번째는 모든 인간의 영혼은 영원불멸한 것으로서 신성神聖으로부터 창조된 인간은 예외 없이 행복을 추구하게 되어 있고, 두 번째 원칙은 인간들이 살아서 한 행동들, 즉 선행과 악행의 대가는 사후 세계에서 그에 대한 보상과 벌을 받게 된다는 믿음의 원칙들입니다. ……만일 이러한 원칙들이 존재하지 않고 또한 사회에서 수용되지 못한다면, 인간이 마땅히 해야 할 일을 외면하게 될 것입니다. 그리고 인간들은 오로지 쾌락만을 좇으며 그 행위에 대한 옳고 그름은 분별할 수 없게 됩니다. 또한 사소한 쾌락들이 더 큰 쾌락들을 방해하지 않도록 하기 위해 고통스러운 결과를 초래하는 도덕적 행위의 쾌락들을 피하기만 할 것입니다. 이에 따라 살아가는 데 즐거운 쾌락들을 포기한 대신 덕성만을 강조하고 행동한 노력들은 아무런 의미가 없게됩니다. 즉 현재에도 그리고 사후에도 유익함이 없으며, 자신을 스스로 불편하게 하고 고통스럽게만 하는 삶은 어떤 의미도 가지지 않는다는 것입니다. 따라서 현재에 철저하게 재미없고 불행하기만 한 삶을 살았다면 사후에라도 그에 대한 보상이 주어져야 한다고 봅니다. 그렇지 않다면 덕성으로만 살아온 삶에 대해서 무슨 이득과 희망을 기대할 수 있겠습니까?(71)

이 두 가지 원칙은 현재를 살아가는 사람들로 하여금 다양한 유혹으로부터 벗어나 참다운 삶을 살아갈 수 있도록 하는 데 강력한 유인책이 됩니다. 이러한 도덕적 행위의 기준이 없을 때 인간은 스스로 타락의 길을 걷게 되며, 또한 인간들이 덕성스러운 삶을 흠모할지라도 자기에게 아무런 득이 없고 불편함만을 가져다준다면 그 같은 삶을 원하지 않게 된다는 것입니다.

모어의 종교적 관념에서 볼 때 이 행복과 쾌락을 향유하기 위한 두 가지 원칙은 타락하기 전의 기독교적 윤리와 도덕의 범위입니다. 이는 살아 있는 동안 아름답고 고귀한 덕성을 지키는 것은 세속적으로 불편하고 고통스러울 것이나 이에 대한 보상이 사후에 반드시 이루어진다는 생각입니다. 이러한 인식은 현대의 많은 사람들, 특히 종교인들에게 그대로 받아들여지고 있습니다.

아무리 사소한 쾌락(즐거움)이라 해도 이성적으로 생각할 때 그것이 윤리와 도덕의 측면에 합당하지 않는다면, 그러한 즐거움(쾌락)은 악덕이며 자신의 진정한 행복과 사회 전체의 선에 부정적인 영향을 줍니다. 모어는, 이렇듯 자기의 이익과 말초적이고 사소한 쾌락만을 찾을 때 개인의 영혼이 타락하는 것은 물론이고 공동체 사회 전체가 속으로부터 병들어 조만간 붕괴할 것이라고 주장합니다. 이처럼 모어가 사회 체제의 붕괴를 우려한 이유는 여러 가지가 있겠지만, 특히 사회가 혼란스러워지고 파국으로 치닫는 과정에서는

• 유파
하나에서 갈라져 나온 갈래나
무리.

• 지고至高
더없이 뛰어나고 훌륭함.

말초적 쾌락
사람들은 행복감을 느끼기 위
해 정신적 쾌락보다 육체적 쾌
락에 의존하는 경향이 강하다.
그림은 영국 화가 윌리엄 호가
스(1697~1764)의 작품 〈맥주
골목Gin Lane〉.

어떤 계층보다도 가난하고 힘없는 일반 시민이 더욱더 큰 고통을
짊어질 수밖에 없다는 그의 역사적 고찰과 현실에 대한 관찰이 반
영된 결과라 할 수 있습니다.

그러나 그들은 인간의 행복이 모든 종류의 쾌락과 반드시 일치하지
는 않는다고 봅니다. 그들은 더 선하고 정직한 쾌락과 행복을 동일하
게 봅니다. 물론 행복을 도덕적 선과 동일하게 보지 않는 사상 유파
도 있습니다만, 유토피아인들의 일반적 관점에 따르면 행복이란 우리
모두가 도덕적 선에 의해 본능적으로 이끌리는 '지고 의 선'이라는 것
입니다. ……이성도 우리에게 두 가지를 알려줍니다. 첫째는 우리에
게 전지전능하신 하느님을 사랑하고 경배하라는 것으로, 이는 하느님
이 우리를 존재하게 했고 우리가 행복할 잠재성을 부여했기 때문입니
다. 둘째로는 가능하다면 가장 높은 수준으로 안락하고 명랑하게 삶
을 살아가는 한편, 인류 공동체의 모든 사람들이 그렇게 살 수 있도록
적극적으로 도와야 한다는 것입니다.(72)

모어는 행복과 쾌락은 반드시 일치하지 않으며 더 선하고,
더 정직한 쾌락만이 행복과 일치한다고 강조합니다. 그래서
행복은 도덕적 선에 의해 본능적으로 이끌리게 되는 '지고의
선'의 상태이며, 이는 인간의 선한 본능에 의해 작동됩니다.
아울러 인간의 이성적 판단에 의해서도 자기뿐만 아니라 다
른 사람들을 함께 도와 최고 수준의 삶으로 발전시킬 수 있습
니다. 따라서 이성적 판단도 도덕적 선에 근거한 것이므로 본

능이라고 할 수 있습니다.

쾌락은 즐거움을 얻는 데서 비롯된 것으로서 사소한 것과 가치 있는 것으로 구분합니다. 개인적이고 사소한 것 혹은 말초적인 즐거움은 집단과 공동체를 위한 즐거움보다 가치가 없으며, 육체적 쾌락의 즐거움보다는 정신적인 쾌락에서 오는 즐거움과 만족감이 진정한 행복을 얻는 도구입니다. 이런 관점에서 보면 현대인들 대부분이 진정한 행복보다 저급한 쾌락만 좇아 헤매고 있는 군상들이 아닐까요?

철학적 진리가 사회의 토대

유토피아 사회는 모든 측면에서 깊은 철학적 사유의 결과를 반영하고 있습니다. 우선 이곳에서는 실질적 민주주의를 펼치고 있습니다. 정치 분야에서 전체주의를 거부하고 독재가 아닌 민주주의를 추구했습니다. 이것은 아테네의 직접민주주의보다 더욱 효율적이며 참된 민주주의입니다.

비록 모어는 현실에서 대의제 민주주의를 추구했으나, 이러한 형식적·절차적 민주주의에 그치지 않고 내용적 측면을 더 중시한 실질적 민주주의를 원하고 있었습니다. 모어가 강조하는 공동체와 일사불란한 사회적 담론의 형성은 전체주의적 냄새를 풍기기도 합니다만, 이는 어디까지나 많은 사람들이 수준에 맞게 자유로운 토론과정을 거쳐 최

전체주의
개인의 이익보다 집단의 이익을 강조하고, 집권자가 국민의 정치는 물론 경제·사회·문화 전반에 걸쳐서 전면적인 통제를 가하는 체제를 말한다.

대의제 민주주의
대표자를 선출하여 국민의 생각과 의견을 대표해 국가 의사를 결정하는 간접민주주의 제도. 오늘날의 행정제도이나, 실질적으로 국가 대표자와 국민의 의사가 일치되기는 어렵다.

종 결정을 내린 것입니다. 이처럼 유토피아 사회에는 현대에 중시하는 독자적이고 자율적 개인의 의지가 충분히 반영되어 있기 때문에, 체제 면에서 현대의 민주주의보다 훨씬 더 진보된 것이라 할 수 있습니다.

유토피아는 상호 간에 높은 신뢰를 바탕으로 실질적 민주주의를 달성했습니다. 모든 공직자들이 도덕적·윤리적으로 최상의 모범을 보이므로, 사람들이 그들을 신뢰합니다. 또한 어른은 젊은 사람을, 젊은 사람은 지혜와 도덕성과 판단력을 갖춘 연장자를, 이웃은 다른 이웃을, 일반 시민은 성직자와 법과 법관을, 그리고 국가의 공평무사한 의사 결정과 집행 등을 전적으로 신뢰합니다.

사회는 수많은 개인으로 나누어져 있지만 기업, 각종 협회, 노동조합, 교육기관, 교회 등 수많은 조직으로 구성되어 있기도 합니다. 그러므로 결국 사회는 개인과 가족에게 삶의 수단을 제공합니다. 따라서 상대방과 사회조직과 그 조직을 통제하는 법률과 각종 제도는 인간의 호혜성°과 도덕률, 공동체에 대한 의무, 신뢰 등과 함께 사회를 발전시키고 시민에게 행복을 가져다주는 데 핵심적인 역할을 합니다. 이처럼 신뢰는 사회적 자본으로서, 개인과 공동체 사회를 발전시키는 매우 핵심적인 요소입니다.°

유토피아의 경제 시스템은, 사유재산을 없애고 모든 재산을 공동으로 소유하며 평등하게 분배하기 위한 철저한 계획경제입니다. 이러한 시스템은 인본주의와 인간 존엄사상 그리고 모든 인간이 동일하다는 철학적 관점이 없으면 운영할 수 없는 구조입니다. 유토피아에는 모든 거래와 물자 및 물품을 개인이나 도시가 필요한 만큼

° 호혜성
타인과의 관계에서 상호 평등함을 전제로 선을 행하면 선이, 악을 행하면 악이 행해진다는 것을 알고 있는 상태를 바탕으로 서로 도움을 주고 받음. 선한 의지에 의한 상호부조, 상생을 위한 공통의 노력 등을 의미한다.

° 미국의 미래 정치학자 프랜시스 후쿠야마Francis Fuku-yama(1952~   )는 그의 저서 《트러스트》를 통해 이와 같은 고신뢰 사회일수록 더욱 크게 발전한다고 했다.

무상으로 이용할 수 있습니다. 그리고 모든 물자는 공익을 위해 헌신하는 공직자들이 치밀하게 조사하고 계획하여 사회구성원 모두가 부족함을 느끼지 않고 가난에 대한 걱정이 없도록 합니다. 생산 단계에서도 무위도식하는 이가 아무도 없이 모든 사람들이 각자 맡은 직무를 수행하도록 합니다. 따라서 유토피아에서는 실업이라는 개념이 없습니다. 또한 분배의 관점에서도 자기가 원하는 만큼 가져갈 수 있으므로 가장 상위개념의 분배이면서 평등을 지향합니다.

그리고 경제와 복지는 별개의 것이 아니라 동일한 것이라는 보편적 복지의 관점에서 모든 사회 문제를 해결합니다. 또한 요람에서부터 무덤까지 인간으로서 존엄성을 유지할 수 있도록 궁핍하지 않게 합니다. 그러므로 유토피아에 사는 사람들은 어떤 근심과 걱정도 가지지 않습니다. 오로지 자신의 능력을 계발하는 데만 모든 정력을 쏟아부을 수 있도록 합니다. 따라서 유토피아인들은 각자의 천부적인 소질에 적합한 활동을 모색하고, 그 재능을 발현하기 위해 학습하고 훈련받습니다.

모어는 평등한 인간의 삶을 위해, 불평등을 초래하는 후천적 요인들을 극소화하고자 합니다. 인간불평등은 태어날 때부터 가지는

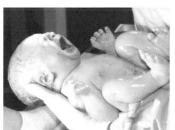

요람에서 무덤까지
수준 높은 복지를 언급할 때 인용되는 구절로, 1942년에 제정된 영국 베버리지 법안의 슬로건이다. 이를 통해 영국이 북구 유럽의 복지주의 국가를 모방하고 자국의 실정에 맞는 복지제도를 도입하기 시작했다.

유토피아의 교육
유토피아인들은 각자 개인의
수준에 맞는 맞춤 교육을 받았
다. 그림은 《유토피아》(1715)
의 삽화이다.

신체적, 정신적, 지적 능력의 차이와 함께, 후천적으로는 성장하면
서 습득한 교육과 기술, 특히 부모와 가문의 경제적 능력에 따라 발
생합니다. 따라서 모어는 후천적인 요소들을 제거하는 데 모든 열
정을 쏟아부었으며, 유토피아의 사회제도 또한 그렇게 만들었습니
다. 물론 선천적 불평등의 요소는 충분히 감안하여 각자의 수준에
맞는 역할을 하게 합니다. 가장 중요한 것은 사회적으로 편견과 소
외가 없게 하는 것이었습니다.

다른 한편으로는 법과 제도를 매우 단순화하고, 형벌은 있으되 처
벌이 목적이 아니라 교화를 목적으로 합니다. 이처럼 법조문을 단
순하게 하여 모든 시민이 스스로 자신을 변호할 수 있게 함으로써
최대한 진실에 근접한 판결을 유도합니다. 즉 법 앞에서의 평등을
넘어 인간 개개인이 스스로 천부적인 평등권을 발휘할 수 있도록
했습니다.

또한 각 개인은 행복하고 인간답게 살아갈 수 있는 불가침의 권
리를 가지고 있음을 인식하며, 자율적 혹은 타율적으로도 그 권리
를 억압당하지 않습니다. 하지만 유토피아 사회의 가장 중요한 특
징은, 누구의 강요도 배제된 가운데 오로지 자율적 판단만으로 자
신의 권리를 사회의 건전성과 모든 사람의 행복을 위해 희생한다는
점입니다. 이는 개인의 권리 주장으로 나타나는 이해상충과 분쟁
을, 다른 어떤 제도적 규제 없이 사회 구성원 모두에게 개인의 권리
보다 공동성을 우선시하도록 인식시킴으로써 해결하고자 한 것입
니다.

유토피아 사회에서는 이와 같은 국가제도와 그 운영을 바탕으로

주변 국가들에도 긍정적인 변화를 촉구합니다. 또한 국가의 생활 속에 철학이 깃들게 함으로써 이와 같은 사회구조가 유지될 수 있도록 모든 개인이 다각도로 노력합니다. 한 사람의 지도자가 이상 사회를 위한 꿈을 가지고 있다 한들 시민의 수준이 낮다면 건전한 사회를 구축할 수 없습니다. 그러므로 정의가 바로 서고 공동의 번영과 행복이 이루어지는 사람 중심의 사회를 만들기 위해서는, 모든 개개인의 깊은 철학적 고뇌가 필요합니다. 국가는 국민을 위해, 국민은 국가와 사회를 위해 고뇌해야 합니다.

플라톤이 일반 시민의 의식보다 국가 원리를 중시하여 철인 계급과 그들에 의한 통치를 강조했다면 모어는 결국 모든 시민의 인식과 철학을 더 중시한 것입니다.

자본주의, 그리고 자본주의의 맹아

자본주의capitalism라는 말이 현대적 의미로 사용된 시기는 그리 오래되지 않았습니다. 이 용어는 1850년에 프랑스의 사회주의자 루이 블랑(1844~1890)이, 1861년에 프랑스의 무정부주의 사상가이자 사회주의자인 피에르 조제프 프루동(1809~1865)이 사용했습니다. 그리고 1854년에 영국의 소설가 윌리엄 메이크피스 새커리(1811~1863)가 사용했고, 1863년에는 독일 사회학자인 칼 아돌프 두아이(1819~1888) 등이 '자본의 소유권을 지니는 것' 혹은 '개인 자본주의'라는 의미로 사용했습니다.

그 이전인 1753년에는 '좁은 의미의 부자인 상태'를 지칭했는데, 즉 현대적 의미로 사용되기 전까지는 '자본주의자capitalist'의 의미로 사용되어 왔음을 알 수 있습니다. 1848년에 카를 마르크스, 1845년에 영국의 정치가 벤저민 디즈레일리(1804~1881), 1840년에 프루동, 1823년에 영국 시인 새뮤얼 테일러 콜리지(1772~1834), 1817년에 영국의 경제학자 데이비드 리카도(1772~1823), 1792년에 영국의 농업 경제학자 아서 영(1741~1820) 등도, '자본의 소유자들 및 자본을 소유한 개인an owner of capital, a private owner of capital'의 의미로 사용하였습니다. 물론 《유토피아》에서도 이와 같은 의미로 사용되고 있습니다만, 단순히 부자들만을 의미한다고 보기는 어렵습니다. 모어는 이를 총체적으로 접근하여 돈이 많은 집단, 귀족 집단, 왕족과 권력을 쥐고 있는 집단을 지칭한 것으로 판단됩니다.

자본주의는 재화의 사적 소유권을 기본권으로 인정하는 사회구성체입니다. 아울러 자본가 계급이 이익을 추구하기 위해 생산활동을 하는 반면, 이에 따라 광범위한 임금노동자 계급이 노동의 대가로 임금을 수령하는 체제입니다. 그리고 자본주의 경제 체제는 시장의 수요와 공급에 따라 상품과 서비스의 가격이 결정되며, 투자 및 분배도 시장 체계 속에서 이루어집니다.

현대 자본주의는 대체적으로 16세기의 영국에서 발전한 것으로 이해됩니다. 마르크스는 자본주의를 생산과정에서의 사적 소유를 기반으로 생산물을 소유하고 통제하는 하나의 생산양식으로 보았습니다. 이러한 자본주의의 속성은 근대 이전에도 존재했습니다. 물론 고대는 노예제를 중심으로 발전되어 왔으므로 근대 자본주의와는 성격이 다릅니다. 그러나 이집트에서 피라미드를 건설할 당시에 임금을 받고 노동을 하는 임금노동자가 존재했고 이윤을 목적으로 한 상품을 생산하기도 했습니다. 또한 중세에 상업 교역이 활발해지면서 상업자본의 축적, 화폐 및 신용제도의 발전, 길드 도제방식의 생산 등이 이루어졌으며, 사적 소유를 바탕으로 한 생산과 분배 등이 존재했습니다.

이러한 점들이 당시 사회의 지배적 흐름으로 정착되지 않았다는 점에서 자본주의의 맹아(씨앗)로만 지칭되지만, 근대와 현대의 자본주의가 발전하는 데 기초적인 토대를 제공해 주었다는 사실은 분명합니다. 그리고 자본가는 있어 왔으나 임금노동자의 출현과 그러한 현상이 지배적인 상황이 '자본주의'라는 용어를 완성했다고 볼 수 있다.

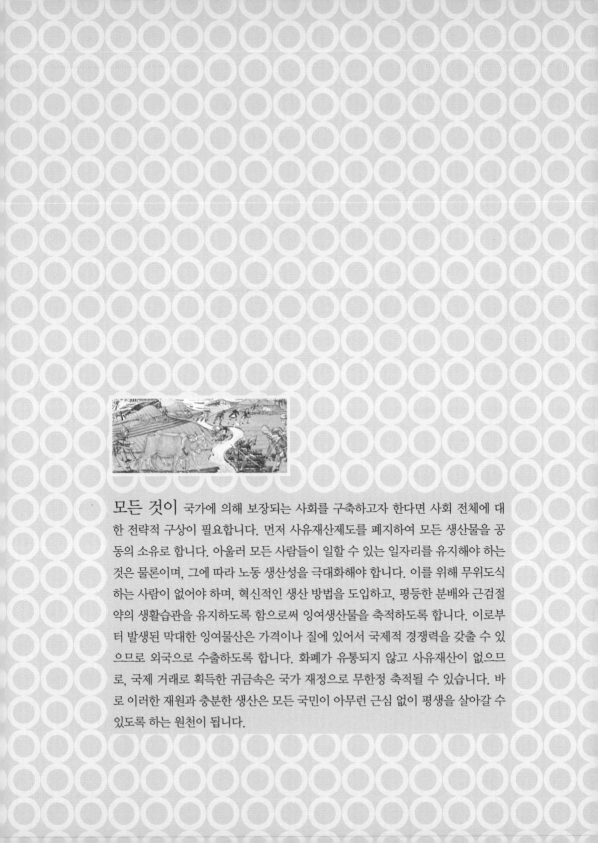

모든 것이 국가에 의해 보장되는 사회를 구축하고자 한다면 사회 전체에 대한 전략적 구상이 필요합니다. 먼저 사유재산제도를 폐지하여 모든 생산물을 공동의 소유로 합니다. 아울러 모든 사람들이 일할 수 있는 일자리를 유지해야 하는 것은 물론이며, 그에 따라 노동 생산성을 극대화해야 합니다. 이를 위해 무위도식 하는 사람이 없어야 하며, 혁신적인 생산 방법을 도입하고, 평등한 분배와 근검절 약의 생활습관을 유지하도록 함으로써 잉여생산물을 축적하도록 합니다. 이로부 터 발생된 막대한 잉여물산은 가격이나 질에 있어서 국제적 경쟁력을 갖출 수 있 으므로 외국으로 수출하도록 합니다. 화폐가 유통되지 않고 사유재산이 없으므 로, 국제 거래로 획득한 귀금속은 국가 재정으로 무한정 축적될 수 있습니다. 바 로 이러한 재원과 충분한 생산은 모든 국민이 아무런 근심 없이 평생을 살아갈 수 있도록 하는 원천이 됩니다.

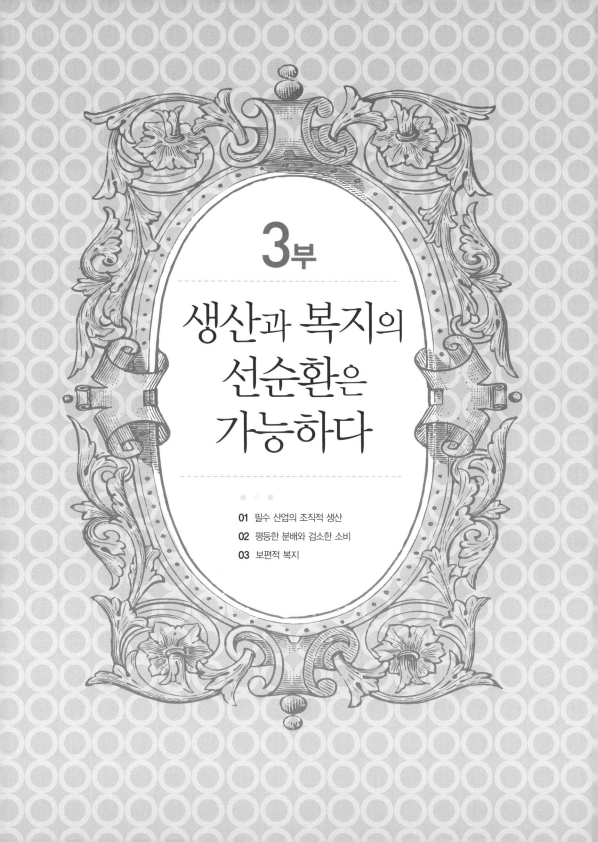

3부

생산과 복지의 선순환은 가능하다

01 필수 산업의 조직적 생산

필수 산업에 집중

중세 시대 말엽에는 이른바 대항해 시대(15세기)를 거치면서 유럽의 북쪽과 서쪽의 국가들은 엄청난 부를 축적합니다. 대항해 시대란 신대륙 발견과 신항로 개척이 활발히 진행된 시기로서, 이는 상업자본이 확대되고 축적된 결과입니다.

이 시기에 자본가는 물론 개인 등 모든 주체가 '금전적 이익이 무엇인가'에 대해서 충분히 인식했으며, 그것의 수단인 돈을 벌어들이기 위해 모두가 혈안이 되었습니다. 그래서 이 시기를 가리켜 상업혁명 이라고 합니다. 이로써 생산 측면에서 자본과 관련된 이윤이 크게 발생했으며, 노동자들은 그들대로 임금wage을 통해 부를

* 콜럼버스가 신대륙을 발견한 이후 이에 자극을 받은 서유럽의 여러 나라들은 앞다투어 신대륙 탐험에 착수했다. 그러나 신항로를 개척한다는 핑계로 원주민을 대대적으로 학살했으며, 원주민들의 대륙을 식민지로 만들어 본국의 이해관계에 따라 운영함으로써 번영을 이룩했다.

축적했습니다. 따라서 이때에 산업혁명을 이룰 수 있는 자본, 즉 물적 토대를 구축한 것이라고 볼 수 있습니다.

당시가 이처럼 상업이 급격히 확장되고 공업을 위한 기초 기술들이 다양하게 혁신을 이룬 시기였음에도, 모어는 유토피아의 산업을 전통적인 농업에 집중하여 설정했습니다. 유토피아의 농업 여건은 불리했으나, 모든 도시민을 의무적으로 2년 동안 농촌에서 일하게 한 제도라든지, 어린이 교육에 농업 관련 이론과 실습을 포함시킨 것 등을 보면 농업을 가장 중요한 산업으로 인식한 듯합니다.

그들의 대표적인 수출제품은 농산물, 꿀, 양모, 아마포, 목재, 옷감, 생가죽, 밀랍, 수지, 가축 등입니다. 잉여농산물을 이처럼 수출했다는 것은 유토피아의 산업이 다른 나라들보다 더 발전했음을 보여 줍니다. 그리고 '생선도 풍족했다'(61)라는 내용으로 보아 농업뿐 아니라 수산업도 발전한 것으로 보입니다.

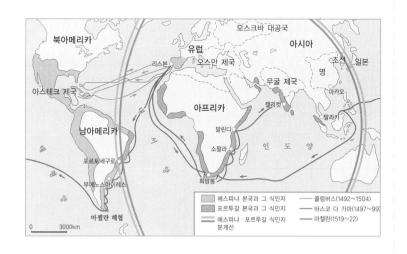

신항로의 개척

◦ 상업혁명
신항로의 개척과 아메리카 대륙의 발견 등으로 유럽의 상업 활동이 크게 변화했으며, 이는 자본주의 발전의 동력이 되었다.

◦ 아마포
아마과Linaceae에 속하는 식물에서 뽑아내는 것으로, 선사시대부터 사용되어 온 가장 오래된 직물섬유 가운데 일종이다.

◦ 밀랍
벌집을 만들기 위해 꿀벌이 분비하는 물질. 상업적으로 유용한 동물성 물질로 화장품, 잉크, 왁스 등의 제조에 쓰이는 성분이다.

유토피아의 토지는 비록 비옥하지도 않고 기후 또한 좋지도 않지만, 균형 있는 식생활습관과 환경과의 조화를 통해 열악한 상황에 대해 저항력을 키우고 적응했습니다. 그 결과 곡식과 가축의 생산 등에서 온갖 신기록을 갱신해 왔으며, 평균기대수명은 세계에서 가장 높고 질병의 발생률은 가장 낮습니다. 그들은 과학적 방법을 동원하고 도전정신을 발휘하여 누구도 따를 수 없는 기적을 창조했습니다.(79)

모어는 풍족한 생활을 위한 다양한 필수품을 개인들이 직접 생산해서 사용해야 한다고 보았습니다. 당시에는 길드 조직이 여전히 위력을 발휘하고 있던 시기로서 이러한 독점적인 생산 체제로는 일반 시민이 필요로 하는 생활용품을 충분히 만들어 내기 어려웠기 때문입니다. 따라서 생필품의 가격도 가난한 시민의 생활 수준과 비교해서 상당히 높을 수밖에 없었으므로, 모어는 이러한 독점 시스템보다는 개인들이 자유롭게 생산에 참여할 수 있는 가내수공업을 강조했습니다.

길드
길드는 공동의 목적을 위해 협동하는 전체라는 뜻을 가지고 있다. 중세의 유럽 도시들을 중심으로 11세기부터 정치적 영향력은 물론 경제적으로도 큰 영향력을 발휘했으나, 16세기 이후 쇠퇴했다.

심경법의 개발
중세 유럽에서는 심경법이 개발되면서 농업 생산력이 발달해 잉여생산물이 발생했다. 농업의 발달은 13세기 유럽 사회가 발전하는 데 중요한 요소가 되었다.

유토피아는 크고 멋진 54개의 도시들로 이루어져 있는데, 모두 동일한 계획 아래 건설되었으며, 토지가 허락하는 한 정확히 동일한 모습을 하고 있습니다.(50)

한편 유토피아에서는 건설 산업이 크게 발달했으며, 이는 주로 국가적 사업과 공공사업을 통해 발전했습니다. 유토피아 초기에 섬을 대륙으로부터 분리한 공사*에서부터 시작해서 거대한 인공적 계획도시를 매우 아름답고 실용적*으로 건설했습니다. 그리고 훌륭한 설계를 바탕으로 각 도시들을 보호하기 위한 거대한 성벽을 구축하고 거리를 정비하는 등 측량 기술과 건축 공법도 뛰어났음을 알 수 있습니다.

유토피아의 모든 집들은 당당하게 솟은 3층 집입니다. 벽은 단단한 석재와 벽돌 들로 만들어져 있고, 멋진 칠로 단장되어 있습니다. 경사진 지붕들은 다른 어떤 재료보다 비싼 특별한 콘크리트로 덮여 있는데, 이는 악천후를 견디거나 대형 화재를 예방하는 데 납보다도 더 훌륭합니다. 그리고 그들은 창문에 유리를 끼우거나 깨끗한 기름이나

• 유토피아 국가의 창시자인 유토포스는 원래 산스큐로티아라는 반도를 정복한 이후, 자신의 군대와 원주민을 동원하여 본토 대륙과 연결된 가장 폭이 좁은 지역에 바닷물이 들어올 수 있도록 15마일에 달하는 수로를 만드는 대토목공사를 완성함으로써 대륙과 분리되도록 했다.

• 여기에서 실용적이라 함은 다양한 건물의 본래적 용도와 목적을 그 자체로 존재하게 함으로써 사용자의 편리한 생활을 도모했다는 의미로 쓰였다.

내가 이미 2001년 전에 벽돌, 석재도시 건설을 주장했건만

대화재로 런던이 잿더미가 됐다구!

17세기 런던의 전경
《유토피아》의 도시 아마우로툼에 관한 내용은 여러 면에서 템스 강을 중심으로 형성된 런던을 떠올리게 한다.

소나무 등의 나무에서 흘러내
린 송진이 깊은 땅속에 묻혀
고온·고압 상태에서 화석처럼
굳어져 생성된 덩어리. 장식용
으로 쓰인다.

리넨linen
아마 줄기의 껍질에서 얻는 섬
유로, 의복용 섬유로서는 가장
오래되었다.

런던 대화재Great Fire of London
1666년에 빵 공장에서 일어난
불이 런던 시내로 번져 공공건
물 대부분과 87개 교회, 13,000
여 채의 가옥 등 런던 시 대부분
이 파괴된 대형 화재 사건이다.

호박 보석으로 장식한 고급 리넨 천을 차단막으로 하여 외풍을 막습
니다.(53)

그리고 강을 가로지르는 모든 다리는 나무가 아닌 석재를 사용해
화려한 아치형으로 만들었습니다. 또한 가옥의 대부분은 석재와 벽
돌, 콘크리트, 유리 등을 사용하여 건축했는데, 이는 당시 유럽의
일반 가옥들 대부분이 목조 건축물이었다는 점과 크게 비교됩니다.
우연의 일치인지는 모르겠으나, 1666년에 발생한 런던 대화재 이
후 영국은 목조 가옥의 축조를 금지하여 벽돌과 석재로 만든 가옥
이 급증하게 됩니다.

그 밖에도 교육, 문화, 예술, 출판 산업 등이 상당한 수준으로 발
달해 있었습니다. 유토피아인들은 여가시간에 개별적으로 충분한
휴식과 함께 독서를 하거나 음악을 들으며 좋은 글
들을 낭송하는 한편, 일반인을 대상으로 항시 개최
하는 공개적인 공익 강좌를 들었습니다. 이처럼 다
양한 여가활동들이 그들의 생활에 필수 요소로 자
리잡아 이와 관련된 산업이 크게 번성할 수밖에 없
었을 것입니다. 또한 유토피아의 식당에는 신선한
과일과 달콤한 과자, 향기로운 향료가 항상 비치되
어 있었는데, 유토피아인들은 정원 가꾸기가 중요
한 취미생활이었기에 이와 관련된 화훼 산업과 과
수 산업이 함께 발전한 것으로 보입니다.

유토피아인들은 집안의 정원을 아주 좋아합니다. 그들은 거기서 꽃과 화초를 가꾸고 포도 같은 과일들도 재배합니다. ……아름다움이나 풍요로움에 있어서 유토피아의 꽃과 과일 들보다 더 좋은 것은 본 적이 없습니다.(53)

그리고 주로 농기구와 생활도구 등을 만드는 데 반드시 필요한 철鐵을 수입했다는 점으로 보아 유토피아에서 철이 생산되지는 않지만 그것을 다루는 가공 기술은 발전했던 것으로 짐작할 수 있습니다.

이에 반해 발달되지 않은 산업도 더러 있습니다. 대표적인 것이 금융 산업이며, 향락 관련 산업 및 사치 산업은 아예 존재하지도 않았습니다. 유토피아에서 금융 산업과 상업이 쇠퇴한 것은 모어가 의도적으로 설정한 결과입니다. 모든 거래가 화폐 없이 이루어지고 국가가 모든 필요한 물자를 제공해 주기 때문에 그와 같은 산업이 발전하기 어려웠겠지요. 다만 대외 교역과 관련하여 다른 국가에 대금을 결제하기 위한 최소한의 국가 공공기금 체제는 준비되어 있었습니다. 그리고 이 공공기금은 국가적 비상사태, 가령 전쟁과 같은 시기에 다른 나라 병사를 고용하는 일 등에 사용됩니다. 따라서 유토피아인들에게는 개인 저축이라는 것이 필요 없습니다. 국가가 모든 것을 해결해 주기 때문이지요.

그 나라에는 어떤 종류의 술집도, 사창가도, 비밀스러운 만남의 장소도 존재하지 않으며, 유혹을 하거나 당하는 기회도 없습니다.(64)

아울러 인간의 정신 건강뿐 아니라 공익에 도움이 되지 않은 향락 산업도 아예 발생하지 않습니다. 가령 맥주 같은 주류는 철저하게 금지하여 이를 목적으로 하는 술집들이 생기지 않는 것이지요. 따라서 곡식을 오직 빵을 만드는 데만 사용했기 때문에 풍족하게 생산한 곡식의 잉여물은 다른 나라에 수출했습니다.

중세 시대 목욕탕의 다른 기능
당시 중세 사회에서는 뿌리 깊은 매춘이 성행했는데, 혼용 목욕탕도 점점 타락하여 매춘이 이루어지는 장소로 변모해 갔다.

유토피아인들은 맥주를 마시지 않기 때문에 밀이나 보리 같은 곡식은 오직 빵을 만드는 데만 사용합니다. 그러나 그들도 포도주나 사과와 배로 만든 술과 음료는 마십니다.(51)

그런데 모어는 유토피아를 왜 노동력이 크게 소요되는 농업 등 1차 산업에만 집중하도록 설정했을까요? 이는 일반 시민의 인간다운 삶을 보장하기 위해서입니다. 일자리를 찾지 못해 거지와 부랑자로 전락하여 떠돌아다니는 이들을 감안해서 노동력이 크게 소모되는 농업 등 1차 산업에 모든 사람이 종사할 수 있도록 한 것입니다. 그리고 또 다른 이유를 국제 무역에서의 비교우위론 으로 설명할 수 있습니다. 농업의 주된 상품을 집중적으로 생산하면 생산량이 많아질 뿐만 아니라, 이것을 외국에 낮은 가격으로 수출하면 국제관계에서 가격경쟁력을 확보할 수 있기 때문입니다. 아울러 모어가 상업자본의 극악한 폐해를 목격하고 교회와 귀족과 왕은 물론 일반 시민까지 모두가 돈벌이에 혈안이 되어 돌아가는 세상을 거부했기 때문이기도 합니다.

• **비교우위론**
각 국가가 다른 나라에 비해 상대적으로 효율성이 높은 제품을 전문적으로 생산함으로써 국가 간의 교역을 통해 모두가 이익을 본다는 이론이다.

경제가 발전해 가는 단계로 보면 공업화 이전에는 농업 등이 중심이 되는 1차 산업에서부터 시작하여 공업화를 통한 제조업이 중심이 되는 2차 산업으로 발전하고 그 다음으로 서비스와 정보 및 지식 산업이 중심이 되는 3차 산업으로 발전합니다. 이런 관점에서 볼 때 모어가 설정한 유토피아는 과연 현실에서도 그와 같은 발전을 이룰 수 있을까요? 충분히 가능합니다. 그리고 공업화보다는 3차 산업으로의 발전이 더 용이할 거라 생각됩니다.

제조업과 도매업
경제학자 애덤 스미스의 투자 우선순위에 따르면, 농업이 제 1위이고, 그 다음은 제조업, 그 다음은 국내 도매업 순이다.

* 농업은 생명 및 유전공학의 기초적인 토대가 되기 때문에 이 분야에 특화해서 발전을 도모한다면 2차 산업의 폐해인 산업폐기물 및 공해 등으로부터 자연과 환경을 보전하는 가운데 첨단 생명 공학 및 유전 공학 등 한 차원 높은 서비스 산업으로 발전할 가능성이 있다.

건전한 산업구조를 제시

유토피아의 경제 목표는 무엇일까요? 요즘처럼 돈을 많이 벌고 재산을 축적하는 데 있었을까요? 그렇지 않았습니다. 그들의 경제 목표는 최소한의 노동과 최대한의 여가시간 확보, 그리고 정신적 풍요와 만족을 획득하는 데 있었습니다. 그것이 곧 인간 모두의 목적인 행복을 달성하는 것이기 때문입니다. 특히 그들은 물질보다 정신적 풍요가 행복을 결정하는 데 핵심이라고 보았습니다. 이는 기독교인인 모어의 기독교적 경제 관념이 크게 반영된 결과입니다.

유토피아 경제의 가장 중요한 목표는 모든 사람이 행복한 삶을 누리게 하는 데 있습니다. 이를 위해 육체적인 노동을 최소화하고 여가 시간을 최대한 많이 제공하여 사람들로 하여금 스스로 정신적 측면을

유토피아의 농부
16세기 유럽의 노동자들은 과
도하게 긴 노동시간과 과중한
일에 짓눌려 힘든 삶을 살고
있었던 반면에, 유토피아 섬의
농부들은 짧은 노동시간과 긴
여가시간에 의해 삶의 만족을
느끼며 살았다고 한다. 그림은
《유토피아》(1715)의 삽화.

계발하도록 했습니다. 유토피아인들은 정신적인 풍요와 만족이 바
로 행복한 삶을 영위해 가는 비밀이라고 보았습니다.(59)

모든 사람은 행복한 삶을 추구하고 또한 그렇게 살 권리가
있습니다. 그러므로 우리가 삶을 영위해 가는 궁극적인 목표는
내 자신과 가족, 이웃 등이 모두 함께 행복한 삶을 사는 것이라
할 수 있습니다.

행복한 삶을 살기 위해 가장 중요한 인간 본연의 존엄성을
유지하고 지킬 수 있는 방법은 여러 가지가 있겠지만, 무엇보
다 경제적인 독립이 가능해야 한다는 것이 모어의 주장입니다.
경제적으로 자립할 수 없다면 먹고살기 위해 다른 사람에게 복
종하고 굴종해야 하며, 또한 어딘가에 종속되어 있으므로 자존감과
독립성이 심대하게 침해될 수 있습니다. 그리고 사람들은 의식주에
대한 걱정으로부터 벗어날 때 행복한 삶을 누리기 위한 또 다른 무
엇을 생각해 볼 수 있는 여유가 생깁니다.

행복한 삶을 이루어가는 데는 물질적인 측면도 중요하지만 이처
럼 정신적인 측면이 더욱 큰 요소를 차지합니다. 존 스튜어트 밀이
'배부른 돼지보다 배고픈 소크라테스가 되라' 또는 '만족한 돼지보
다 불만족한 인간이 되라'라는 말로써 정신적인 풍요를 강조한 것
에서도 그 중요성을 알 수 있습니다. 아무리 경제적으로 풍요로워
도 인생의 진정한 의미를 망각한 채 동물적으로 살아가는 사람은
정신적 장애인이라 할 수 있습니다. 모든 것이 인간의 정신 세계에
서 비롯되는데 이것은 사실 무형의 가치를 가지고 있어서 돈으로

환산하기 어려운 것입니다.

이처럼 모어는 최소한의 의식주를 해결하고 평등한 사회생활을 영위하기 위한 토대로서 좀 더 중요한 가치를 발견할 수 있는 인간의 정신적 행복을 매우 중요시하고 있습니다.

모든 사람은 성별에 관계없이 농사일을 해야 합니다. ……남자들에게는 더 힘든 일을 하게 합니다. ……그리고 평일에는 하루 6시간만 일하게 합니다. 오전에 3시간을 일한 후, 점심시간과 함께 2시간을 쉬고, 오후에도 3시간만 일합니다. 그들은 저녁 8시쯤 잠자리에 들어 하루 8시간 잠을 잡니다. 하루 24시간 중 나머지 시간은 자신이 좋아하는 일을 마음대로 할 수 있는 자유시간입니다.(55)

유토피아에서는 모든 사람이 일을 하지만 여성은 남성보다 힘이 덜 드는 일을 하게 함으로써 노동에 있어서 신체적 차이에 따른 여성과 노약자 등에 대한 충분한 배려가 있음을 알 수 있습니다. 이처럼 유토피아에서 모두가 일해야 한다는 의미는 노동의 고통이 일부 사람에게 집중되지 않도록 함과 동시에 더 많은 여가시간을 확

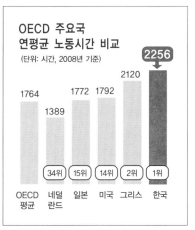

OECD 주요국
연평균 노동시간 비교
(단위: 시간, 2008년 기준)

1764   1389   1772   1792   2120   2256

OECD평균   네덜란드   일본   미국   그리스   한국
          34위   15위   14위   2위   1위

(출처 : OECD 통계 연보, 2010)

경제협력개발기구 주요 회원국의 연간 실근로시간

보할 수 있도록 하기 위함이며 평등의 가치를 구현하는 것이기도 합니다.

하루 6시간의 노동을 제외한 나머지 시간은 신체적, 정신적 휴식 시간입니다. 많은 양의 노동은 사람의 마음과 신체를 고통으로 끌고 갑니다. 따라서 모어가 많은 시간을 여가시간에 할애한 것은 사람의 건강을 행복의 기본 조건으로 보기 때문입니다. 이처럼 노동자들에게 충분한 자유시간과 휴식시간을 주는 것은 자기계발과 건강 유지, 정신적 수양 등을 통해 생산성을 극대화할 수 있는 방안 중의 하나라고 할 수 있습니다.

현대에도 충분한 휴식은 생산성을 높이는 데 매우 유용한 요소이며, 사회적 비용을 줄이는 데에도 큰 역할을 합니다. 이는 각종 산업재해를 방지할 뿐만 아니라 근로자의 건강을 유지하게 함으로써 각종 질환으로 인한 개인과 사회의 비용(건강보험 등) 소비를 최소화 시킬 수 있습니다. 또한 산업화된 사회에서의 노동은 인간을 하나의 기계 부속품처럼 다루는 사고에 기초하므로 이를 지양함으로써 인간소외 현상에 따른 문제들도 해소할 수 있습니다.

한국 사회에서는 대다수의 성인 직장인들이 수면 부족을 경험하고 있습니다.˙ 그 결과 수면장애와 졸음으로 인한 안전사고는 물론 교통사고 등이 발생합니다. 유토피아 사회와 같이 하루 6시간 노동은 모든 노동자들의 '희망사항'입니다. 한국은 1953년에 '근로기준법'이 제정·공포되어 비로소 하루 8시간 노동제가 시작되었지만, 현실에서 제대로 지켜지지 않고 있습니다. 따라서 2011년 7월부터는 20인 미만 사업장에도 '주 40시간 근무제'가 시행될 예정입니

˙ 현대 의학에 따르면 사람의 체질과 상태에 따라 적정 수면 시간이 다를 수 있지만, 보통 7시간에서 8시간이 적정하다고 한다. 한국의 직장인 554명(평균나이 31.9세)을 대상으로 조사한 결과 평균 수면시간이 2010년 기준으로 6시간 36분이며, 미국은 7시간 45분이다(대한수면의학회, 2010).

다. 2008년에는 한국 근로자의 주당 평균 근로시간이 49.3시간으로 발표된 바 있는데, 일요일을 제외하면 하루 8.2시간을 일하고 있는 셈입니다. 이러한 현실을 통해 모어의 생각이 얼마나 급진적이었는지를 알 수 있습니다.

* 2011년 3월을 기준으로 한국 근로자의 주당 평균 근로시간은 45.2시간이다(통계청, 〈2011년 근로형태별 부가조사〉, 2011).

　　하루 6시간만 일한다면 생활필수품이 부족하게 생산될 것이라고 생각할 수 있습니다. 그러나 그들이 6시간의 노동만으로 생산한 양은 모든 사람이 안락한 생활을 하기에 충분하며 오히려 남아돕니다. 그 이유는 다음과 같은 점을 생각해 보면 쉽게 이해할 수 있습니다. 유토피아는 모든 사람이 일하지만 다른 나라에서는 얼마나 많은 사람들이 무위도식하는지를 생각해 보십시오. 우선 전체 인구의 반을 차지하는 여자들이 일을 하지 않습니다. 설혹 여자가 일하는 나라에서는 남자들이 빈둥거립니다. 그 다음으로는 모든 성직자와 종교인이 무위도식합니다. 그리고 놀고먹는 부자들이 있습니다. 특히 귀족이나 시골의 지주 들이 이에 포함됩니다. 또한 이러한 귀족과 지주의 집안에서 일하는 모든 하인과 가신 들도 포함됩니다. 그리고 거지들이 있습니다. 이들은 매우 건강하고 원기 왕성하지만 구걸을 하기 위해 병들어 아픈 흉내를 내고 돌아다닙니다. 따라서 무위도식하는 이들을 모두 따져보면 사람들이 소비하는 생활필수품들을 얼마나 적은 숫자의 사람들이 만들고 있는지 알 수 있습니다. 그러나 남은 사람들 중에서도 다시 극소수만이 생활필수품의 생산에 종사하고 있다는 사실을 생각해야 합니다. 돈이 유일한 가치의 기준이 되는 세상에서는 생활필수품이 아닌 불필요한 수많은 직종의 일들이 수행되기 마련입니다. 그리

고 이런 직종의 종사자들은 사치품이나 오락을 위한 제품만 생산할 뿐입니다.(57)

모어는 일하지 않는 사람들과 비생산적인 일에 종사하는 사람들을 차례차례 열거합니다. 여성은 논외로 하더라도 성직자, 도시 귀족, 시골 귀족, 그리고 귀족들의 생활을 뒷받침하는 하인과 가솔 모두가 권력과 부귀와 영화를 누리면서 노동을 하지 않을 뿐만 아니라 하층민들을 착취하여 생활하고 있습니다. 여기에 빈둥거리며 구걸하는 거지도 포함됩니다. 아울러 비생산적인 일, 생활에 필요하지 않은 것을 제공하는 사람들도 너무나 많습니다.

따라서 모어는 이 모든 사람들이 생산활동에 참여한다면 한 사회구성원들이 충분히 생활하고도 남을 만큼 생산할 수 있을 것이라고 주장합니다. 노동의 신성함을 강조하지 않더라도 모어가 여기서 의미하는 바는 1차적으로 모두가 노동에 참여하는 것이 평등

16세기 초 플랑드르 지방의 모습이 담긴 달력
농민들이 3월이 되어 밭을 일구고 가지를 치고 있다(왼쪽). 7월이 되어 지주는 매사냥을 하고, 농민들은 건초를 만들고 있다(오른쪽).

하다는 것이며, 2차적으로는 모두가 생산적인 일을 함으로써 가난에서 벗어날 수 있는 지름길이 된다는 것입니다. 소비자보다 생산자가 적다면 당연히 모든 물자가 부족해집니다. 따라서 평등한 노동은 사회공동체 유지를 위한 중요한 도덕적 기준이 됩니다.

그런데 여기서 이해하기 어려운 부분이 있습니다. 모어가 당시의 유럽 여성들을 노동하지 않은 계층으로 포함시킨 부분입니다. 중세에 농촌 여성은 매우 다양한 방법으로 사회적으로 기여했습니다. 힘이 덜 필요한 사소한 일들을 도맡아서 했음은 물론, 특히 가정과 마을의 안주인으로서 큰 역할을 했습니다. 빈번한 농사일과 가축을 돌보는 일뿐만 아니라, 바다에서 고기도 잡아야 했고, 남편의 일도 도와야 했으며, 아이를 낳고 교육시키는 일도 도맡아 했습니다. 어떤 경우에는 가계의 소득을 위해 술집 일도 마다하지 않았습니다. 생활비가 부족해 가정주부들이 유흥업소에서 일하는 현상은 21세기 한국에서도 나타나고 있습니다.

여성 노동에 대한 현대인, 특히 한국의 인식은 어떤가요? 여전히 중세 시대의 인식 수준을 벗어나지 못하고 있는 것은 아닌가요? 현대에도 가사노동을 비생산적인 일로 치부하는 인식이 한국 사회에 여전히 광범위하게 남아 있습니다. 과학 기술이 발달하고 여성이 사회에 진출하면서 여성의 가사노동이 줄어들고 있지만, 그 가치를 정식으로 조명할 필요가 있습니다. 또한 여성 근로자가 받는 임금 수준은 남성보다 낮으며 사회적 활동에 따른 보상도 보잘것없습니다. 이와 같은 한국 사회의 현실과 남녀차별에 대한 인식은

중세 시대 여성의 사냥
모어는 여성들을 노동에서 제외시켰으나, 당시 여성들은 가사노동 외에 사냥까지 할 정도로 다양한 노동에 투입되었다.

한국 성인 남자의 가사노동 시간은 하루 42분으로 세계 최하위인 반면, 중국과 스웨덴은 3시간 이상이고 스페인도 2시간 이상 남성이 가사노동을 하는 것으로 조사되었다(통계청, 〈2009년 생활시간 조사〉 2010).

* 2009년을 기준으로 남성의 시간당 임금은 12,911원이지만 여성은 8,926원으로 조사되었고, 기업 임원도 1,000명 당 여성 임원은 3명인 데 반해 남성 임원은 34명으로 조사되었다(고용노동부, 〈2009년 성별 고용 평등지표〉, 2010).

시급히 개선되어야 할 문제입니다.

모어는 생활에 필요한 필수품 이외에는 모두 불필요한 것으로 규정합니다. 앞서 언급한 바와 같이 그의 사상에 종교적 배경이 저변에 깔려 있기 때문이기도 하지만, 계급에 따라 극도로 불평등한 생활을 목격하고 다른 물품보다 최소한의 인간적 생활을 위해 생계를 유지하는 데 반드시 필요한 물품을 우선 생산하고 공급함으로써 비참한 생활 계층을 구제하고자 했기 때문입니다.

모어는 생필품 이외에 사람들이 노동력을 부가하는 것들을 가리켜 노동력과 시간 그리고 자원의 낭비 등을 초래할 뿐만 아니라 사람들로 하여금 쾌락을 좇는 길로 유인하는 것이라 보았습니다. 현재 우리 주변을 돌아보면, 생활에 불필요한 물건들, 반드시 없어도 생활할 수 있는 서비스들이 무수히 쏟아져 나오며 그와 관련된 종사자들 또한 나날이 증가하고 있습니다. 이런 것들은 사회적으로 많은 폐해를 끼침에도, 사람들의 인식 수준과 생활 패턴이 이미 사치와 향락에 젖어들어 있어서 이 분야의 산업이 갈수록 팽창하고 있습니다. 또한 도덕적이지 못한 것이지만 하나의 엄연한 산업으로서 받아들여지고 있습니다. 이는 자본 중심의 사회에서는 어쩔 수 없는 현상으로 보이기도 합니다.

* 서비스 산업은 통신, 유통, 교육, 환경, 금융, 보건 및 사회, 관광, 문화, 오락, 스포츠, 운송 등의 산업을 말한다. 이 가운데 몇몇 산업은 도박성과 향락적 요소들이 개인의 인성과 사회적 가치관까지 파괴시킬 수도 있다는 점에서 문제점을 내포하고 있다.

이처럼 현대인들의 정신적인 피폐함을 반증하는 사치와 향락 산업에는, 이를 이용해 더 많은 돈을 벌고자 하는 사람들이 갈수록 많이 몰려들 것입니다. 그리고 이런 방식으로 확산된 사치와 향락 산업은 결국 선량한 대다수의 사람들까지도 수탈의 대상으로 삼을 것입니다. 이들 대부분은 정당한 노동을 하지 않고 그 이상으로 대가를 찾아가는 사람들입니다.

　이러한 점들로 생각해 볼 때 과연 모어가 상정한 사회가 현실에서 도래할 수 있을까요? 기술이 최고조로 발전하고 물질문명이 극에 달해 있으며 개인주의가 지배적임에 따라 나타나는 다양한 취향과 선호들을 충족시키는 것에만 몰입하는 현대 사회에서는 거의 불가능에 가까워 보입니다. 사람들의 크고 작은 욕망을 끊임없이 채워 가고 이를 채우는 데 결정적으로 돈이 필요한 이 시대는 말입니다.

　그러므로 현대인들에게는 모어가 구상한 유토피아 사회가 참으로 허황된 이야기쯤으로 들릴 수 있습니다. 사실 모어가 백안시*하는 사치나 쓸모없는 오락 등이 현대에는 더욱 조장되고 있으며, 사치재* 제조업도 엄연한 하나의 산업으로서 성장하고 있습니다. 그뿐만 아니라 이와 관련된 직종에 종사하는 사람들이 갈수록 증가하며, 행운이 따르는 사람들은 큰 돈을 벌기도 합니다. 이러한 현실에서 과연 모어가 상정한 사회가 존재할 수 있을 것인가 하는 의문이

* 백안시白眼視
어떤 것을 업신여기거나 냉대하여 흘겨보는 것.

* 사치재奢侈財
금과 보석 등 귀금속처럼 소득이 증가함에 따라 사람들의 선호도가 증가하는 높은 가격의 제품들을 말한다. 이른바 '명품'으로 알려진 루이비통, 페레가모 등을 들 수 있다. 한국에서 '짝퉁'이 유행하는 것도 사치재의 영향으로 볼 수 있다.

자본주의의 3대 계급
자본주의 사회는 자본가(고용주), 지주(토지 소유자), 임금 노동자의 3대 계급으로 구성되며, 다른 모든 계급의 소득은 이 세 계급의 소득으로부터 파생된다.

드는 것은 당연합니다.

　그러나 모어의 의도를 살펴보면 인문주의자라 인정받는 그가 역설적으로 극도의 금욕주의를 바탕으로 한 사회를 상정하고 있는지 이해할 수 있습니다. 이는 곧 모어가 당시의 비윤리적이고 부도덕하며 극악무도한 부자와 권력자 들의 횡포에서 벗어나 모든 사람이 평등하고 행복하게 살 수 있는 사회를 꿈꾸었기 때문입니다. 그렇다면 이러한 생각을 바탕으로 모어가 제시한 사회는 이상일 뿐이며 비현실적인 것일까요?

농업국가 이상을 현실화하는 방법들

　모어는 유토피아를 농업국가로 설정하면서 고민이 많았을 것입니다. 농업은 계절에 따라 작물을 재배할 수 있는 시기와 그렇지 못한 시기가 뚜렷하며 노동력이 크게 필요한 산업입니다. 게다가 기후의 영향으로 흉년과 풍년이 좌지우지되기도 합니다. 따라서 모어는 유토피아가 농업국가로 거듭나기 위한 하나의 방법으로 어린이들의 정규교육에 농업의 이론과 실습을 충분히 배치했습니다.

계절적 수요와 공급의 불일치
벼농사가 풍년이 들면 쌀값이 폭락하여 임금 수준이 낮아진다. 사진은 농민이 수확을 앞둔 벼를 갈아엎으며 쌀값 폭락에 항의하는 모습이다.

　모든 어린이 교육에 농사일이 포함됩니다. 어린 학생들은 학교에서 농사와 관련한 기초 원리를 익히고, 야외의 농촌에서 정기적인 현장실습 교육을 받습니다.(55)

　이렇듯 어릴 때부터 습득한 현장의 지식과 경험은 숙

련도를 높여 1인당 생산성을 높일 수 있고, 나아가 생산에 관한 혁신적인 방법도 창안해 낼 수 있습니다.

　시골의 각 농가에 매년 20명의 도시 주민이 와서 2년간 의무적으로 농사일을 하고 돌아가면, 또다시 새로운 도시 인력들이 그들을 대체합니다. 즉 신규 전입자들이 1년간 선임자들로부터 농사일을 배우고 그 뒤로 1년간 교관이 되어 신규 인력을 가르치는 방식으로 반복됩니다.(50)

　농업은 그야말로 노동력이 크게 소요되는 노동집약적 산업 이라 할 수 있습니다. 그래서 모어는 부족한 노동력을 효과적으로 공급하기 위한 방법으로 도시민의 농촌 정주定住를 의무화했습니다. 물론 일 년 동안 계속해서 대규모 노동력이 소요되는 것은 아닙니다. 농사는 기후 변화를 제외하면 적기에 파종하고 추수하는 것이 생산량을 극대화하는 데 매우 중요합니다. 이에 모어는 노동력의 계절적 수요와 공급 의 불일치 현상을 농촌 정주를 통해 훌륭하게 해소한 것입니다. 아울러 도시민이 농업에 대해서 충분히 알게 된다면 또 다른 각도에서 농업을 바라볼 수 있으므로 농업 기술을 향상시킬 수 있는 새로운 방법 등을 고안해 내기 용이하다는 장점도 있습니다.

　그뿐만 아니라 충분한 식량이 생산되면 구걸하는 자가 없고, 모두가 일할 수 있는 일자리가 생기므로 부랑자도 없을 것이며, 이로써 도둑도 발생하지 않게 됩니다. 따라서 모어는 이를 통해 가장 기본적인 삶의 조건을 충족시킬 수 있으며, 모든 사람의 기본권이 침해

● 노동집약적 산업
상대적으로 많은 노동력이 필요하며 낮은 기술 수준과 적은 자본이 소요되는 산업으로서 농업이 대표적이며, 일반적으로 섬유 및 신발 등 주로 경공업을 지칭한다.

● 수요와 공급
수요는 상품과 서비스를 구매력을 가진 사람들이 사려고 하는 욕구이며, 공급은 요구나 필요에 따라 상품과 서비스를 제공하는 행위이다. 수요공급의 법칙은 수요가 많고 공급이 적으면 가격이 상승하고, 공급이 많고 수요가 적으면 가격은 하락하는 현상이다.

되지 않은 삶을 보장할 수 있다고 보았습니다.

이 밖에도 농촌 의무정주제도는 도시와 농촌 간의 교류가 이루어짐으로써 도시와 농촌의 문화 격차 해소와 공동체문화 형성뿐 아니라 도시민의 육체적·정신적 건강에도 도움이 되는 등 여러 가지 부수적 효과도 기대할 수 있습니다.

그런데 현대화와 기계화가 진행된 오늘날 한국 농촌은 과거와 그 모습이 많이 달라졌습니다. 거의 모든 지역에서 각종 농업용 기계가 사용되고 있으며, 발달된 영농 기술은 단위당 생산량을 획기적으로 증가시켰습니다. 그리고 극복할 수 없었던 농업의 계절성 역시 유통 수단과 저장 기술의 발달로 인해 거의 극복되었습니다. 또한 농촌의 생활환경도 도시화되어 도시와의 차이가 상당한 정도로 축소되었으며, 최근에는 역으로 도시민이 농촌으로 이동(귀농)하는 경우가 일정하게 늘어가고 있습니다.

그럼에도 한국 농촌의 현실은 그리 밝지만은 않습니다. 대표적인 문제가 농촌 인구의 감소와 고령화 추세입니다. 이런 상황에서는 농사를 짓기 위해 일손을 덜어 줄 고가의 농기계(경운기, 트랙터, 콤바인, 예초기, 건조기 등)를 구입해야 합니다. 하지만 이것은 농가 부채 문제와 직결됩니다. 농가 부채는 여러 가지 복합적인 이유가 있으나, 기계화에 따른 고비용화 등이 주된 원인으로 작용했습니다. 이 문제를 해소하기 위해서는 고가의 농기계를 마을 단위에서 공동구매하거나 대여하는 방법 등이 필요하고, 청·장년층 도시민의 귀농이 더 활발히 이루어질 수 있도록 사회적으로 장려해야 합니다.

• 통계청에 따르면 2009년 기준으로 농가 수는 120만 가구에 그치고 있으며, 65세 이상의 농업 가구수가 약 60만으로서 거의 절반이 노인들로 이루어져 있다.

• 2007년을 기준으로 농어가 가구당 평균 2,995만 원의 부채를 지고 있다.

• 고가의 농기계는 물론 농약, 비료, 심지어 각종 종자까지 구매해야 하며 시설농업을 위한 각종 시설 설치 등이 원인으로 작용하고 있다.

부족한 일손
한국은 인구의 도시집중화 문제로 청·장년층이 모두 도시로 몰려가고 농촌에 고령의 노인들만 남아 있어서 농사를 지을 수 있는 인력이 부족한 실정이다. 최근에는 기계가 발달하고 귀농하는 장년층도 늘어나며 사회적으로 농촌 체험, 자원봉사 등의 활동 등이 이루어지고 있으나, 농촌의 일손 부족은 여전히 해결되지 않고 있다.

유토피아에서는 모든 사람이 일을 하는 한편, 사회적으로 유익하고 필요한 생산적인 일들이 효율적으로 이뤄질 수 있도록 제도화함으로써 노동력을 절감하는 데 최선을 다합니다. 이를 통해 단시간 안에 다양하고 유익한 일을 능률적으로 할 수 있는 여건을 만들어 줍니다.

가령 새로운 부지에 새집을 다시 짓는 일처럼 노동력이 크게 소요되는 일을 하는 경우는 거의 없으며, 매우 적절한 시기에 집을 수리하여 집의 내구성을 충분히 확보하는 등 최소한의 노동으로 그 효과를 극대화합니다.(58)

유토피아인들은 노동력이 크게 소요되는 일은 처음부터 자제합니다. 성곽, 공공건물, 가옥 등을 초기부터 튼튼하게 공사하며, 아울러 최적기에 보수공사를 하는 등 신경써서 사용하는 습관을 사회제도적으로 정착시켰습니다.

그리고 옷을 만드는 일에서도 노동력을 절감하기 위해 노력합니다. 일할 때 입는 헐거운 가죽 멜빵 작업복의 수명은 7년 정도로 내구성이 깁니다. ……그리고 옷감은 생산이 쉬워 비용이 그다지 들지 않는 아마포 옷감을 가장 많이 사용하고, 옷감이 하얗고 양모가 깨끗하다면 바느질의 모양새 따위에 대해서는 신경 쓰지 않음으로써 노동력을 아낍니다.(59)

삼풍백화점 붕괴 현장
1995년에 한국에서 일어난 삼풍백화점의 붕괴는 노동력 낭비의 대표적인 실례이다. 1989년에 완공된 백화점이 6년 뒤 순식간에 한 동 전체가 무너져 내렸다. 붕괴 원인은 설계·시공·유지관리가 총체적으로 부실한 공사 때문이었다. 이로 인해 사망자가 501명에 이르러, 8.15광복 이후 가장 큰 인적 재해로 기록되고 있다.

뉴턴Isaac Newton
영국의 물리학자이자 수학자
(1642~1727). 수학 분야에서
미적분법을 창시했고, '물리학
분야에서 뉴턴 역학 체계를 확
립했다. 갈릴레오와 더불어 근
대 과학을 있게 한 최고의 공
로자이다. '자연은 일정한 법
칙에 따라 운동하는 복잡하고
거대한 기계'라고 한 그의 역
학적 자연관은 18세기 계몽사
상의 발전에 지대한 영향을 주
었다. 저서에 《자연철학의 수
학적 원리》 등이 있다.

◦ 만유인력
모든 물체들 사이에 존재하는
끌어당기는 힘(중력)으로서, 지
구상의 모든 물체가 지구 중심
방향으로 끌어당겨지고 있는
것이 대표적이며, 뉴턴의 '중
력이론'은 1687년 《프린키피아
Principia》에 소개되었다.

◦ 2011년 한국 사회에서는 재
벌 2세가 야구방망이 한 대당
백만 원이라는 규칙을 만들어
화물차 운전수를 폭행한, 이른
바 '맷값 폭행사건'이 일어났
었다.

유토피아인들은 사회 전체적인 노동력의 효율성을 높이기 위해 모든 물품의 내구성耐久性을 가장 우선적으로 고려합니다. 그들은 외양보다 실용적 측면을 중시함으로써 노동력을 절감합니다. 그리고 더욱 중요한 것은 사회구성원 모두가 검소한 생활습관을 갖는 것입니다. 이것은 소비량을 최소화할 수 있으며, 사치스러운 생활로 인해 사회적으로 유용하지 않은 제품을 생산하는 데 드는 노동력을 크게 절감할 수 있습니다.

기술 혁신과 과학 발전을 위한 사회제도

모어는 또한 실천적 지식과 현장에서의 숙련도 및 창의력을 중시한 것으로 보입니다. 실제로 16세기경의 위대한 과학적 발명이 17세기 영국과 유럽의 과학혁명에 기초가 되었다는 점에서 충분한 근거가 있습니다.

교육적 환경이 조성되지 않았던 16세기 당시에 현장의 기술자와 전문가의 창의적 발견 등이 뉴턴의 만유인력˚ 이론에 기초를 제공했으며, 근대 화학 이론의 기초적 실험도 이 시기에 진행되었습니다. 그래서 모어는 노동자와 현장 실무자의 창의력을 높이 평가했고, 그들에게 전문적인 학자로서 연구할 수 있는 길을 구조적으로 열어 주는 혜안慧眼을 가지고 있었습니다.

모어의 이러한 시각은 사회적으로 매우 중요한 의미가 있습니다. 태어날 때의 신분이 사람의 미래를 결정지었던 당시 계급 사회에서는 더욱 그렇습니다. 모어는 개인의 자질과 능력 여하에 따라 신분의 이동을 가능하게 함으로써 고착된 신분제와 그 병폐를 최소화하고자 했습니다. 이는 일제 식민지 시기, 6.25전쟁, 그리고 경제 발전에 따라 거의 사라진 계급과 계층화가 또다시 고착되어 가는 한국 자본주의 현실에 시사하는 바가 큽니다.

유토피아에서는 도시와 농촌 할 것 없이 일할 능력을 가진 모든 사람들 가운데 겨우 500여 명만이 법적으로 노동을 하지 않습니다. 여기에는 지역 담당관들이 포함됩니다. 학자들도 연구에만 전념하기 위해 영원히 노동을 면제합니다. 학자의 직위는 성직자들의 추천과 지역 담당관들의 비밀투표에 의해서만 인정됩니다. 그러나 학자라 할지라도 연구 결과물이 신통치 않을 경우에는 노동자 계급으로 되돌려집니다. 다른 한편으로 노동자라 할지라도 자기 분야에서 열심히 연구한 결과 놀라운 학문적 성과를 낸 경우에는 학자로 분류되어 그 계급으로 이동하는 경우도 종종 있습니다. 지식인 계층에는 외교관, 성직자, 지역 담당관 및 시장 등이 속합니다. 이들도 법적으로는 노동을 면제받지만, 타인에게 모범을 보이기 위해 자발적으로 일을 합니다.(58)

소크라테스를 바라보는 플라톤
기원전 380년경 플라톤은 철학과 정치 등에 대해 소크라테스와 나눈 대화 형식으로 서술한 《국가The Republic》에서, 국가는 정의의 실현 주체로서 특히 철학자가 국가를 지배해야 한다는 철인정치를 강조했다. 사진은 플라톤이 소크라테스의 두상을 마주 보고 앉아 있는 조각 작품이다. 미국 뉴욕의 호프스트라대학교 소재.

유토피아에서는 예외 없이 모두가 노동을 하지만, 그 가운데 특별하게 인정받은 사람들은 노동에서 제외됩니다. 그들은 지역 관리자, 학자, 성직자, 외교관 및 공무원으로서 지식인 계급입니다. 하지만 이들도 모범을 보이기 위해 자발적으로 노동을 합니다. 이로써 모어는 치밀하게 조직된 사회를 다스리고 또한 사회 발전을 이루고자 한다면, 시민 개개인의 자질도 중요하지만 지식인 계급의 역할이 무엇보다 중요하다는 점을 강조하고 있습니다. 모어의 이러한 사고는 예컨대 플라톤이 제시한 철인 계급과 유사합니다.

유토피아 사회는 마치 거대한 기계의 톱니바퀴들이 매우 정교하게 서로를 의지하며 작동하는 구조와 같습니다. 따라서 모든 사람들의 인식과 행동, 그리고 그에 따른 운영이 매우 중요합니다. 이러한 사회를 관리하기 위해 각 분야의 탁월한 능력을 가진 사람들을 적재적소에 배치하여 맡은 일들을 하게 합니다. 이들은 생산과 소비, 유통, 대외관계 등을 면밀하게 수행하고 시민의 생활을 살펴 지원하는 사람들입니다.

인재를 선발할 때 도시의 각 구역과 농촌 마을의 지혜롭고 정의로운 사람들이 오랫동안 철저하고 면밀하게 관찰하여 해당 분야에서 탁월한 사람들을 선발합니다. 그 기준은 정의감, 희생정신, 성실성, 건강함, 인지능력, 기능, 종교관 등으로, 이 모두를 고려하여 인재를 종합적으로 평가합니다. 오늘날과 같이 단지 지적 수준만을 보거나 학벌과 연고 등으로만 인재를 선출하는 방식과는 전혀 다릅니다.

또한 앞서 인용했듯이 학자의 경우에도 엄격한 과정을 거쳐 선발하지만, 연구의 결과가 실망스러울 때는 언제든지 노동자

취업박람회의 구직자들
인재를 선발할 때 갈수록 개인의 학력, 외모, 연고 등 외적인 요소에 가치를 두기 때문에 구직자들은 이른바 '스펙'을 쌓기 위해 청소년기부터 취직을 목표로 여러 가지 점수와 자격증을 취득하는 데만 열중한다. 또한 최근에는 '취업 성형'이라고 하여 외모로 인해 일자리를 얻지 못하는 사람들을 위한 성형 수술도 등장했다.

계급으로 탈락시킵니다. 반대로 노동자 계급에서도 해당 분야에서 출중한 연구 성과를 내는 사람은 언제든지 전문적으로 연구하는 지식인 계급으로 편입될 수 있습니다. 유토피아는 이처럼 사회 내부적으로 자연스럽게 선의의 경쟁을 유도할 수 있는 한편, 이를 통해 계급적 한계를 극복할 수 있는 체제였습니다.

한 사회의 각 분야에서 일의 효율성을 높이고 생산량을 극대화하면서 삶의 질을 향상시키고자 한다면, 반드시 그 분야를 전문적으로 연구하는 학자들이 있어야 합니다. 예컨대 정치제도와 행정의 집행에 대한 연구와 분석, 경제 상황과 그 흐름을 파악하여 발전적 대안을 제시하는 일, 사회 및 예술 분야 등에 전문적으로 종사하는 사람들입니다. 그래서 모어는 그들에게 노동의 의무를 면제하고 맡은 책임에 집중하도록 하여 발전적인 연구결과를 산출하게 했습니다. 따라서 학자는 학문과 업적으로 평가받아야 하며 해당 분야에서 벗어나서 다른 일에 관심을 두어서는 안 됩니다.

대체로 현재 한국 사회에는 특권을 누릴 수 없는 사람들이 특권을 움켜쥐고 있는 경우가 많습니다. 모어의 관점에서 보면 특권이란 도덕적·윤리적으로 흠결이 없는 공직자에게 주어지는, 일반 시민이 마음으로부터 보내는 공경심의 결정체입니다. 이런 점에서 생각해 볼 때 한국의 정치와 경제 각 분야에서 공직을 맡고 있는 사람들 가운데 국민에게 진정한 존경을 받고 있는 사람이 과연 몇이나 되겠습니까?

또한 최근 한국 사회는 명문 대학 출신들만 돈과 명예를 가질 수 있는 사회구조로 전락하고 있습니다. 같은 학교 선후배들은 다른 학교 출신을 배제하여 파벌을 조장하며, 같은 지역 출신끼리 다른 지역 출신의 인재를 배척하여 파당을 만듭니다. 그리고 빈부격차의 심화에 의해 점차 새로운 계급화가 고착되어 가고 있습니다.[•] 이와 같은 추세는 앞으로 더욱 심해질 것이라 예상되므로, 사회적 제도의 개선[•]과 혈연, 학연, 지연 등 연고주의 폐해를 최소화하기 위한 국민의 각성이 절실히 필요합니다.

학생들은 이를 통해 어떤 방식으로 농사가 이루어지는지 눈으로 보고 느끼며, 특히 농사일을 직접 체험하는 것으로 체육활동을 대체하기도 합니다. ……그리고 거의 모든 아이들이 부모와 같은 직업에 종사하도록 교육을 받습니다. 아이들은 엄마와 아빠가 하는 일에 대해서 특별히 호감을 갖기 때문입니다. ……또한 한 가지 일을 충분히 습득한 뒤 자기가 원한다면 적성에 맞는 일을 추가로 배울 수 있고, 또

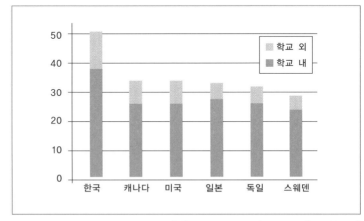

(출처 : OECD Learning for tomorrow's world, 2004)

* 명문대 진학에 핵심적인 변수가 부모의 자산과 소득에 따라 결정된다는 통계 결과가 도출되었다(권영길의원실, 2009. 4).

* 국립 서울대는 이러한 우려가 높아짐에 따라 '지역균형선발제도'를 도입하고 있다.

나라별 15세 학생 주당 공부 시간
교육에 대한 기회는 모두에게 동등해야 하는데, 이를 돈 많은 계층만 누릴 수 있다면 기회의 균등이라는 정의적 관점에서 보았을 때 부정의한 것이다. 따라서 사교육의 범람은 미래 한국 사회의 계층화를 조장하여 평등 사회 구현에 큰 장애로 작용할 것이다.

원하는 직종 가운데 하나의 직종을 택해서 개업을 할 수도 있습니다.(55)

모어는 유토피아인들에 대해 어렸을 때부터 농사일을 의무적으로 교육받으면서 부모의 일을 배우도록 설정했지만, 추가로 자기 적성에 맞는 일을 선택할 수 있도록 했습니다. 유토피아에서는 대부분의 아이들이 자기 부모와 같은 직종에서 일하도록 어릴 때부터 교육이 이루어집니다. 그들은 부모들이 하는 일에 대해 일상적으로 보고 느끼므로 호감을 가질 뿐만 아니라, 직접 현장에서 오랫동안 지켜봄으로써 그 일에 대해 미래에 누구보다 효율적이고 창의적으로 일할 수 있을 것입니다.

모어는 이처럼 학습과 교육을 매우 중요하게 생각했습니다. 그리고 숙련도가 생산성을 높이고 질 좋은 제품과 서비스를 제공하는 데 매우 중요하다는 사실을 인식하고 있었습니다. 따라서 어렸을 때부터 일을 접하게 한 것입니다. 요즘 말로 하면 현장학습인 셈입니다. 한 분야에서 오랜 기간 종사하면 그만큼 숙련도가 높아지고, 그로부터 새로운 기법과 기술이 개발됩니다. 인류의 과학 기술은 대체적으로 이와 같은 방식으로 발전되어 왔습니다.

그런데 한국 사회의 경우는 어떻습니까? 한국의 고등학교와 대학 진학률은 세계 최고 수준입니다.˙ 비싼 등록금으로 고통 받는 서민 가계 문제는 논외로 하고, 교육에 대한 열정만큼은 단연 최고입니다. 하지만 학생들 대부분이 자신의 특성에 맞춰 원하는 분야에 목표를 두는 것이 아니라 평가시험(대학수학능력시험)의 성적에

˙ 2009년을 기준으로 25세부터 34세의 성인 중 고등학교 이수율은 97퍼센트, 대학(전문대학 포함) 이수율은 56퍼센트로 경제협력개발기구 회원국 중 7개국(벨기에, 캐나다, 핀란드, 프랑스, 독일, 이탈리아, 일본)의 평균치인 고등학교 79퍼센트와 대학교 34퍼센트를 웃돌고 있다《교육과학부, OECD 교육지표》, 2010).

사농공상士農工商
근대 이전인 봉건 시대에 직업을 기준으로 신분 계층을 구분한 기준. 지식인 계급이 가장 상위층이고 농민 계급, 장인 계급(기술자), 상업 계급(상인) 순으로 신분이 구분되었다.

맞춰 대학에 진학합니다. 자기가 가지고 있는 고유의 적성을 계발하는 교육이 거의 무시되고 있는 현실입니다.

그리고 젊은 청년들의 웅대한 비전과 자유와 평등과 진리를 탐구해야 할 대학이 단순히 직업을 갖기 위한 직업학원으로 전락한 지 오래입니다. 기초 학문과 인문학을 포함한 포괄적인 학문을 연구하는 대학과 학생은 그 방향으로 나아가고, 전문 직업 교육을 목표로 한 학교와 학생은 그 방향으로 발전할 수 있도록 해야 합니다. 현재 전국적으로 300여 개가 넘는 4년제 대학과 전문대학이 있지만, 직업 교육을 전문으로 하는 전문대학은 점차 사라지고 있습니다.

그러다 보니 기업에서는 '대학교육 무용론'을 주장하며 자체적으로 사내 교육을 다시 실시하는 실정입니다. 그럴 바에야 차라리 대학의 숫자를 대폭 줄이고 직업전문학교를 육성하는 편이 더 바람직하지 않을까요? 대학을 졸업해도 취업을 하지 못하는 현실과 이로 인한 사회적 비효율, 그리고 개인과 가계의 부담을 경감할 수 있도록 말입니다.

그런데 한국 사회에서 이처럼 과도하게 사회적 비용을 부담하는 원인은 극도로 비효율적인 사회구조 때문이기도 하지만, 어쩌면 국민의 왜곡된 인식으로 인한 결과물일지도 모릅니다. 이는 과거부터 사농공상의 뿌리 깊은 악습이 자리 잡고 있기 때문이며, 특히 지도층의 미래에 대한 안목이 부족하기 때문입니다.

그러므로 개인의 특성을 충분히 감안하여 전인교육*을 통해 인재를 육성해 나가며, 학력의 차별 없이 사회에서 인간적 대우를 받고 살아갈 수 있는 풍토를 만들어야 합니다. 현대 한국 사회는 학벌주의의 폐해가 지나칩니다. 선진국들을 살펴보면 우리 사회가 얼마나 병들어 있는지 알 수 있을 것입니다.

*전인교육
입시와 출세 위주의 교육이 아닌, 개인이 지니고 있는 모든 능력과 특성을 전면적이고 조화롭게 육성하는 교육.

유토피아의 천문학 수준은 대단히 높습니다. 그들은 태양과 달, 그리고 그들 국가에서 관측되는 천체들의 정확한 위치와 움직임을 가려낼 수 있는 다양하고도 독창적인 천문 관측 기구를 고안해 냈습니다. 이러한 기술과 오랜 경험 등을 체계화하여 강우의 조짐, 바람의 징후 등 기상의 변화를 예측하는 방법을 터득했습니다. 그렇지만 별들 간의 우호적인 관계나 반목 관계를 설명하거나, 그러한 것으로 행운을 따지는 사기, 즉 점성술*은 전혀 생각하지도 않고 사용하지도 않습니다.(71)

*점성술占星術
천체 현상을 관찰해 인간의 운명이나 장래를 점치는 방법. 점성술은 천체에 대한 어느 정도의 지식을 전제로 하는데, 점성술이라고 할 수 있을 만큼 정리된 방법과 체계가 생긴 것은 바빌로니아와 고대 중국에서였다.

과학 기술의 탐구는 인간의 자율성과 독립성을 의미하는 것으로서, 신으로부터 분리된 인간이 인간 스스로를 위한 생활방식을 개척해 가는 여정을 의미합니다. 그렇기 때문에 모어는 이성에 근거한 과학적 발견과 발명을 높은 가치로 평가합니다. 그는 앞서 본 농업 생산의 신기록들도 모두 끊임없이 노력하고 이성을 연마한 결과로 보았습니다. 그리고 그러한 과학의 일부에 편승해 혹세무민*하는 주장은 그 자체로서도 용납하지 않았고, 또한 종교적 관점에서는 더욱 배척했습니다.

*혹세무민惑世誣民
세상을 어지럽히고 백성을 속임.

그들은 과학 중에서 의학을 가장 중요한 분야로 생각했습니다. 또한 자연을 과학적으로 탐구하는 것은, 매우 흥미로운 과정이며 우주를 만들어 낸 신을 기쁘게 하는 가장 좋은 방법이라 생각하고 있습니다.(81)

물론 모어는 르네상스˙ 시대를 거치며 '인간으로의 회귀'에 동승한 인문주의자였음에도 철저한 종교인으로서 우주와 지구가 신의 섭리에 따라 이루어진다는 패러다임을 벗어나지 못한 것으로 보입니다. 그러나 한편으로 동시대에 과학적 발명과 발견을 통해 새로운 이론과 주장 들이 봇물처럼 쏟아질 때였음을 감안하면, 정신 세계와 함께 궁극적인 진리가 구명究明되지 못한 부분에 대해서만 신의 영역으로 파악한 듯합니다. 모어의 이러한 관념은 현대 과학으로까지 이어집니다.

모어는 당시 과학계에 큰 변혁을 가져다 준 지동설을 알고 있었을까요? 지동설을 최초로 주장한 사람은 아리스타르코스˙이며, 그의 주장은 면면이 이어져 왔을 것입니다. 게다가 모어는 어렸을 때부터 고대 그리스의 다양한 학문을 충분히 접해 왔습니다. 그리고 지동설을 주장한 또 다른 인물인 코페르니쿠스와 거의 동시대를 살았습니다. 따라서 당시 모어를 포함한 여러 학자들 사이에서 지동설이 충분히 확산되고 있었음을 짐작할 수 있습니다. 그리고 모어가 지동설에 영향을 받은 흔적이 《유토피아》에 나

˙ 르네상스
14세기부터 16세기에 걸쳐 유럽에서 고대 그리스와 로마의 문화를 이상적으로 여겨 이를 부흥시킴으로써 새 문화를 창출하려 한 운동. '학문 또는 예술의 재생과 부활'이라는 의미를 가지고 있다.

코페르니쿠스의 태양계
폴란드의 천문학자 코페르니쿠스(1473~1543)는 저서 《천구의 회전에 관하여》(1543)에서 지동설을 천명했다. 그가 제시한 태양계는 바깥쪽부터 항성구, 30년 주기의 토성구, 12년 주기의 목성구, 2년 주기의 화성구, 달과 함께 1년 주기의 지구, 9개월 주기의 금성구, 80일 주기의 수성구로 되어 있다. 그리고 이 모든 것의 중심에 태양이 있다.

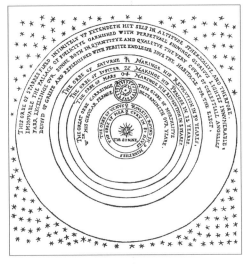

타나 있습니다. 그는 유토피아의 천문학 수준이 대단히 높아 태양과 달의 정확한 움직임을 가려낼 수 있었다고 표현함으로써 우주의 운행을 어느 정도 이해하고 있었던 것으로 추측됩니다. 다만 자신이 기독교인이라는 점에서 지동설을 공개적으로 지지할 수는 없었을 것입니다.

사유재산은 모든 사회악의 근원

거의 가치 있는 모든 물건은 내 것과 다른 사람의 것으로 나뉩니다. 각종 학용품, 책, 가방, 핸드폰, 게임기, 개인용 컴퓨터, 자동차, 집, 땅 등이 있습니다. 그중에서 개인의 가장 중요한 것을 보통 '재산목록 1호'라고들 하지요. 우리 모두가 어렸을 때부터 이미 사유재산제도에 익숙해져 있습니다. 법률적 정의에 따르면 사유재산이란 '개인 또는 사법인이 자유의사에 따라 관리·사용·처분할 수 있는 동산'이나 부동산으로서 개인 재산'이라고 명시합니다.

그런데 모어는 이처럼 사유재산제도에 근거한 생활방식을 타파해야 한다고 주장합니다. 사유재산제도가 모든 사회악의 근원이며, 모든 이들로 하여금 공동체 사회나 다른 사람의 행복과 공동이익보다 개인이나 가족의 이익과 행복을 우선시하기 때문이라는 것입니다. 그는 극도의 이기주의도 사유재산제도 때문이며, 모든 사회적 악행도 이 때문에 발생한다고 보았습니다.

따라서 모어는 모든 사회악을 없애고 사회 전체가 행복해지고자 한다면 그리고 인간다운 삶을 영위하고자 한다면, 공유재산과 평등

● 아리스타르코스Aristarchos
그리스의 수학자이자 천문학자(기원전 3세기경). 지구가 지축을 중심으로 일주 운동을 한다고 주장했다. 또한 태양 중심설(지동설)을 제창한 최초의 사람으로 유명하다. 이에 관한 논문 〈태양과 달의 크기와 거리에 대하여〉를 남겼다.

● 당시 기독교에서는, 지동설이 아닌, 우주의 중심에 지구가 정지해 있고 그 주위를 태양·달·별이 공전한다는 천동설을 지지했다.

● 동산動産
토지나 건물이 아닌 움직일 수 있는 재산.

한 분배가 이루어져야 한다고 주장합니다.

그리스도가 제자들에게 공유하는 방식의 삶을 살 것a communist way of life을 권고했고, 이와 같은 삶의 방식이 가장 신실한 마음으로 기독교를 믿는 모든 공동체들에서 오늘날까지 실천되고 있습니다.(99)

모어의 《유토피아》는 대체로 플라톤의 사상에서 영향을 받았다고 평가됩니다. 플라톤은 사유재산을 금지하고 여자와 자식까지도 공유해야 한다는 주장을 했습니다. 모어의 사상도 이와 같은 맥락이므로 모어가 플라톤의 영향을 받았을 가능성을 배제할 수는 없습니다. 하지만 독실한 기독교인이며, 인문주의자인 모어는 공동소유와 공동생활, 평등한 분배에 대해 플라톤의 사상보다는 《성경》속에서 찾았을 가능성이 더 큽니다. 따라서 사유재산제도를 부정하는 모어의 근거는 초기 기독교에서 더 근본적으로 영향을 받았을 것입니다. 즉 희년사상˚의 영향을 받은 것이라 봅니다. 모든 것은 하느님의 것이기에 그 누구의 소유도 아니며 인간은 그것을 관리하는 청지기에 불과하다는 것이지요.

다른 나라 사람들도 항상 공동의 이익에 대해 언급합니다만, 그러나 그 나라 사람들이 진심으로 관심을 가지는 것은 사유재산입니다. 사유재산이라는 것이 존재하지 않은 유토피아 사회에서는 사회 구성원 모두가 진심으로 공동체 속의 일반 대중의 이익에 관해 생각합니다. ……유토피아 사회에서는 이른바 사유재산이 없고 모든 것이 모

˚ '믿는 사람은 모두 함께 지내면서 모든 것을 공동으로 소유하고, 재산과 소유물을 팔아서 모든 사람에게 필요한대로 나누어 가졌다.(《성경》〈신약〉사도행전 2장 44~45절)', '많은 신도가 다 한마음 한뜻이 되어서 누구 하나도 자기 소유를 자기의 것이라 하지 않고, 모든 것을 공동으로 사용하였다.(《성경》〈신약〉사도행전 4장 32~35절)'

˚ 희년사상禧年思想
50년마다 노예를 해방시키고 토지를 재분배하게 하여 사회 전체에 소유와 재산의 불평등을 없애려는 것으로서 《성경》의 〈구약〉 레위기 25장 8절부터 55절까지에 나타나 있다.

두의 소유인 곳이기 때문에 공동체 사회의 창고가 항상 그득 차 있습니다. 따라서 유토피아에서는 어느 누구도 결핍으로 인한 두려움을 느끼지 않습니다.(109)

사람들은 겉으로는 공공의 이익을 언급하지만, 그것은 실제로 포장된 거짓에 불과합니다. 그리고 사람들은 사유재산제도가 존재하는 한 공공의 이익보다 사적 이익에 몰두할 수밖에 없습니다. 만약 모든 재산이 공동의 소유라면, 그리고 각종 생활필수품들이 창고에 그득하다면 그 누구도 가난에 대해 두려워하지 않을 것인데 말입니다.

사유재산제도가 확고하게 전 지구적으로 고착된 것은 농경 시대가 시작되면서 인간의 소유 인식이 강해지면서부터라고 볼 수 있습니다. 오래전부터 권력자와 강한 자들은 사적 소유를 통해 다양한 수단으로 모든 것을 자기 소유로 만들어 왔습니다. 이는 인간의 탐욕이 빚어낸 결과물로서 모든 사회 문제의 원인이 되었습니다. 많은 사람들이 이 문제를 해소하고자 혁명과 반란, 농민봉기, 전쟁 등을 셀 수 없이 일으켰습니다.

예컨대 고대 아테네에서 이루어진 솔론의 개혁은 아마도 기록상에 나타난 가장 오래되고 혁신적인 개혁이었을 것입니다. 당시 아테네는 도시국가로 성장하였지만 '부익부 빈익빈 현상'에 따른 사회의 양극화가 극심해지고 빚을 갚지 못한 자들이 노예로 팔려가는 등, 농민과 평민에 대한 권력자

고조선의 사유재산제도
단군이 세운 고대국가 고조선의 〈8조금법〉에도 '남에게 상처를 입힌 자는 곡식으로 배상한다', '도둑질한 자는 남자의 경우에는 그 집 종이 되고 여자는 계집종을 만든다', '스스로 죄를 면제받고자 하는 자는 50만 전을 낸다.'라고 명시되어 있어, 사유재산제도가 행해졌음을 알 수 있다.

포에니 전쟁
로마와 카르타고 사이에 벌어진 전쟁. 지중해의 패권을 둘러싼 전쟁으로, 세 차례에 걸쳐 일어났으나 결국 로마가 승리함으로써 카르타고의 옛 땅은 아프리카라는 이름으로 속주가 되었다.

와 귀족의 수탈 행위가 극에 달해 있었습니다. 기원전 594년에 솔
론은 가난한 자들의 빚을 탕감하고, 부채노예제도 및 사람을 담보
로 한 일절의 채무채권관계를 금지했으며, 한 사람이 소유할 수 있
는 토지의 한계도 정했습니다. 솔론의 개혁은 비록 미완에 그쳤으
나 매우 혁신적인 것이었습니다.

이와 더불어 로마의 그라쿠스 형제˚의 개혁도 동일선상에 있었
습니다. 로마는 세 차례에 걸친 포에니 전쟁으로 백성들의 생활이
극도로 피폐해진 반면, 소수의 귀족과 권력자 및 부자 들이 여전히
토지를 독점하고 부귀영화를 거머쥐고 있었습니다. 이에 그라쿠스
형제는 호민관˚으로서 일대 개혁을 단행합니다. 일반 평민들이 노
예로 몰락하는 것을 방지하고자 자작농을 육성하는 토지개혁을 실
시하는 한편 빈민들을 구제하기 위한 개혁도 시도했으나, 원로원과
귀족의 반대와 음모로 좌절됩니다.

이 밖에도 역사에 기록되지 않은 수많은 정치개혁과 혁명, 민란
의 핵심 문제도 바로 사유재산제도 때문이라 할 수 있습니다. 따라
서 모어는 역사적으로 또 현재까지도 계속되는 사람들의 비참함은
사유재산제도를 폐지해야 비로소 해소될 수 있다고 보았습니다.

사유재산제도의 폐해에 대한 사람들의 반응은 모어 시대 이후 구
체적으로 나타나기 시작했습니다. 이는 사유재산제도의 병폐가,
세상 모든 것이 돈 중심으로 돌아가기 시작한 상업혁명과 특히 산
업혁명 이후 더욱 극에 달했기 때문입니다. 물론 여기서 중요한 점
은 당시 인구가 폭발적으로 증가하면서 사람들의 개인 권리와 평등
에 대한 인식 수준이 크게 신장했다는 것입니다. 프랑스의 철학자

루소 도 그의 논문 〈인간불평등 기원론〉에서 '사적 소유제도는 문명 사회의 초석礎石을 이루는 가장 근본적인 제도이지만, 이 제도는 결국 온갖 사회악의 근원이 되었다'라고 강조했습니다.

산업혁명 이후 사유재산제도를 신성불가침으로 보는 인식이 전 세계에 확산된 계기는 프랑스혁명 이라 할 수 있습니다. 1789년에 시작된 프랑스대혁명은 자연법에 기초를 둔 자연권과 자연적 정의의 사상을 가장 분명하게 제시하고 있습니다. 그러나 프랑스혁명의 대원칙인 권리의 평등은 신분상의 차별을 철폐하는 데 그쳤으며, 이로써 소유관계의 평등이 아닌 법률 앞에서의 권리 평등에 지나지 않게 되었습니다. 오히려 소유권은 신성불가침의 천부권天賦權으로 인정되었습니다. 이렇듯 프랑스혁명은 소유권을 천부불가침의 권리라고 했지만, 그러나 재산의 공유, 경제상의 평등도 함께 자연법 사상에 근거해서 요구해야 될 성질의 것이었습니다.

사유재산제도가 경제상의 발전을 추동하고 따라서 많은 사람들의 생활을 향상시키는 등 큰 기여를 한 것은 부정할 수 없는 사실입니다. 그러나 이와 더불어 사회적 병폐 또한 극에 달했습니다. 이에 따라 그동안 부분적으로 유지되거나 이론에 그친, 사유재산이 없는 사회 시스

• 루소Jean-Jacques Rousseau 프랑스의 철학자이자 교육학자 (1712~1778). 계몽주의의 대표적 인물로 교육과 문화예술에 대한 혁신적 영향을 주었고, 자유민권사상을 펼쳐 프랑스혁명의 정신적 지주가 되었다. 저서에 《사회계약론》, 《에밀》 등이 있다.

• 프랑스혁명
근대 민주주의 3대 혁명 중의 하나. 1787년부터 1799년까지 이어진 프랑스 시민의 구체제 (앙시앵 레짐)에 대한 저항운동이며, 농민 및 빈곤층과 중산층(부르조아지)이 집권 계급의 정치에 대해 강력하게 반발하는 가운데 봉건제 폐지와 시민적 평등 및 부의 재분배 등이 이루어졌다.

〈인권선언서〉
프랑스혁명 당시 1789년에 공포한 〈인권선언서〉 제1조에 '사람은 자유와 권리의 평등을 향유하고 탄생했으며 또한 그것의 향유에 시종한다'라고 선언하고, 1793년의 〈인권선언서〉 제3조에는 '모든 인간은 자연에 의해서 또한 법률 앞에서 평등하다'라고 규정되어 있다.

● 마르크스Karl Heinrich Marx
독일의 사회·경제·정치학자
(1818~1883). 역사를 유물변증
법에 따라 해석하고 프롤레타
리아의 역할을 강조하여 계급
투쟁 이론을 수립하였다. 저서
에 《공산당 선언》, 《자본론》 등
이 있다.

● 엥겔스Friedrich Engels
독일 철학자(1820~1895). 마
르크스와 함께 《공산당 선언》을
공동으로 집필했고, 마르크스
사후에 《자본론》 제2권 및 제3
권을 편집했다.

● 파리코뮌
1871년 파리의 민중이 파리를
점령하고 62일간 "자유, 아니
면 죽음"을 외치며 버텼다(5월).
그러나 그 대답은 파리의 센 강
이 피로 물들 정도로 참혹하고
엄청난 죽음이었다.

● 볼세비키혁명
1917년 러시아 제국(제정러시
아)의 경제파탄 등으로 민생이
극도로 어려워짐에 따라 발생했
으며, 러시아 혁명가 트로츠키
등이 주도하여 성공했다.

● 소비에트
러시아에서 1905년에 등장한,
노동자, 병사 들로 구성된 평의
회를 말한다. 그러나 병사의 대
부분이 군복을 입은 농민이었
기에 소비에트는 노동자와 농
민의 권력 기관이 되었다.

템이 실제로 등장합니다. 이에 결정적인 역할을 한 사람이 바로 마
르크스 와 엥겔스 등입니다. 이들은 자본주의는 모든 사람이 평등
한 가운데 인간의 천부인권을 유지하면서 살 수 있는 진정한 사회
시스템이 아니라고 주장하며 사회악의 근원인 사유재산제도가 없
는 사회를 건설하고자 했습니다. 그리고 모든 생산시설을 국유화하
고, 국가의 주도 아래 평등하게 분배함으로써 모든 사람이 행복한
삶을 누릴 수 있다는 사상과 제도를 주창합니다.

　이러한 유럽 사회의 흐름은 1871년에 프랑스 파리에서부터 행동
으로 옮겨졌습니다. 이른바 '파리코뮌'은 프랑스의 노동자와 민중
들의 힘에 의해 세워진 세계 최초의 사회주의 자치정부로서 사회주
의 정책을 실행하기도 했으나 불과 3개월 만에 종식되었습니다. 이
후 공산주의 사상과 이념을 국가적으로 형상화한 것이 러시아에서
발생한 볼세비키혁명 입니다. 이는 소비에트 연방(소련)과 중국
등, 이른바 사회주의 국가들에서 20세기 중반까지 전 세계의 삼 분
의 일 정도로 확산되기도 했습니다.

　반反사유재산제도에 관한 사상과 이념이 유럽 시민에게 큰 호응
을 받게 된 것은, 산업혁명 이후 더욱 심각해진 자본주의 시스템
에서 비롯된 노동 착취와 그에 따른 빈부격차, 만연한 실업 등으로
노동자의 비참한 생활이 극에 달했기 때문입니다. 현대에 들어서
도 자본주의의 병폐와 사회악의 근원이 사유재산제도에 있다는 주
장은 여전히 지속되고 있습니다.

　한국 사회에서도 여전히 사유재산제도, 특히 자본주의를 지탱하
고 있는 사유재산제도에 대해서 문제 제기를 하는 사람들이 많습니

다. 이는 그만큼 빈부격차가 심해졌으며, 부의 세습이 이루어져 개인의 능력보다 조상의 능력이 현재 사회적 위치를 결정짓는 기준으로 점차 고착화되고 있기 때문입니다. 또한 가진 자들 위주로 법제도가 왜곡되는 등 사회경제적인 모순이 심해질수록 이러한 문제 제기가 더 본격적으로 나타나고 있습니다.

사적 소유제도가 발전함으로써 인간의 노동에 따른 결과물이 축적되고, 개인의 노력에 따른 결과물로서 유형적인 자산이 축적되어 결국 인간으로 하여금 자기 노동에 최선을 다하도록 유인한 것만큼은 사실입니다. 그러나 반면에 사유재산제도가 과잉 상태로 발전함에 따라, 즉 개인의 자연스러운 권리라는 의식이 다른 어떤 것보다 강조된 결과, 자본과 권력에 인간이 굴종하게 되고 인간의 존엄성이 무참히 짓밟히는 결과를 초래했다는 것도 부정할 수 없는 문제입니다. 따라서 사유재산제도는 그것을 인정하는 사회의 수준에 따라 인간을 행복하게 할 수 있고 불행하게 할 수도 있습니다.

이쯤에서 아리스토텔레스의 생각을 참고해 보도록 합시다. 그는 스승인 플라톤의 '모든 것의 공유화'에 대해서 반론을 펼쳤고, 공유화는 국가경제의 기초인 가족경제가 소멸된다는 측면에서 사유재산제도를 옹호했습니다. 다만 사유재산제도는 인정하되 공익을 위해 재산권의 행사가 충분히 억제되어야 한다고 주장했습니다.

대한민국 헌법에도 사유재산제도를 명시하고 있으며, 아리스토텔레스처럼 재산권의 행사가 공공복리에 적합해야 한다는 점 또한 명시하고 있습니다. 이는 과다하게 주장된 사유재산권의 문제를 인식한 결과라고 볼 수 있습니다. 자유방임주의자들이 이야기하는 바

* 자본주의 시스템
마르크스에 의한 자본주의의 특징은, 이윤 획득을 위한 상품의 생산과 임금노동자의 생산이 중심이 되고, 이것이 상품화되며, 무계획적인 생산이 이루어지는 점이다. 이에 대해 W. 좀바르트는 생산수단의 소유자와 노동자가 영리와 경제적 합리주의에 따라 상호 작동하는 체제라고 했으며, M. 베버는 직업으로서 합법적 이윤을 조직적·합리적으로 추구하는 정신적 태도라고 특징지었다.

* 이 밖에도 주기적인 불황, 독점화, 실업, 인플레이션의 문제가 자본주의 병폐로 이해된다.

* 대한민국 헌법 제23조 ① 모든 국민의 재산권은 보장된다. 그 내용과 한계는 법률로 정한다. ② 재산권의 행사는 공공복리에 적합하도록 하여야 한다. ③ 공공필요에 의한 재산권의 수용·사용 또는 제한 및 그에 대한 보상은 법률로써 하되, 정당한 보상을 지급하여야 한다.

＊ 자유방임주의는 18세기경에 일어난 경제사상이자 정책으로서 정부의 역할을 국방 및 질서 유지에 국한시키며 국가의 간섭을 최대한 배제하여 개인의 경제활동의 자유를 최대한 보장할 것을 주장했다.

와 같이, 모든 것을 방임하고 시장에 맡기자는 주장＊이 넘쳐날 때 빈부격차에 의한 양극화의 심화와 가지지 못한 자들의 비참함이 극에 달하고 이로써 사회가 불안해진다는 것이지요.

사유재산 폐지에 관한 모어의 사상도 극도로 비참해진 일반 시민의 생활이 어디서부터 비롯된 것인가를 고민한 결과입니다. 절대다수를 차지하는 시민의 비참한 삶이 현대에도 지속되고 있다면, 모어의 생각이 어찌 잘못되었다고 할 수 있겠습니까? 자본주의의 병폐를 최소화하고 새로운 사회로 진전하고자 한다면, 인간의 욕망과 욕구 등을 통제할 수 있는 그 어떤 것이 있어야 합니다.

이러한 점에서 모어는 사유재산 철폐와 더불어 사회의 종교적 윤리와 도덕, 그리고 공동체의 이익을 중심으로 한 인간의 정신개혁을 강조하고 있습니다.

평등한 분배와
검소한 소비

02

사회구조를 통해 생산과 소비를 예측

국가에 의한 평등한 분배는 과연 가능한 것이며 바람직한 제도일까요? 외형적인 측면에서 모어는 우선 사유재산제도를 폐지하고 모든 소유를 국가 혹은 사회에 귀속시킬 때 평등한 분배가 가능하다고 보았습니다. 이때의 국가 혹은 사회는 오로지 정의와 올바름만을 행하는 조직입니다. 그리고 개인주의를 없애고 공동체 사회생활을 통해야만 그것이 가능하다고 주장합니다.

여기에서 우리는 모어가 《유토피아》에서 이러한 제도를 구축할수 있게 한 원동력에 주목해야 합니다. 그것은 인간의 본성적인 이기심을 통제하고 사회 공동체의 공익을 먼저 생각하고 행동하게 하는 인간정신과 그 정신혁명입니다. 《유토피아》 전반을 살펴보면 인간 인식을 개조하는 것이 중요함을 끊임없이 강조하고 있습니다.

분배의 문제는 세계 정치·경제·사회적으로 고대부터 현대까지 가장 핵심적인 문제로 다루어져 왔습니다. 그러나 오랜 역사와 함께 수많은 논의에도 불구하고 평등한 분배는 여전히 실현되지 않고 있습니다. 이는 풍부한 생산물을 소수의 부자들이나 일부 힘 있는 사람들이 과다하게 소유하려 들기 때문입니다. 그러므로 생산도 중요하지만 더욱 중요한 것이 평등한 분배입니다. 현대 경제학에서 바로 이 분배 문제를 중요한 분야로 다루고 있습니다. 자원은 무한정 존재하는 것이 아니기에 얼마나 공평하게 나누어 쓸 수 있는가가 중요합니다. 일반적으로 사람들은 개인 혹은 집단적으로 더 많은 자원과 그것을 획득할 수 있는 수단인 돈을 필요 이상으로 확보하고자 서로 다툽니다. 개인 간 다툼의 근원과 모든 이해관계자들의 집단적인 항의와 요청도 따지고 보면 유한한 자원의 배분과 관련이 있습니다. 그렇기 때문에 현대 경제학에서는 '희소한 자원으로 무엇을 생산할 것인가, 그리고 어떤 방법으로 생산할 것인가, 또 누구에게 배분할 것인가'에 대해서 연구하고 있습니다.

유토피아 사회에서는 평등한 분배에 대해서 다음과 같은 인식과 수단들을 동원합니다. 우선 철학적으로 인간이 평등하게 대우받아야 하는 것은 '자연'의 명령이라고 봅니다. 그리고 자연은 근본적으로 모든 개인들의 후생복지가 공평하기를 열망하고, 따라서 자연은 우리 개인들이 다른 사람들의 후생복지를 희생시키면서 자신의 이익을 추구하지 말 것을 명령한다고 생각했습니다.

* 자원의 희소성scarcity 때문이다. 자원은 공기나 물처럼 무한한 것도 있지만 결국엔 소모되어 사라지는 것들이 대부분으로, 이는 사람의 무한한 욕망에 비해 욕망을 충족시켜주는 자원이 양적으로 부족함을 의미한다.

무한한 자원을 파괴하는 인간의 이기심
인간의 이기심에 따른 과도한 개발로 인해 환경이 오염되어 점차 자원이 고갈되고 있다. 국제연합UN은 〈세계 물 개발 보고서〉(2006)를 통해 전 세계적으로 약 11억 명의 사람들이 안전한 물을 마시지 못하고 있으며, 약 26억 명의 사람들이 위생적인 생활을 하지 못하는 곳에서 살고 있다고 밝힌 바 있다.

모든 사람이 공평하게 자기 몫을 분배받을 수 있기 때문에 가난한 사람도, 구걸하는 거지도 있을 수 없습니다. 아무도 그 뭔가를 소유하지 않지만, 모두가 부자입니다.(109)

이렇듯 유토피아 사회에서는 생산된 물품과 각종 공적 서비스 등 '모든 것이 전체 주민에게 평등하게 분배되기 때문에…….'(65) 그리고 모든 사람이 정당한 자기 몫을 받을 수 있으므로 거지도 없고 가난한 사람도 없습니다.

병원에서 환자의 식재료를 다 구하고 나면 남아 있는 최상급품의 식재료들이 다른 일반 식당에 평등하게 배분됩니다.(61)

그러나 모든 것을 평등하게 배분한다는 기계적인 단순 평등에 그치지 않고 사회적으로 보호받아야 할 계층, 예컨대 환자 등에 대해서는 다른 것에 우선하여 특별히 대우해 줌으로써 인본주의와 휴머니즘이 결합된 분배가 이루어지도록 하고 있습니다.

한 사회 내부에는 권력층, 부유층, 재능 있는 계층과 그 반대되는 계층이 있습니다. 이러한 계층의 분화는 각 사람의 운(運)과 우연, 그리고 부정한 방식에 의해 이뤄지는가 하면 자신의 땀과 노력의 결과물이기도 합니다. 이때 우리는 후자의 방식으로 부를 축적한 사람을 도덕적으로, 절차적으로 정당하다고 높이 평가합니다. 그러나 현실은 전자의 경우가 대부분입니다.

따라서 평등하고 공정한 분배가 이루어지도록 하기 위해서는 사회제도를 바꾸어야 합니다. 즉 선한 의지를 가진 사람들, 정의로운 사람들이 더욱 행복해 질 수 있도록 사회제도를 재탄생시키는 일을 해야 합니다.

일제강점기 때 조선의 쌀을 수탈해 가는 일본인
대부분의 자본가들의 최초 자본은 스스로 노동을 통해 얻은 것이 아니라 식민지를 수탈함으로써 형성되었다.

유토피아 사회의 최소 단위는 가구입니다. ……가족 가운데 가장 나이가 많은 남성이 통솔합니다. 가장이 나이 들어 병약해지고 노동을 하지 못하게 되면 그 다음으로 나이가 많은 남성이 가장자리를 승계합니다. 각 도시는 6천 가구로 구성됩니다. 그리고 일정한 인구수를 유지하기 위해 모든 가구에는 성인 남자를 기준으로 10명에서부터 15명까지만 생활하게 합니다. 한 가구에 정원보다 많은 성인 남자들이 있다면, 그를 정원이 부족한 가구로 가서 살게 하는 법을 통해 가구의 규모를 유지합니다. 마찬가지로 어떤 도시에 인구가 많다면 인구가 부족한 다른 도시로 이주시킵니다. 또 유토피아 전체적으로 인구가 과잉상태가 되면 유토피아 섬에서 가장 가까운 본토의 특정 지역으로 보내게 되는데 이때 이주할 대상과 숫자는 각 도시마다 할당해서 보

내게 됩니다.(59)

유토피아 사회에서는 먼저 가구마다 최고령 연장자가 통솔하도록
하고, 가구 단위의 가족 수와 각 도시들의 가구와 인구수를 제한하
여, 인구의 부족함과 넘침이 발생할 때 이미 법제화된 사회제도와 오
랜 관습에 의해 인구의 조정이 물 흐르듯이 이루어질 수 있도록 합니
다.

이렇듯 모어가 각 가구의 수와 도시거주 가구 및 인구수를 적당
한 규모로 유지하게 한 이유는 바로 각종 생산물을 평등하고 효과
적으로 배분하기 위해서입니다. 국가에서 가장 합리적이고 공평한
분배를 하고자 한다면 생산량과 소비량을 예측하고 조절하는 일을
가장 먼저 해야 합니다. 그리고 사회구성원들이 충분히 쓰고도 생
산량이 남는다면, 다음으로 중요한 것은 소비량을 측정하고 조절하
는 일이 될 것입니다. 소비량은 주로 인구수와 관계되어 있으므로
인구수가 일정하다면 연령 및 성별에 따른 하루, 일주일, 한 달, 그
리고 일 년 동안의 평균 소비량을 계산할 수 있습니다. 이처럼 평등
한 분배가 도시별, 가구별, 개인별로 이루어지게 하기 위해 매우 치
밀하고 정교한 작업이 이루어지는 것입니다.

유토피아 사회에서 생산물의 평등한 분배는 현
대와 같은 의미의 시장에 의해서 이루어지는 것이
아니라 극도의 정밀함 속에 계획된 법제도와 사회
구조의 힘으로 통제되고 시행됩니다. 이때 인간의
무한정한 욕망이 적정하게 통제될 수 있도록 사회

* 한국 사회에는 수도권과 지
방 간의 인구 격차로 인해 교
통 혼잡, 환경오염, 주택 부족
등 여러 문제점을 안고 있다.
이에 따라 수도권 인구집중 현
상에 따른 억제 방안이 다양한
각도(행정기관 이주, 수도권 확
충 등)로 제시되어 조금씩 감
소 추세를 보이고 있으나, 여
전히 문제는 해결되지 않고 있
어 이를 해소하기 위한 다양한
사회제도가 필요하다.

소비량 측정의 오류
소비량을 잘못 측정하여 '과
잉생산'이 나타나게 되면 생산
기업들은 파산의 위기를 맞이
한다.

의 올바른 관습과 제도를 작동시켜야 합니다. 과학은 앞으로 더욱
발전해 갈 것이며, 이에 따라 다양한 물품이 충분히 생산될 수 있습
니다. 그러므로 인간의 탐욕과 욕망을 적절히 통제할 수 있다면 모
든 사람에게 결핍이 없고 평등한 분배가 이루어질 수 있을 것입니
다.

한편 각 가구를 통솔하는 가구의 장은 최고 연장자인 남자이며,
일사불란一絲不亂 하게 가구를 이끕니다. 아무리 자유로운 토론문화
와 외형적인 갈등과 결핍이 없는 사회라지만 이것은 글자 그대로
가부장적 체제로서 봉건 시대의 유습遺習입니다. 이를 유교적 관점
에서 보면 장유유서 가 유지되는 사회라고 할 수 있는데, 이를 보
니 가부장은 동서양을 막론하고 통용되는 듯합니다.

모어가 가부장적 체제를 사회의 최소 단위로 설정한 것은, 농경
시대의 일상생활에서는 부모나 어른들의 오랜 경험에서 비롯된 지
혜가 자녀들이나 경험이 부족한 나이 어린 사람들보다 더 월등하기
때문이었습니다. 그러나 문명과 기술이 최고조로 발달한 핵가족 시
대인 현대에서 바라보면 이와 같은 엄격한 위계질서는 납득하기 어
려운 것일지도 모릅니다. 하지만 전혀 도외시할 수만은 없는 이야
기입니다. 어른들도 많은 단점이 있지만 여전히 삶의 깊이와
철학 및 지혜 등이 보통의 나이 어린 사람보다 우월하기 때문
이지요.

유토피아 가구의 대표는 정의로운 사람으로서 충분한 경험
뿐 아니라 높고 깊은 지혜와 사랑을 모두 가지고 있습니다.
현대에도 이런 모습의 가장이 절실히 필요합니다. 물론 반드

* 일사불란一絲不亂
한 오라기의 실도 흐트러지
않았다는 뜻으로 질서나 체계
가 잘 잡혀 있어서 조금도 흐
트러짐이 없다.

* 장유유서長幼有序
유교 도덕 사상의 삼강오륜 중
오륜의 하나. 삼강은 '군위신
강君爲臣綱, 부위자강父爲子
綱, 부위부강夫爲婦綱'이고, 오
륜은 '부자유친父子有親, 군신
유의君臣有義, 부부유별夫婦有
別, 장유유서長幼有序, 붕우유
신朋友有信'이다.

가부장
로마 가정의 그림으로, 로마의
가정은 초기 국가의 근원이었
다. 그것은 가족의 이익을 보
호하기 위해 조직되고 가족들
의 수장인 파트레스patres(가
부장)에 의해 통제되던 공동체
였다. 가정은 하나의 조직으로
서 국가제도, 즉 레스 푸블리
카res publica(공화국 혹은 공
동의 부)였다.

시 남자가 아니어도 가능합니다. 또한 나이가 많지 않아도 유토피아 가구들의 대표와 같은 조건만 충족한다면 행정 단위를 이끄는 수장 혹은 시장도 될 수 있고 나아가 국가를 다스릴 자격도 있습니다.

그런데 유토피아에서는 한가족이지만 강제로 떨어져 살아야 하는 비이성적이고 반인륜적인 행태가 일상적으로 이루어집니다. 각 도시마다 인구를 제한한 탓에 인구수의 범위를 초과하면 미달인 지역으로 강제 이주시키거나, 본토의 인구가 부족할 경우에는 개척한 식민지에서 인구를 강제로 충원하기 때문입니다. 이 부분에서는 제국주의적 식민지와 개인의 권리 침해 및 반인륜적인 사회제도 등을 근거로 유토피아 사회를 비판할 수 있습니다.

개인주의는 타인은 아랑곳하지 않고 나와 내 가족만 행복하면 그만입니다. 그러나 인본주의적 입장에서 생각한다면 한 사회 내의 모든 사람이 다소의 불편을 감내하고서라도 사회 전체를 위해 자발적인 노력을 행할 수 있는 것이야말로 모어가 바라는 세상입니다. 많은 사람들이 최대다수의 최대행복을 구하는 공리주의를 비판합니다. 그러나 모어 시대 이후 태동한 공리주의는 필자의 생각으로 유토피아에서 연유된 내용이 적지 않다고 생각합니다. 다만 그것에는 약간의 차이가 있습니다. 단순히 많은 사람들의 행복을 위해 일부 사람들의 희생을 허용하고 행복의 질적 차이를 인정하지 않은 공리주의와 모어의 사상은 좁혀지지 않는 간극이 있는 것입니다.

이제 사회의 기초를 구성하는 가구와 인구수 등이 급변하지 않는 정태적 상태가 된다면 평등한 분배는 어렵지 않습니다. 특히 풍족한

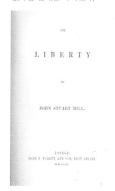

《자유론》의 속표지
존 스튜어트 밀은 그의 저서 《자유론》에서 개인의 자유를 강하게 옹호했다. 밀은 다른 사람에게 폐를 끼치는 일이 없는 한 개인의 자유는 보장되어야 한다고 말하며, 모든 억압이란 그것이 억압인 한 악일 수밖에 없다는 견해를 피력했다.

생산물이 있고 누구도 자기 욕심을 채우려 들지 않는 사회라면, 시민에게 모든 생산물을 평등하게 배분하기가 훨씬 쉽습니다. 이때 반드시 첨단의 민주주의가 함께 작동되어야 합니다. 따라서 유토피아 사회와 같은 체제 아래서는 그에 필요한 모든 것을 스스로 논의하고 결정할 수 있어야 됩니다. 이는 마치 한 가족과도 같습니다.

모든 것이 풍족한 체제 아래서는…… 가난한 사람이나 거지 들이 전혀 존재할 수 없습니다. ……각 도시는 수도에서 개최되는 연례 의회에 대표자 3명씩을 보냅니다. 이때 각 대표자들은 섬에서 생산된 모든 물품들의 세부 현황을 세밀하고 정확히 수집합니다. 그리고 이를 통해 모든 도시와 농촌에서 생산되는 물자의 풍작과 흉작 여부를 파악한 후, 평등한 배분을 위해 즉각적으로 각 도시나 생산지로부터 반입되는 물산의 교환과 이송을 결정합니다. 이러한 물자의 교환과 이송은 상대 도시에 대해 대가가 없는 일방적인 거래입니다. 이처럼 대가 없는 거래가 모든 도시들 사이에서 이루어지기 때문에 형평성이 보장됩니다. 따라서 유토피아 사회는 사실상 하나의 거대한 가족공동체와 같다고 볼 수 있습니다.(65)

《새로운 아틀란티스》(1627)
영국의 철학가이자 정치가인 프랜시스 베이컨(1561~1626)이 《유토피아》를 다룬 작품. 《유토피아》가 종교적·도덕적 공동체 사회라고 한다면, 《새로운 아틀란티스》는 발명과 발견을 중심으로 그린 공동체 사회이다. 그림은 《새로운 아틀란티스》의 삽화.

먼저 민주적인 방식에 따라 매년 선발된 각 도시의 대표자들이 수도에 모여서 각 지역 생산물의 작황(作況)에 대해 철저한 조사 작업을 벌입니다. 이것은 기후 변화 및 토질에 따라 지역의 차이가 있을 수밖에 없고, 기계가 아닌 주로 사람들이 작업을 하므로 매년 생산하는 양에 차이가 있기 때문입니다. 그러므로 이를 토대로 도시마다 필요한 소요량을 계산해 모든 도시에 균등하게 배분되도록 합니다. 여기서의 핵심은 평등한 분배입니다. 그리고 도시 간 물자의 배분에 따른 대가는 전혀 없습니다. 이미 유토피아 사회는 공동생산과 공동배분 시스템에 따르기도 하지만, 더 근본적으로는 다른 사람이나 다른 도시의 결핍 상황을 도덕적으로 용납하지 않기 때문입니다. 이렇듯 자식에 대한 부모의 무한한 사랑과 같이 조직 내의 사랑과 배려가 사회적으로 구축된 사회라면 평등한 배분이 대가 없이 이루어질 수 있습니다. 아울러 종교에서 최고 가치로 삼는 사랑과 자비가 그 사회의 최고 덕목과 가치로 자리 잡게 됩니다.

유토피아 사회에서 평등의 가치는 절대적이고 근본적입니다. 현실 속 평등에 대한 논의의 무게중심은, 고대부터 20세기 중반까지 정치적 평등이 주였으나 선진국을 중심으로 보면 근대에 이르러 점차 경제적 평등으로 옮겨가고 있습니다. 물론 고대에도 국가 수준에 따라 경제적 평등에 대한 논의가 있었고, 여전히 정치적 평등에 대한 논의도 지속되고 있습니다. 그러나 분명한 것은 현대에 들어서 경제적 평등, 즉 분배 평등에 대한 문제가 더 주류적이며, 다양한 불평등 사회현상도 경제적 불평등에서 비롯되었다는 사실입니다.

더욱 중요한 것은 과연 이처럼 평등한 분배가 현실에서도 이루어질 수 있느냐라는 문제입니다. 많은 사람들이 평등한 분배는 사실상 불가능하다고 봅니다. 특히 한국 사회 내에서는 분배 평등이라는 단어를 언급하기만 해도 공산주의자 혹은 사회주의자로 매도되어 왔습니다. 그렇지만 많은 사람들이 가난에 시달리며 비참한 생

부의 분배와 민주화의 관계
미국의 경제학자 헨리 조지(1839~1897)는 그의 저서 《진보와 빈곤》에서 '부의 평등한 분배가 이루어진 사회에서는 정부가 민주화될수록 사회도 개선된다. 그러나 부의 분배가 매우 불평등한 사회에서는 정부가 민주화될수록 사회는 오히려 악화된다.'라고 언급했다.

활에서 벗어나지 못한 채 인간으로서의 기본적인 존엄성을 훼손당하는 상태가 지속된다면 불평등한 사회구조를 바꿀 수 있는 근본적 대안을 마련해야 하며 이에 대해 다양하고 충분한 논의와 연구가 이루어져야 할 것입니다.

현대 자본주의에서의 분배 평등은 결과적 평등을 전혀 건드리지 못합니다. 다만 그러한 결과를 도출해 낼 수 있도록 생산과정에서의 기회 평등, 참여 평등, 노동 대가의 평등 가운데 기회의 평등을 강조해 오고 있습니다. 그리고 소득의 재분배 정책을 도입함으로써 결과적 평등을 보완하고자 합니다. 그러나 실질적으로는 기회와 참여의 평등도 충분히 수용되지 못하고 있을 뿐만 아니라 노동의 대가에서도 불평등이 존재합니다. 이로써 자본주의 국가에서는 여전히 빈부격차가 확대되고 있으며, 이는 전 세계적으로 자본주의 체제의 위험 요소로 떠오르고 있습니다.

공산주의에 뿌리를 둔 사회주의는 그들이 내건 초기의 이념을 달성하기 위해 생산수단의 사회적 소유를 근간으로 계획경제를 구사했으나, 개인 자유의 억압과 통제 등으로 사회정의를 달성하는 데 실패하고 말았습니다. 또한 당의 고급 간부들과 일반 시민의 생활 수준 격차도 매우 심했습니다. 결국 현존하는 사회주의 국가들의 실체를 통해 단순한 분배적 평등을 달성하는 것만으로는 그 체제가 성공할 수 없음을 확인할 수 있습니다. 그들은 인간의 이성과 범상한 지혜와 발전하려는 의지에 대해서는 무관심했습니다. 즉 정신적인 변화를 도외시한 것입니다.

이런 결과들을 볼 때 원칙적 의미의 자본주의와 사회주의 체

프롤레타리아혁명
노동자 계급이 주체가 되는 혁명을 통해 자본주의적 관계나 계급이 없는 공산주의 사회를 목적으로 한다. 그림은 러시아 혁명 당시 레닌의 모습.

제는 모두 실패의 길을 걷고 있거나 이미 실패했습니다. 다만 의식주와 자유 등을 기준으로 보면 현재 상태로서는 수정자본주의가 좀 더 성공을 거두고 있는 셈입니다. 그러나 현행 수정자본주의도, 극도의 개인주의와 이기심을 근거로 하여 수단과 방법을 가리지 않고 돈을 좇으려는 인간 욕구를 방치하고 그러한 법제도를 묵인할 경우 결국 실패의 길로 들어서고 말 것입니다.

수정자본주의를 주장한 케인스
수정자본주의는 영국의 경제학자 존 케인스(1883~1946)가 설명한 개념으로, 본래적 의미의 자본주의가 그 모순을 극복하기 위해 다양한 보완책을 구사하면서 변화된 것이다. 예컨대 국가의 개입을 통한 복지와 조세 정책 강화 등이 있다.

사회 전체를 고려한 소비

소비consumption는 모든 재화와 서비스를 개인들이 구매하는 행위입니다. 즉 식료품과 의복, 주택, 각종 정보, 영화, 공연, 음악, 책과 학용품 등의 구매 행위이지요. 이는 인간의 욕구와 필요를 충족시키기 위해 생산된 물품을 유료로 사용하는 행위라 할 수 있습니다. 반면 기업이 제품을 생산하기 위해 구매하는 기계와 설비 등도 넓은 의미에서 소비 행위로 볼 수 있지만, 일반적으로 기업의 투자로 분류합니다.

소비는 경제생활에서 생산과 함께 두 축을 이루고 있습니다. 그래서 극단적으로 생산만 하고 소비가 이루어지지 못한다면 조만간 생산은 중단될 것이며 그에 따른 여러 사회 문제가 발생합니다. 사람들의 재화에 대한 소비 욕구는 크게 세 가지로 구분할 수 있습니다. 하나는 가장 본능적인 것으로서 삶을 지탱하기 위한 측면의 소비와, 기본적인 충족을 넘어 편안함과 안락함을 추구하기 위한 소

보석가게
당시 유럽 사회에서는 금과 은을 중시했고, 보석으로 자신들의 부와 지위를 드러냈다. 그림은 14세기 플랑드르의 보석가게의 모습.

● 소비 욕구의 형태
① 소비 욕구 전시효과Demonstration effect
개인의 소비 행동이 사회 전체적인 소비 수준의 영향을 받아 다른 사람의 소비 행태를 모방하는 소비 행위.
② 베블런 효과Veblen effect
개인의 과시욕구로 인해 가격이 비쌀수록 그 제품의 수요가 증가하는 현상.
③ 모방 효과Bandwagon effect
유행에 따라 특정한 상품의 소비가 증가하는 효과.

비, 마지막으로는 타인에 대한 과시욕 측면의 소비가 있습니다. 이 모두는 사람마다 소득이나 재산 수준 및 소비에 대한 인식, 그리고 사물과 행위에 대한 인식에 따라 영향을 받습니다.

유토피아에서는 식재료나 주거에 필수적인 주택 등을 소비할 때 반드시 필요한 만큼의 양을 제외하고는 과소비하지 않도록 합니다. 그리고 편안함과 안락함을 위한 여분의 소비나, 특히 타인에 대한 과시욕으로서의 소비는 가치가 없는 것으로 인식하며 이러한 소비는 죄악시합니다.

그들 사회에는 양복 등 의복을 제작해서 판매하는 업자가 없습니다. 모든 사람들이 미혼인지 기혼인지, 남자인지 여자인지에 따라 약간의 차이만 두고 모두 같은 옷을 입기 때문입니다. 그리고 유행에 따라 변하지 않으며, 옷의 외양은 멋스럽게, 그러나 더울 때나 추울 때를 막론하고 단 할 벌의 옷을 가장 편하고 실용적으로 제작하며, 무엇보다 모든 의류는 각 가정에서 스스로 만들어 입습니다.(55)

유토피아 사회에서는 옷의 종류가 그리 많지 않습니다. 결혼 여부와 남녀만 구분할 정도의 차이가 있고, 추위와 더위, 작업복과 외출복 정도로만 구분됩니다. 그리고 유행이 없으므로 유행에 따라 다양한 의복을 제작해서 입는 관습이 없으며, 옷은 맵시 있게 제작하되 실용성을 가장 중시합니다. 또한 옷가지는 물론 각종 필수품 등을 대량으로 만들기보다 필요에 따라 집에서 직접 제작하므로, 노동력을 절감할 뿐 아니라 낭비되는 자원도 막을 수 있습니다.

이처럼 모어가 유토피아 사회의 소비 행태에 대해 언급한 것은 당시 유럽 전역에서 상층 계급들의 극심한 사치 풍조가 극에 달했기 때문입니다. 급기야 사치 풍조가 일반인들에게까지 큰 영향을 주었으므로, 사회적으로 근검절약하는 관습을 정착시키는 것이 필요했습니다.

그리고 외출복은 남루한 작업복 위에 천연 양모로 만든 한 가지 색상의 외투를 걸치는 식입니다. 그래서 그들은 양털로 만든 모직을 세상에서 가장 적게 소비하는 사람들입니다. ……다른 국가들에서는 보통 정장으로 대여섯 벌, 실크 셔츠 대여섯 장 정도를 가지고 있는데, 이것으로도 부족한 멋쟁이들은 정장과 셔츠를 각각 열 벌 이상씩 가지고 있기도 합니다. 그러나 유토피아에서는 옷 한 벌로 2년 동안 사용합니다. 옷이 아무리 많더라도 몸을 따뜻하게 하는 것은 한계가 있으며 더 멋있어 보이지도 않기 때문입니다.(59)

모어는 당시의 사치와 낭비 풍조를 경멸했습니다. 특히 서민들과 가난한 사람들은 변변한 옷 한 벌도 없이 비참한 생활 속에 굶어 죽어가고 있는 반면, 다른 한편에서는 귀족과 부자 들이 극도의 사치를 하고 있는 사회는 정의롭지 못하다고 생각했습니다. 계절에

④ 스놉효과 Snop effect
특정한 제품의 유행이 일반화되어 과시소비가 그 효용성을 다하면, 부유층은 또 다른 진귀한 제품을 선호하여, 특정 제품의 수요가 감소하는 대신 새로운 진귀한 제품의 수요가 늘어나는 현상.
⑤ 의존효과Dependence effect
합리적인 소비자라 할지라도 자신의 자율적인 판단에 의해 소비하기보다는 소비재 기업의 반복되는 광고 등에 의해 소비를 결정하는 소비 형태.

신분 차이를 알려 주는 의복
당시 유럽 사회에서는 봉건제도에 따라 의복을 입음으로써 신분을 구별했다(의복 규제법).

쇼퍼홀릭shopaholic
알콜중독자alcoholic에서 따온 말로, '쇼핑 중독자'를 가리킨다.

따라 한두 벌의 작업복과 한 벌의 외출복만 있으면, 삶을 살아가는 데 전혀 불편함이 없기 때문에 여분의 의복을 만들어 입을 필요가 없습니다. 옷은 추위를 피하고 나체를 가리기 위한 근본적 목적_{telos}을 달성하면 그만이라는 모어의 철학적 관점이 유토피아인들의 실생활 속에 그대로 투영된 것입니다.

절약하는 소비생활은 매우 중요합니다. 열심히 노동하여 많은 생산물을 산출하더라도, 그것을 모두 소비해 버리면 종전보다 더 많은 양을 생산해 내야 합니다. 자본주의 사회에서는 이러한 과정을 반복함으로써 산업이 활성화되고 경제가 번창한다고 여기지만, 다른 한편으로 유토피아와 같이 사회 전체의 낭비를 최소화하고 검소한 생활을 유지하면 자원의 낭비를 최소화할 수 있습니다. 이는 현대의 개인 혹은 가계 차원에서도 유의미한 덕목입니다.

또한 유토피아인들은, 새로운 집을 무분별하게 짓는 것을 좋아하지 않는 것처럼 작업복의 수명을 최대한 길게 하거나 한 가지 색상의 천연 양모 외투만을 입음으로써 염색과 가공에 불필요한 노동과 비용이 투입되지 않도록 합니다. 현대적 의미에서 보면 비용을 절감하고 원자재 수입을 최소화하여 사회 전체의 자원을 효율적으로 배분하고 국부를 최대한 적게 유출하는 방식입니다. 또한 검소한 생활을 유지함으로써 남는 여분의 자원과 제품 등을 수출하여 오히려 국부를 창출해 낼 수 있습니다.

거짓되고 현혹적인 쾌락을 탐닉하는 중독자들의 범주에는 다른 사람들보다 더 좋은 옷을 입었기 때문에 그들이 자신을 더 훌륭한 사람으로 볼 것이라고 생각하는 사람들입니다. ……실용적 측면에서 볼 때 양모의 올이 거친 옷보다 올이 가는 옷을 입고 있는 것이 더 나을 이유는 하나도 없습니다.(74)

사치와 허영심에 따른 소비는, 제품을 구매하고 사용함으로써 즐거움을 느끼고 자기 만족감과 자신의 존재감을 나타내는 행위라는 점에서 보면 행복이라고도 할 수 있습니다. 그러나 이러한 사고를 바탕으로 사치와 과소비를 일삼는 사람들은 결국 행복을 잘못 이해한 것입니다. 더욱이 남루하거나 싸구려 옷을 걸치고 다니는 사람이라 할지라도 외양만 보고 그 사람의 인격이나 됨됨이를 평가해서는 안 됩니다.

현대에도 마찬가지입니다. 고급 주택에서 살고 값비싼 옷과 귀금속을 걸치고 값비싼 승용차를 몰고 다닌다고 해서 그들이 모두 인격적으로 훌륭하며 가치 있는 사람은 아닙니다. 단지 그럴 수 있는 경제적 여유만 있을 뿐입니다. 극히 일부 존경받을 부자와 공직자 들을 제외하면 대부분의 사람들이 운이 좋아 조상을 잘 타고난 것일 뿐, 존경받을 만한 사람은 아니라는 말이지요.

보석에 대해서 광적인 집착을 보이는 사람들이 있습니다. 이런 부류들은 어떻게 해서든 희귀한 보석을 손에 넣고자 하며, 그것을 손에 넣을 때 스스로를 초인적인 존재로까지 생각합니다. 그런 사람들은 보석을 살 때 혹시 사기를 당할까 봐 보석의 겉모습만 보고서는 사지 않으려 하며, 그 보석이 신짜라는 사실을 보증하는 엄숙한 다짐과 서

아네몰리우스의 대사들
아네몰리우스(Anemolius, 그리스어로 '허영에 들뜬 사람'이라는 뜻)라는 나라의 대사들이 유토피아를 방문했을 때, 그들은 화려한 의복과 귀금속을 치렁치렁 매달고 있었다. 유토피아에서는 그와 같은 복장이 경멸의 대상인지를 몰랐던 그들은 융숭한 대접을 기대으나 결국 유토피아인들에게 천시를 받았다.

갓 산출된 금의 모습
구리 다음으로 인간이 가장 먼저 사용한 금속이 금이다. 그리스인들에 의해 처음으로 화폐로 사용되었으며, 지금까지도 국제적인 화폐로 쓰이고 있다.

명이 들어 있는 인증서가 있어야만 구매합니다. 두 눈으로 자신이 직접 보석을 보고서도 가짜와 진짜를 구분하지 못한다면 그 보석을 시각장애인에게 보여 준 것과 다를 게 뭐가 있겠습니까?(75)

보석을 광적으로 좋아하는 사람들이나 보석을 손에 넣기 위해 애쓰는 사람들은 모두 어리석고 현혹적인 쾌락을 탐닉하는 사람들일 뿐입니다. 사람들은 보석을 구입할 때 두 눈으로 직접 확인하고도 믿지 못하며, 그 보석의 진위를 입증해 줄 보증서가 있어야만 비로소 믿고 구입합니다. 모어는 보석이 그저 희귀한 돌덩이일 뿐인데, 그와 같은 돌덩이조차 진위를 가리지 못하는 사람들이 그것의 가치를 제대로 알고 사용할 리가 없으며 단지 자신의 허영과 사치스러움을 보이기 위한 목적 이외에는 아무것도 아니라고 말합니다. 결국 쾌락을 잘못 이해한 우매한 인간들만이 이런 행위에 집착한다는 것이지요.

유토피아인들은 소비에 있어서 개인의 특성과 취향을 전면적으로 부정합니다. 이들은 나아가 이기심과 탐욕, 가치 없는 쾌락 등을 추구하는 것도 철저히 배격합니다. 모어의 이러한 생각은 인간이면 누구나 가질 수 있는 개성을 말살한 것이라고 비판받을 수 있을 것입니다. 하지만 이와 같은 전제가 충족되지 않는다면, 사실 하루 6시간의 노동만으로는 전체 시민의 생활을 윤택하게 할 수 없을 것입니다. 그러므로 모어는 자신이 직접 경험한 바를 토대로 수도사 같은 금욕적이고 검소한 생활만이 모든 인간을 평등하게 하고 행복한 삶을 누리게 하는 조건이라고 보았습니다.

한국 사회에도 명품 브랜드의 가방, 옷, 시계, 안경을 자랑하듯

착용하고 다니는 사람들이 매우 많습니다. 기업들의 명품 마케팅 전략이 성공을 거둔 결과이겠지만, 그렇다고 해서 그들 가운데 인격적으로 또 사회적으로 훌륭하다거나 존경받을 만한 이가 과연 몇 명이나 되겠습니까? 그리고 이들이 사회 전체에 명품문화를 주도하고 있다는 점에서도 결코 바람직하지 않습니다.

짝퉁시장
'짝퉁'의 요람 격인 중국 상하이의 한 짝퉁시장이다. 이곳에서는 세계 유명 브랜드의 상품을 거의 흡사하게 만들어 상대적으로 저렴한 가격에 판매한다. 이런 짝퉁시장을 형성한 원인 또한 재력을 과시하고자하는 사람들의 욕망에서 나온 과소비문화 때문이다.

　이른바 '짝퉁'이라 부르는 가짜 명품 브랜드가 불티나게 팔려나가는 현상이 바로 그러한 예입니다. 과소비는 개인을 파산으로 몰고 가며 나아가 사회 전체에 큰 부담을 주게 됩니다. 실례로 한국에서 2002년부터 문제시된 '카드대란'도 바로 이런 무분별한 소비, 즉 과소비문화가 원인이었습니다. 가진 자들이야 별 부담이 없을 테지만 가난한 사람들, 특히 청소년들에게까지 이런 과소비문화가 스며드는 것은 결코 바람직하지 않습니다. 소비 지출을 최대한 억제하는 것이 현재 중산층 이하에 속하는 근로자와 그 가정에서 지켜야 할 미덕입니다.

* **카드대란**
과거 국민의 정부(1998~2003) 때 위축된 소비를 일으켜 산업을 활성화하려는 차원에서 카드 발급과 관리, 개인의 사용 한도 등을 자유화시킨 결과, 개인과 카드회사의 파산 등으로 인해 공적 자금이 투입된 사건이다.

* **절약의 역설paradox of thrift**
지나친 소비 억제나 절약이 거시적으로 소비 감소로 나타나 경기를 위축시킬 수 있다는 가설이다.

　한국 사회는 무분별한 소비로부터 정부의 보호막 없이 개인 스스로 해결해야 하는 구조입니다. 그런데 최근에는 개인의 절약이 이른바 절약의 역설 현상으로 나타나 국가 경제에 타격을 줄 것처럼 언급되고 있습니다. 이는 주로 기업가들이나 사회 현상을 충분히 보지 못하는 경제 전문가들에 의해 나온 가설입니다. 개인의 절약은 평상시에 별다른 영향을 미치지 않습니다. 다만 극도의 경기 침체 상황에서는 이 가설이 어느 정도 일리가 있습니다. 따라서 개인이 스스로 합리적으로 소비할 필요가 있습니다.

자본주의는 사람들의 욕망을 최대한 자극시켜 이를 경제에 반영하고 있으며, 사람들의 무한한 욕망을 채워 주기 위해 끊임없이 새로운 것을 만들어 내고, 소비 심리를 부추기기 위해 마케팅 전략을 세웁니다. 인간의 욕구와 탐욕 그리고 사치와 허영심을 채울 수 있도록 말이지요. 한편으로 이러한 사회구조가 산업을 발전시켜 온 효과를 부인할 수는 없습니다. 그러나 개인의 사치심과 욕망을 무분별하고 과다하게 발산하는 것은 가족과 사회 전체에 큰 부담을 주게 됩니다. 그러므로 모어가 강조한 근검절약적인 생활방식과 습관은 넓게 보면 사회적 윤리라고도 할 수 있습니다.

시장과 화폐가 없는 사회

시장은, 인류가 자신이 필요한 것과 잉여물건을 다른 사람이나 다른 종족과 교환하기 시작하면서부터 비롯되었습니다. 이때 시장에서의 거래는 반드시 반대급부가 발생하게 됩니다. 그리하여 처음에는 물물교환 형식으로 거래하다가, 물물교환의 불편함을 없애기 위해 마침내 화폐를 고안해 내어 사용했습니다.

유토피아의 시장은 어떤 형식이었을까요? 엄밀한 의미에서 보면, 유토피아에서는 사람들이 필요한 물건들을 무상으로 가져다 사용하므로 가격이 없고 따라서 화폐가 없으므로 시장이 성립되지 않습니다. 다만 필요한 물건들을 각 가정이 쉽게 획득하기 위한 장소라는 형식으로 시장이 존재했습니다. 물론 시장의 또 다른 기능이

▪ 시장 메커니즘을 통한 거래에는 공짜가 없다는 것이다. 예컨대 노동에 대해서는 임금을 지급해야 하고, 서비스를 제공하면 그에 따른 대가를 지급해야 한다.

라 할 수 있는 정보의 유통과 소통의
장이라는 역할은 있었을 것입니다.

유토피아의 도시는 모두 동일 규모로
하여 네 지구로 구분하고, 각 지구마다
한가운데에 가게들을 배치했습니다. 그
가게들은 개별 가구에서 생산된 모든
물품들을 모을 수 있는 창고와 함께 위
치하며, 이렇게 모아진 물품들은 가게

상품의 교환가치
양복점, 약재상 등 가게가 즐
비한 중세 도시의 시장 모습.
이곳에서 상품은 다른 상품이
나 화폐와 교환됨으로써 그 교
환가치가 평가된다.

마다 유형별로 진열시켜 두었습니다. 가장들은 자신과 가족에게 필요
한 물품이 있으면 그것이 진열된 가게에 가서 요구할 수 있으며, 모든
물품을 대가 없이 가져갈 수 있습니다. 이는 일상생활에 필요한 모든
물품이 시민 모두가 나눠쓰고도 남을 만큼 충분하기 때문이며, 또한
모든 시민이 필요 이상으로 물건을 요구하거나 가져갈 위험성이 없기
에 가능합니다. 어떤 물품도 결코 부족함이 없다는 사실을 모두가 알
고 있다면, 필요 이상의 물품을 미리 가져다 챙겨 놓을 시민은 단 한
명도 없을 것입니다. 즉 결핍에 대한 두려움만 아니라면 살아 있는 어
떤 생명체도 결코 탐욕을 드러내지 않습니다.(60)

유토피아는 도시를 모두 동일한 규모로 만들어 놓았고, 평등한
분배를 위해 각 가구마다 거주하는 사람의 숫자도 제한했습니다.
그리고 생활에 필요한 필수품을 효과적으로 유통시키기 위한 측면
도 고려되었습니다. 이처럼 사회의 기초 단위인 가구를 정밀하게

계획한 다음, 모어는 적기에 필요한 물품들을 모두가 불편함 없이 사용할 수 있도록 했습니다. 또한 그 많은 물건을 신선하게 저장할 수 있는 거대한 보관 창고가 필요했으므로, 이에 대해 모어는 도시의 각 구획 한가운데에 그 장소를 마련함으로써 사람들이 쉽게 접근할 수 있게 했습니다.

이곳에서는 사람들이 필요한 만큼의 물건들을 아무런 대가 없이 가져갈 수 있습니다. 하지만 모든 사람이 욕심껏 물품을 챙기지 않습니다. 모든 것이 풍부하기도 했고, 특히 개인의 집이나 창고에 가져다 쌓아 놓지 않아도 국가가 풍족하게 공급해 준다는 사실 때문에 그렇습니다. 유토피아와 같이 생활 속에서 결핍과 부족함이 없다는 것을 사회 전체 구성원이 알고 있고, 실제로 원하는 것은 아무런 대가 없이 가져갈 수 있다면, 굳이 자기 것을 따로 챙겨둘 이유가 없어집니다. 그러므로 모든 사람이 현재와 미래에 대해 두려워하지 않으며, 따라서 남의 것을 훔칠 필요가 없어지는 것입니다.

또한 유토피아 사회는 모든 거래와 교환에 화폐가 필요 없는 구조입니다. 그러므로 당시 다른 나라들처럼 화폐를 제작할 때 필요한 금과 은을 귀중하게 다룰 필요가 없겠지요. 그리고 사유재산이 존재하지 않으므로 개인적으로도 금과 은에 가치를 두지 않습니다. 다만 국가 간의 거래에는 금과 은 같은 귀금속을 주고받으므로 유토피아에서는 귀금속을 두 가지 측면으로 대합니다. 귀금속이 매우 천하고 쓸모없는 것으로 인식될 수 있도록 다양한 사회적 관행과 관습을 구축한 반면에, 다른 측면에서는 시민의 안전과 생명을 보호하기 위해 매우 요긴하게 사용되도록 합니다.

세계에서 가장 큰 금화
순도 99,999퍼센트의 100킬로그램짜리 순금인 이 금화는 미화 100만 달러의 가치가 있으며, 세계에서 가장 큰 금화로 기네스북의 인증을 받았다.

유토피아가 사회 내에서 돈을 사용하지 않고, 오로지 혹시 발생할지 모르는 비상시에 사용하기 위해서만 보유하고 있다는 사실을 의미 있게 봅니다. 이와 같은 상황은 화폐를 주조하는 원재료인 금과 은이 유토피아 내부의 그 어떤 사람에게도 그것들이 본질적으로 받아야 할 가치 이상으로는 취급받지 못하게 합니다. 물론 금과 은의 사용가치는 분명 철의 사용가치보다도 훨씬 낮을 것으로 생각됩니다. 철이 없다면 인간의 생활은 불이나 물이 없을 때와 동일하게 매우 어렵거나 혹은 불가능할 것입니다. 그렇지만 우리는 그러한 귀금속이 없어도 아무런 문제없이 살아갈 수 있습니다.(66)

스코틀랜드 주화
금과 은이 실제로 화폐의 자리를 차지하면서 나중에는 일정한 순도와 무게가 보장된 주화가 탄생했다.

모어는 유토피아 사회에서 화폐를 통용시키지 않으며, 귀금속은 공동 축적을 통해 시민 신체의 안전과 목숨을 보호하는 데만 사용할 것을 강조합니다. 그리고 국부를 축적하는 목적은 오로지 시민을 위해서입니다. 이는 국가가 존재하는 가장 근본적인 이유이며, 이러한 국가는 어떤 경우에서도 단 한 명의 시민이라도 보호해야할 의무가 있으며 국가가 경제적 이해타산 및 외교 갈등의 문제로시민의 목숨을 지킬 수 없다거나 그러기 어렵다고 포기하는 일은 절대로 있을 수 없는 시민 제일주의 국가입니다.

아울러 모어는 금과 은에 대해 그 사용가치 이상으로 평가받지 않게 합니다. 특히 유토피아에서는 인간의 생활을 편리하게 해주는 철이 금과 은보다 더 소중하게 받아들여지는 목적론적 철학* 이 지배합니다.

* 목적론적 철학
지구상에서 발생하는 모든 사건을 목적과 관련해서 설명하는 방식. 아리스토텔레스는 어떤 사물을 완전히 설명하려면 그 사물이 존재하거나 만들어진 목적도 고려해야 한다고 했다. 따라서 모어의 사물, 특히 생활에 관련된 물품들에 대한 관점은 여기에 치중된 것으로 해석할 수 있다.

외국에 축적해 놓은 여유자금이야말로 전쟁에 대비해서 사용할 수 있는 유일한 수단입니다. 그러한 자금은 국가가 위급한 비상시에만 시민을 보호할 수단으로 활용하기 위해 비축해 놓은 것입니다. 예컨대 막대하게 소요되는 외국의 용병을 활용하기 위해 지급하거나, 자국 국민의 목숨을 지키기 위한 비용입니다. ……결국 그들이 엄청난 귀금속을 국내외에 보유하고 있는 유일한 이유는, 바로 시민을 안전하게 하고 그들의 생명을 보호하기 위해서입니다. 그들은 다른 나라 사람들이 생각하는 것과 같은 단순한 이유 때문에 귀금속을 소중하게 보유하고 있지 않습니다.(66)

유토피아 사회의 모든 사람은 금과 은, 귀금속 등을 중요하게 인식하지 않습니다. 그렇지만 국가 의사를 결정하는 어떤 단위에서는 불가피하게 귀금속을 한곳에 저장하거나, 무역으로 벌어들인 돈을 외국에 맡겨 놓고 있습니다. 이것은 국가가 직면할 미래의 어떤 위험에 대비하기 위함입니다. 예컨대 국가 간의 거래에서는 돈과 귀

국고를 채우기 위한 신항로 개척
당시 신항로를 개척하여 동양과 신대륙에서 얻은 부가 국력의 중요한 원천이 되면서, 유럽 각국은 앞다투어 해외 진출에 나섰다.

금속을 사용하고 있었으므로 외교적 수단에 활용하기 위해서 비축해 놓은 것입니다.

도덕적인 국가로 인식되는 유토피아가, 자국 국민을 위해서 다른 나라의 용병을 사용하고 돈으로 적을 매수하는 등의 방법을 사용한다는 것은 앞뒤가 맞지 않은 점이라 보입니다. 그런데 모어는 《유토피아》에서 돈을 좇으며 돈의 노예가 된 사람들을 인간 이하로 취급했습니다. 따라서 모어는 그런 사람들을 불가피한 전쟁의 도구로 사용함으로써 지구상에서 멸종시키는 것이 좀 더 나은 인류의 평화와 행복을 달성하는 것이라 보았습니다. 그의 꿈은 궁극적으로 모든 세계가 유토피아처럼 되기를 바란 것이기 때문입니다.

그렇다면 귀금속에 관한 유토피아인들의 인식은 어떻게 형성될 수 있었을까요? 바로 생활 속의 교육을 통해서입니다. 모어는 사람의 인식을 전환하기 위한 하나의 방안으로 어린 시절부터 그러한 인식을 심어 줄 수 있는 교육을 제시했습니다. 여기에는 기성세대들의 노력이 중요한 역할을 한다는 의미도 내포됩니다. 그리고 모어는 유토피아 사회에서 행하는 인간의 인식 축적과 그 변화의 방법에 대해 매우 흥미로운 이야기를 전합니다.

귀금속을 다루는 데 있어서 유토피아인들은 우리가 금을 보관하는 전혀 반대의 방식으로 한 가지 방법을 고안하여 사용하고 있습니다. ……즉 개별 가정이나 공동식당에서 사용하는 요강과 같은 비품을 만들 때 금과 은을 그 재료로 사용하는 것입니다. 또 노예들을 억류하기 위해 금으로 만든 사슬과 족쇄를 사용합니다. 나아가 진정 불명예스

● 어린아이들이 아무런 생각 없이 불에 다가서거나 위험한 물건을 만지작거리는 것은 사물에 대한 정확한 인식이 없기 때문이다. 유토피아에서는 어린아이가 성장하면서 불의 뜨거움을 체험하고 교육도 받기 때문에 더는 불에 손을 갖다 대지 못한다. 이것이 바로 사람의 인식을 전환하는 유토피아만의 방법이다.

러운 죄를 범한 자들에게는 그들의 귀와 손가락, 목, 머리에 금으로 만든 귀걸이, 반지, 목걸이, 금관을 강제로 착용시킵니다. 이렇듯 유토피아에서는 금과 은 등의 귀금속을 경멸의 대상으로 인식시키기 위해 할 수 있는 모든 방법을 동원합니다. ……보석에 대해서도 이와 유사한 방법을 사용합니다. 유토피아 해변에는 진주가 부지기수이며 다이아몬드와 석류가 포함된 바위들이 널려 있습니다. ……사람들은 보석들을 주우면 쓱쓱 문질러서 이제 막 걷기 시작한 어린아이들에게 옷에 달고 다니라고 건네줍니다. 그것을 처음 본 아이들은 굉장히 좋아하며 자랑합니다만, 그런 보석들은 보육시설의 아이들이나 옷에 부착하고 다닌다는 사실을 깨닫게 되는 나이까지만 그런 행동을 할 뿐입니다. ……마치 아이들이 커가면서 어릴 때 좋아하던 인형이나 마로니에 열매, 행운을 뜻하는 장식물을 좋아하지 않게 되듯이, 유토피아 어린이들의 보석류들에 대한 인식은 이러한 과정을 거쳐 형성됩니다.(67)

은 광산의 발견
16세기 말부터 17세기 초 사이에 아메리카 대륙에서 노다지 은 광산이 발견됨으로써, 은의 공급이 수요보다 더 큰 비율로 증가했다. 따라서 은의 가치는 하락하고 물가는 상승했다.

모어는 많은 사람들이 금을 비롯한 귀금속을 소유하고자 혈안이 된 것은 잘못된 관행과 관습 그리고 인식에서 비롯되었다고 판단합니다. 따라서 그는 사회구조를 전면적으로 개혁하지 않고서는 귀금속에 대한 물신 풍조가 사라지지 않을 것이라 보고, 위와 같은 방식을 통해 사회적으로 인식을 바꾸어야 된다고 생각했습니다.

모어의 이러한 생각에 대해 혹자는 유치하고 실현 가능성이 거의 없는 것이라고 할 수도 있겠지만, 전혀 의미

없는 일도 아닙니다. 귀금속 등이 거리에 아무렇게나 나뒹굴고 기성세대들이 그것들을 귀중하게 다루지 않는다면, 나아가 오히려 귀금속 등을 소유한 것을 불명예스럽고 부끄럽게 받아들이는 관습이 정착된 사회라면, 이와 같은 풍습 속에서 자란 아이들도 그러한 사회 관습을 따를 것입니다. 이는 우리가 어릴 때 욕심내어 가지고 놀던 각종 장난감, 인형, 구슬, 딱지, 스티커 등을 나이가 들어가면서 쳐다보지도 않았던 것과 동일한 원리입니다.

수많은 사람들이 돈이 없는 세상에서 살고 싶어 하고 돈이 지배하는 세상으로부터 벗어나고자 합니다. 하지만 그것은 현재로서는 사실상 어렵다고 봐야 합니다. 현 사회에 자본주의 시스템이 확고히 자리 잡고 있으며, 이에 따라 사유재산제도가 정착되고 화폐 기능이 극대화되면서, 누구보다 돈을 많이 벌어들이고자 경쟁하며 귀금속을 많이 사들이기 위해 모두가 혈안이 되어 있으니 말입니다.

모어 시대에는 돈과 멀찌감치 떨어져 있어야 하는 교육, 의료, 종교도 그와 같은 돈벌이에 혈안이 되어 있었습니다. 현대도 돈에 관한 천박한 인식은 크게 달라지지 않았습니다. 이는 영혼이나 시간, 다른 사람의 존경을 받는 일 같은 것은 제외하고라도 돈으로 살 수 없다고 보이는 것들조차 직간접적으로 돈으로써 상당 부분 해결되는 구조이기 때문입니다.

행복, 건강, 사랑, 생명 등도 어느 정도 돈의 영향을 받는 구조가 자본주의 체제이고 사람들 인식 또한 그렇습니다. 하지만 모어는 개인이 아무런 노력도 해보지 않고 무기력하게 돈의 노예가 되어가는 것을 바라만 보고 있는 것은, 지성인의 한 사람으로서 인류에 대

한 직무유기라고 생각했습니다. 그런 관점에서 우리 모두는 돈이 필요하지 않은 세상을 다양하게 상상해 봐야 합니다. 더불어 화폐로부터 비롯되는 사회적 악습을 최소화할 수 있는 방안들도 여러모로 고민해야 됩니다.

모어에 따르면 유토피아 섬의 역사가 당시에 1750년쯤 되었다 했으므로, 유토피아 사회의 시작은 기원전 250년경부터로 볼 수 있습니다. 따라서 유토피아도 처음부터 그와 같은 이상 사회가 아니었을지도 모릅니다. 이로써 모어는 《유토피아》를 통해 어떤 바람직한 상태의 사회나 국가를 만들고자 한다면 공동체 사회의 모든 구성원들이 부단히 노력해야만 결실을 맺을 수 있다는 점을 강하게 이야기하고 있는 것입니다

따라서 당장 화폐가 필요 없는 시스템을 구현하기 어렵다면, 최소한 화폐의 기능을 변화시킬 수 있도록 사람들의 인식을 바꾸기 위한 방안을 연구해야 합니다. 또한 특정한 모델의 사회를 설정해 화폐의 역기능을 최소화할 수 있는 방안을 시험하고, 사람들이 편리함과 안락함에 대해서 어느 정도 인내할 수 있는지에 대해 연구하는 것도 필요합니다. 이런 다양한 노력들을 오랜 기간 지속한다면 언젠가는 이상 사회에 대한 해답이 도출될 수 있지 않겠습니까?

공정한 무역으로 축적한 국부

유토피아는 외국의 사절단을 수용하는 한편, 자국의 공무원을 다른 나라에 파견하기도 하며, 본토 이외에 식민지를 경영하거나, 특

화폐의 기능
① 가치척도unit of account or measure of value 기능 : 여러 상품과 서비스를 화폐로 그 가치를 측정하는 기능이며, 이로써 각 재화의 교환과 배분을 쉽게 할 수 있다.
② 가치저장store of value 기능 : 부의 저장 수단으로서 다양한 재화, 예컨대 부동산, 귀금속 등이 있으나, 가장 일반적으로는 화폐 그 자체로서 다양한 재화를 구매할 수 있다는 점에서 가치를 저장하는 기능을 할 수 있다.
③ 결제(지급)means of payment or medium of exchange 기능 : 모든 재화와 서비스를 거래할 경우에 동원되는 지급 수단으로 기능한다.

히 다른 나라들과 대규모로 무역을 합니다. 이때 자국의 선박과 선원, 자국의 교역상을 이용해서 대규모로 상거래를 합니다. 유토피아에서는 해외여행을 하는 사람은 많지 않지만, 필요에 따라 수시로 국외를 넘나들기 때문에 다른 나라의 상황을 면밀히 파악하고 있습니다.

유토피아인들은, 자신들이 필요한 특별한 재능을 가지고 있거나 다른 나라들에 대해서 많이 알고 있는 여행자나 다른 나라의 관광객 들에 대해서는 열렬히 환영하여 맞이합니다.(82)

모어는, 유토피아의 문명이 발전해 나간 주된 동력이 대체로 내부적인 것이지만, 일부 고대 로마나 이집트의 문명을 받아들이거나 유럽의 문명을 수용한 것으로도 묘사합니다. 이것은 문명과 문화의 발전에 대한 모어의 정확한 인식을 나타냅니다. 곧 인류의 문명 발전은 독자적인 발전도 있으나 우수한 문명과 문화의 수용 및 모방에 의해서 이루어진다는 생각입니다. 이런 점에 비춰 모어는 자신이 그려 놓은 유토피아의 사상도 영국과 유럽 그리고 세계에 수용되기를 강력히 희망한 것으로 짐작할 수 있습니다. 특히 정치적으로 주변의 독재국가를 민주화시키겠다는 의지를 표명한 점이 이를 대변하고 있습니다.

다른 측면에서 외국과의 교역은 매우 중요한 일입니다. 1차적으로는 유토피아 국부의 상당 부분이 이와 같은 무역을 통해서 축적되고 있기 때문입니다.

● 헨리 7세와 헨리 8세가 해외교역을 강조하면서 자국인 영국의 항해 방식과 선단을 활용할 것을 강조한 것과 유사하다.

포르투갈 상선
중개무역에 앞장선 포르투갈의 배. 16세기에 신대륙을 발견한 이후 신항로를 개척한 포르투갈은 오랫동안 중개무역을 독점했다.

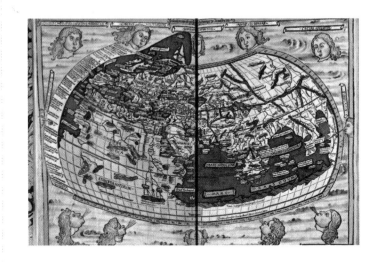

프톨레마이오스의 지도
1482년 독일 남부에 있는 도시에서 출판된 세계지도. 기원전 2세기 그리스의 천문학자 프톨레마이오스의 세계상을 근거로 그려진 것이다.

곧 유토피아 안에서 엄청나게 생산된 1차 생산물을 그것이 필요한 다른 나라에 팔고, 유토피아 내에서 충분히 생산되지 않는 각종 물자들을 외국에서 들여오는 것이지요.

유토피아 사회는 식량을 비롯한 필수 물품들을 최소 1년 치 이상으로 충분히 비축하고 나면, 그에 대한 잉여부분을 외국으로 수출합니다. 이러한 수출품으로는 주로 막대한 양의 곡물, 꿀, 양모, 아마포, 목재, 주홍색과 자주색 옷감, 생가죽, 밀랍, 수지, 가죽 그리고 가축 등이 있습니다. 그들은 수출품 가운데 7분의 1은 수입국의 가난한 사람을 위한 몫으로 대가 없이 제공하며 나머지에 대해서만 적당한 가격을 받고 팝니다. 그 대신 유토피아인들은 외국과의 교역으로 축적된 부를 주로 생활에 필수적인 철 등을 수입하는 비용으로 사용합니다. ……이런 방식의 무역을 통해 유토피아인들은 그동안 국가적으로

수출품의 1/7은
신 또는 신이
창조한 창조물을
위한 몫

6/7 수출
1/7 무상

믿기 어려울 정도의 엄청난 양의 금과 은을 확
보할 수 있었습니다.(65)

유토피아에서는 모든 생활필수품들을 자국
국민이 풍족하게 쓸 수 있도록 1년 동안 소요
될 양만큼 비축하고, 그 밖의 잉여물산은 외국

자국의 이익만을 추구한 영국
영국은 14세기부터 19세기에
이르기까지 자국 산업을 진흥
시키기 위해 수입하는 상품을
영국 또는 산출국 선박에만 실
을 것 등을 규정한 항해조례를
여러 차례 발표했다. 이는 유
토피아인들의 무역과는 정반
대의 정책이다.

으로 수출합니다. 이것은 주로 1차 생산물들로서, 꿀과 밀랍을 생
산할 수 있는 양봉업과 가죽과 양모를 생산할 수 있는 목양업, 목재
와 천연수지를 생산하는 조림 산업, 아마포 생산과 염색을 하는 섬
유 산업 등이 다른 농산물들과 함께 국제무역에서 비교우위가 있었
던 듯합니다. 그리고 활발한 대외교역을 통해 막대한 국부를 축적
해 왔습니다.

아울러 수출품 가운데 7분의 1을 수입국의 가난한 사람들을 위해
서 무상으로 제공한다든지˙ 외국과 신용으로 거래하고 수입국의
사정을 충분히 고려하여 대금을 당장 회수하지 않은 것 등을 보면,
유토피아는 다른 나라의 시민에게도 일상적으로 덕德을 베풀었다
고 할 수 있습니다.

˙ 이들이 굳이 수출품 중 7분
의 1을 무상으로 원조하는 것
에 관해서는, 아마도 기독교의
1주일 중 하루는 하느님을 위
한 날이므로 이날은 하느님의
사랑을 다른 사람에게 나누어
주어야 한다는 모어의 철학이
반영된 것으로 볼 수 있다.

경제적으로 가장 부유하며 도덕적이고 인본주의를 실천하는 나
라가 국제관계에서 갖는 정치와 경제, 그리고 사회, 문화 측면의 영
향력은 매우 클 것입니다. 모어는 유토피아의 덕이 주변 국가들에
게 자연스럽게 수용됨으로써 모든 국가들이 민주주의와 복지가 완
성된 체제로 변화하기를 기대한 것입니다. 이로써 그는 모든 인간
이 행복해지기를 바란 것이지요.

• 경제협력개발기구OECD
경제협력개발기구(Organization
for Economic Cooperation
and Development)는 1961년
에 경제 발전과 세계무역 촉진
을 위해 발족한 국제기구이다.
2010년 총 회원국은 34개국이
며, 한국은 1996년 12월에 29번
째 회원국으로 가입했다.

• 공적 개발원조ODA
공적개발원조(Official Devel-
opment Assistance)는 개발
도상국가의 경제 및 사회 발전,
복지 증진을 목적으로 하는 프
로그램이다. 1960년에 미국의
주도로 경제협력개발기구의 전
신인 유럽경제협력기구OEED
에서 시작되었으며, 국제연합은
2015년도 공적 개발원조 목표
를 지원국 국민총소득의 0.7퍼
센트로 설정하고 있다.

• 통상국가
통상이란 국가들 간에 상호 상
품과 서비스를 교역하는 것을
의미하므로, 통상국가란 폐쇄적
인 국가가 아닌 적극적으로 시
장을 개방하고 외국과 거래함으
로써 국가의 부를 증대하는 정
책을 구사하는 국가이다.

오늘날 경제협력개발기구 에서도 개발도상국들을 위한 공적 개 발원조 가 이루어지고 있습니다. 여기에는 무상으로 지원하는 증여 및 협력사업도 있으나, 일반적으로 기술 원조나 자금 지원을 할 때 는 낮은 수준이지만 이자를 받습니다. 또한 인도적 측면에서 지원 되는 부분도 있지만, 최근에 들어서는 정치적, 외교적 그리고 경제 적 목적이 더 큰 비중을 차지하고 있습니다.

유토피아의 경제 체제는 철저한 계획경제이며 극히 일부 제품을 제외한 모든 것을 스스로 생산하여 충당하고 있다는 점에서 자급자 족 시스템이라 할 수 있습니다. 또한 무역을 적극적으로 수행하여 막대한 이익을 남기고 있다는 점에서는 통상국가 의 원형을 떠올 리게 합니다. 이를 통해 유토피아는 상상할 수 없을 정도로 막대한 부를 축적합니다.

국가가 비축한 모든 금과 은을 모두 외국을 지원하는 데 쓴다 해도 유토피아인들은 그들의 생활 수준에 아무런 영향이 없을 것임을 충분 히 인식하고 있습니다. 왜냐하면 유토피아는 자국 보유의 자산과 완 전히 별개로 외국에 또 다른 자산을 대규모로 소유하고 있기 때문입 니다. 즉 수많은 국가들이 유토피아에 빚을 지고 있었습니다.(93)

유토피아가 막대한 양의 국부를 축적한 배경으로는 우선 유토피 아인들의 근면검소한 생활습관과 창의적이고 도전적인 생활양식을 들 수 있습니다. 그러므로 유토피아 사회에는 모든 물품이 남아돌 며, 시민이 금과 은 등 귀금속들을 아예 쳐다보지도 않습니다. 이처

럼 절제된 소비와 검소한 생활 풍조, 그리고 도전
적인 자세는 외국과의 교역에서 무역흑자를 꾸준
히 발생시키는 원동력이 됩니다.

현대의 거시경제 차원에서도 유토피아 사회와
같이 개인과 가정의 검소한 소비생활과 창의적이
고 도전적인 정신이 구현될 때 외국과의 교역에서
적자를 보지 않을 것입니다. 따라서 유토피아인들의 절약하는 생활
습관과 실용적인 측면을 중시하는 생활방식은 현대에도 중요한 의
미가 있습니다. 풍부한 국부는 모두가 평온한 삶을 누리기 위한 매
우 중요한 밑바탕이 되기 때문이지요.

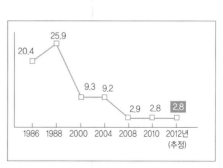

연도별 한국의 가계 저축률
국내 가계신용(가계부채) 잔액
이 지난 1분기에 801조 4,000억
원으로 사상 처음으로 800조 원
을 무너뜨렸다(한국은행). 실질
적인 문제는 갚을 능력이 없다
는 것이며, 따라서 가계 저축률
또한 급감할 수밖에 없다. 따라
서 현대 한국 사회에는 유토피
아인들의 근검절약적인 생활습
관이 절실히 필요해 보인다.

● 일정 기간 동안 일정량의 상
품을 소비함으로써 얻는 소비자
의 주관적인 만족의 총량을 총
효용이라고 하며, 일정량의 상
품을 소비하는 개인의 주관적
욕구를 충족시키는 정도를 재는
척도를 한계효용이라고 한다.
한계효용학파는 오스트리아의
C. 멩거, 스위스의 M. E. L. 발
라, 영국의 W. S. 제번스가 대
표적이며, 오스트리아의 빈대학
교수들이라는 점에서 오스트리
아 학파라고도 부른다.

✣ 가치의 역설

경제학에서는 오랫동안 풀리지 않은 수수께끼가 있었다. 그것은 생활상에 반드시
필요한 물과 불, 철과 같은 것이 왜 금과 은보다 귀중하게 다루어지지 않고 가격
면에서도 더 낮은지에 대한 의문이었다. 경제학의 아버지라 불리는 애덤 스미스
도 《국부론》에서 이 문제를 해결하고자 상품의 가치를 사용가치와 교환가치라는
동어반복적인 방법으로 풀어 보려 했으나, 결국 가치의 역설이라는 것으로 마무
리하고 말았다. 이 수수께끼는 1870년 한계효용학파에 의해서 비밀이 풀렸었는
데, 한계효용학파는 생활에 필수적인 물이 생활에 거의 필요 없는 다이아몬드보
다 낮은 가격으로 거래되는 역설에 대해서 총효용과 한계효용을 구분하고 상품의
가격은 한계효용에 의해서 결정된다는 증명을 통해 이 문제를 해결했다.

03 보편적 복지

열심히 일한 만큼 풍요로운 삶

유토피아에서는 모든 시민이 자신과 가족의 현재와 미래에 대해
아무런 근심과 걱정이 없도록 국가가 이를 보장해 줍니다. 예컨대
먹을 것과 입을 것, 주택, 교육, 의료, 여가생활 등에 소요되는 모든
것을 개인이 일할 수 있을 때까지 하루 6시간이라는 짧은 노동의 대
가로 해결합니다. 그리고 하루 8시간의 수면을 취한 나머지는 자유
시간으로 주어지고, 이에 더해 한 달에 한 번씩 정기적인 휴가를 얻
습니다. 유토피아인들은 자유시간을 휴식과 자기계발에 할애하며,
건전한 오락을 즐기거나 음악을 듣거나 친구들과 담소를 나눕니다.
이런 유토피아 사회에서는 태어나는 것은 물론 죽는 것까지도 모두

축복입니다.

그리고 유토피아인들은 모두가 자신이 하고 싶은 일에 종사하며 '실업'이라는 개념이 없습니다. 그래서 거지나 부랑자가 없고, 가난한 사람도 없습니다. 복지는 이처럼 모든 사람이 물질적으로 빈곤하지 않고 정신적으로 풍요로우며 인간의 존엄을 유지할 수 있게 하는 사회적 시스템의 총칭입니다.

한국도 경제가 발전하면서 1990년대 후반 이후 사회복지 관련 지출이 크게 증가하고 있습니다. 그럼에도 경제 규모에 대비하여 사회복지 관련 지출을 비교해 보면, 국민의 생활은 열악한 수준입니다.

뉴딜정책
1933년 세계대공황이 일어나자 경제를 살리기 위해 미국의 제32대 대통령 루즈벨트가 추진한 정책이다. 실업자들에게 일자리를 만들어 주고, 저소득층을 위해 사회복지비를 지출하며, 노동조합의 권리를 확대했다.

• 국내총생산과 견주었을 때 한국의 사회복지 지출 수준(10.95퍼센트)은 경제협력개발기구 국가 가운데 멕시코(7.6퍼센트)를 제외하면 가장 낮다. 경제협력개발기구 평균은 23.7퍼센트이며 벨기에, 프랑스, 스웨덴은 30퍼센트를 넘는다. 한국의 공공복지 지출 수준은 국내총생산 대비 8.3퍼센트로 경제협력개발기구 평균(20.6퍼센트)의 절반에도 미치지 못했다. 특히 공공복지 재정에서 조세가 차지하는 비율은 0.45퍼센트로 경제협력개발기구 평균(2.9퍼센트)과 큰 차이가 났다. 한국의 경제 규모와 거리가 멀어도 너무 멀어 복지후진국이라는 말을 듣고도 남는 수준이다.

많은 다른 나라 사람들은 식량이 부족하지 않을지 그리고 부족한 식량을 어떻게 조달할 지에 대해서 고심합니다. 가장들은 생활을 꾸리는 아내의 애처로운 요구 때문에 괴롭고, 아들이 가난하게 될까 두렵고, 딸아이의 혼인 지참금을 마련하지 못해 좌절합니다. 그러나 유토피아에서는 그들의 아내, 자식, 손자, 증손자, 고손자 등 대대손손 모두가 풍족한 먹을거리와 행복한 삶을 누릴 것이라고 절대적으로 확신합니다. ……그리고 유토피아에서는 노쇠하여 더는 노동을 하지 못하는 사람들이라 할지라도, 그들이 여전히 노동할 수 있는 사람들과 동등한 대우를 받도록 국가에서 부양해 줍니다.(109)

이 대목에는 당시 경제적 어려움으로 고통 받으며 비참한 생활

희망근로사업
경제를 활성화하고 일자리를 창출하기 위해 정부 차원에서 지원해 주는 사업으로, 65세 이상의 고령자들을 대상으로 한다.

* 예산budget
1년간 정부의 재정활동을 정리한 것으로, 정부는 국민으로부터 세금을 거둬들여 다양한 용도에 맞게 집행한다. 국회(지방의회)에서 국가와 지방자치정부의 예산과 결산을 심의한다.

* 북유럽 국가의 복지구조
국민의 높은 세금 부담에 기반하여 국민 모두에게 높은 복지 서비스를 제공하는 것이 핵심이다. 교육, 노동, 주택, 사회보장 등이 제도적으로 매우 건실하게 구축된다.

을 꾸려 가는 가장과 아내 그리고 아이들에 대한 모어의 인간적인 애정과 연민이 고스란히 나타나 있습니다. 그런데 16세기경의 이러한 실상들이 현재 진행형이라는 것이 문제입니다. 가난한 나라 모두가 그렇고, 부자 나라들의 대다수를 차지하는 중산층 이하 서민들의 생활이 여전히 그러합니다. 아마도 앞으로 현재와 같은 분배구조가 개선되지 않고 사회복지제도가 개혁되지 않는다면, 1인당 소득이 아무리 높아지더라도 평생을 가난에 시달리는 사람들이 갈수록 많아져 빈부격차는 더욱 심해질 것입니다.

현대에는 의학이 발전하고 식생활 환경이 개선되어 인간의 평균수명이 크게 증가했습니다. 그러나 수명이 증가한 것만으로는 인간의 삶이 나아지지 않습니다. 일할 수 없는 고령자들도 생활과 건강에 대한 염려 없이 편안하게 여생을 보낼 수 있도록 국가 차원의 정책이 마련되어야 합니다. 그런데 한국 사회에서는 복지 정책을 언급하면 항상 예산*이 부족하다는 말이 뒤따라 나옵니다. 무슨 돈으로 의무교육을 하고 무상 의료를 실시하고 연금도 지급하느냐는 것입니다. 이 부분은 뒤에 논하기로 하고, 먼저 복지국가를 추진할 것인가의 여부부터 살펴보도록 합시다. 한국이 만일 북유럽 수준의 복지국가로 목표를 정한다면 이에 따른 예산은 얼마든지 마련할 수 있습니다. 현재 북유럽 국가의 복지구조*는 모든 국가의 모범이 되고 있습니다. 한국의 정치권은 복지국가 모델을 반대하지는 않지만 막상 실행을 위한 각론各論으로 들어가면 가능하지 않다고 손사래를 칩니다. 그리고 복지국가론을 주장하는 사람들을 이념적으로 좌파로 몰아붙여 공격합니다. 그러나 복지국가론은 일부 정치권에서 이야기하는 것처럼 좌파적 주장이 아닙니다.

따라서 복지국가의 입장에서 볼 때 한국 사회는 가장 먼저 연금제도를 대폭적으로 개선할 필요가 있습니다. 국민연금법과 노인복지법이 별도로 제정되어 있지만 그 수준은 빈약하기 이를 데 없습니다. 특히 고령자들에 대한 국가의 제도적 지원은 그동안 그들이 국가를 위해 충분히 봉사해 왔다는 점을 반영하여 국가윤리적 차원에서 우선되어야 합니다. 그리고 국가가 그들을 부양할 수 있는 능력이 부족하다면, 일할 의욕이 있는 건강한 노인들에게는 그들에게 맞는 일자리를 만들어 줘야 합니다. 이를 통해 건강을 유지하고 평생 축적된 삶의 지혜를 사회에 공헌함으로써 자신의 삶에 대한 자긍심과 자부심을 느끼도록 도와야 합니다. 이러한 사회가 만들어질 때 모든 사람이 국가와 사회를 위해 더 열심히 일할 것입니다. 국가가 국민으로부터 윤리적으로 배은망덕하다는 소리를 들어서는 안 됩니다.

현재 한국 사회를 보면 형식적으로 여러 복지법이 제정되어 있으나 그 수준이 매우 낮아 개정되어야 할 부분이 많습니다. 안정적인 사회보장제도의 현실화, 복지 사각지대의 해소, 고령화에 대한 대비, 기회의 평등한 제공, 사회적 자본의 확충 등이 이뤄져야 하며, 이 밖에도 국민을 위한 복지 체제를 구축하는 데 필요한 일들이 셀 수 없이 많습니다.

저녁 식사는 항상 감미로운 음악과 함께합니다. 그리고 식사가 끝

◦ 국민연금법
각종 사회적 위험으로부터 국민 생활을 안정시키고 복지를 증진할 목적으로 1986년에 도입되었다. 프랑스(1905), 노르웨이(1906), 덴마크(1907), 영국(1911), 네덜란드(1916) 등 선진국에서는 실업보험 및 산재보험, 연금보험이 100여 년 전부터 도입했으며, 아동 및 장애인에게 지급하는 수당도 현재 90개국이 도입하고 있다.

◦ 노인복지법
1981년에 제정된 이 법은 노인의 질환을 사전 예방 또는 조기 발견하고 질환 상태에 따른 적절한 치료와 요양으로 심신의 건강을 유지하고, 노후의 생활 안정을 위해 필요한 조치를 강구함으로써 노인의 보건복지 증진에 이바지함을 목적으로 한다.

◦ 1991년에 제정된 고령자 고용촉진법의 목적은 고령자(55세 이상)의 고용을 안정화함과 국민경제발전에 기여하고 사회참여활동을 함으로써 사회적·심리적 고립이나 소외를 지양하여 보람 있는 노후생활을 향유할 수 있게 하는 것이다. 그러나 고령자의 기준을 현실화하고 정년제도도 확산하는 등의 다양한 조치가 함께 이루어져야 한다.

● 부교감신경
사람의 의지와 관계없이 자동
적으로 작동하며 오장육부를
지배하는 자율신경계의 하나.
자율신경계는 교감신경과 부교
감신경 두 가지로 이루어져 있
으며, 이 두 가지의 상반된 작
용이 조화를 이루어 심신의 건
강을 유지한다. 여러 신체 부
위에 자극을 주어 심장이 뛰거
나 땀이 나거나 열이 차오르고
혈압이 올라가거나 떨어지고,
위장 기능을 위시하여 신체의
모든 기능이 저하되거나 이상
증상이 나타나는 등등은 교감
신경의 작용이다. 반면 부교감
신경은 교감신경에 의해 증가
된 신체의 반응을 안정화시키
는 기능을 한다.

● 허브herb
향기를 가지고 있으며 약용으
로 쓰이는 각종 식물.

나면 여러 가지 신선한 과일과 달콤한 과자를 먹으며, 식당 안에는 향기로운 향을 피워 좋은 냄새로 가득하게 합니다. 다시 말해 그들은 인간들이 즐겁게 보낼 수 있는 시간에 할 수 있는 한 모든 즐거운 일들을 누리는 것입니다.(63)

유토피아인들의 저녁 식사시간은 점심시간보다 훨씬 더 여유롭고 다채롭습니다. 아름답고 듣기 좋은 음악은 사람의 부교감신경°을 자극해서 편안함과 안정을 느끼게 하며, 뇌의 화학 반응을 불러일으켜 노동으로 지친 육체의 통증이나 고통스러운 느낌을 완화시킵니다. 게다가 라벤더, 로즈메리, 체리세이지, 제라늄, 타임, 민트, 재스민 등 각종 허브° 향이 신경을 안정시키고, 특히 호르몬 분비를 활성화시켜 신체의 활력과 인체의 면역 체계를 강화시켜 줍니다. 이와 같은 식사시간은 신체와 정신 건강에 유익하지 않을 수 없습니다. 열심히 노동한 사람들에게 이러한 휴식은 결코 호사스러운 것이 아닙니다.

그들은 주어진 자유시간을 빈둥거리거나 무익하게 허비하지 않고 취미생활이나 유익한 여가활동leisure으로 보냅니다. ……아울러 본인이 원할 경우 자유시간을 자기의 직종에 필요한 업무 또는 좋아하는 업무를 배우거나 계발하는 데 사용할 수 있으며, 누구도 이에 대해 반대하지 않습니다. 또 일반적으로 저녁 식사 이후에는 계절에 따라 정원이나 지역의 공동식당에서 오락을 즐깁니다. 그들은 음악을 연주하기도

쌍용자동차 노동조합의 파업
현대의 근로자들은 여유를 가
지기는커녕 언제 회사에서 구
조조정이 이루어질지 걱정하
기에 바쁘다. 사진은 2009년
에 평택의 쌍용자동차 공장 앞
에 모인 노동자들이 대규모 해
고에 따른 시위를 벌이고 있는
장면이다.

하고 담소를 나누기도 하지만, 바보처럼 부도덕한 주사
위게임이나 도박 같은 것은 결코 하지 않습니다.(55~56)

유토피아인들의 자유시간은 근로시간과 수면시간
을 빼면 하루 10시간이나 됩니다. 그들은 그 시간에 마음껏 휴식을
취하거나 자기가 하고 싶은 것을 할 수 있습니다. 예컨대 음악감상,
산책, 독서, 토론을 하거나, 관심 분야에 대해 전문적으로 공부함으
로써 자기 발전과 자기 만족을 얻습니다. 아마도 그들은 그림 그리
기나 운동 등을 통해서 업무로 쌓인 스트레스도 해소할 것입니다.

이때 심신이 황폐해지는 도박이나 주사위게임, 약물 같은 것은
절대적으로 받아들이지 않습니다. 모어가 이렇듯 여가시간을 잘 활
용하도록 한 이유는, 이를 통해 판에 박힌 것과 같은 단조로운 생활
환경을 극복하고, 특히 정서적·신체적 능력과 인지능력을 배가시
키기 위해서 반드시 필요하다고 보았기 때문입니다.

현대로 접어들수록 여가시간이 증가하고 그 종류도 다양해지고
있습니다. 그러나 많은 사람들이 그 시간을 무의미하게 허비합니
다. 유토피아인들처럼 신체와 정신 건강에 유익한 여유로운 휴식시
간을 갖는 것이 아니라, 정신적·신체적·경제적으로 해로움을 주
는 컴퓨터게임에 과도하게 몰입되거나 각종 도박에 빠지기도 하며
술과 향락에 취하기도 합니다. 이런 종류의 여가문화는 결코 바람
직하지 못함에도, 현대 자본주의 사회에서는 이 또한 하나의 산업
으로 성장하고 있습니다.

대표적인 예로, 한국의 술 소비량은 경제협력개발기구 30개 회

원국 중 가장 높으며, 도박 등 사행 산업의 규모도 회원국 중 6위에 해당하는 규모[*]로 사회 곳곳에 만연하고 있습니다. 그만큼 한국은 단기적인 압축 성장에만 몰입하여 정신적 측면이 황폐해지고 있는 것입니다.

* 2009년을 기준으로 국내총생산 대비 0.65퍼센트이다.(《사행 산업 관련 통계》, 사행 산업 통합감독위원회, 2010)

최상의 의료 서비스

건강은 행복한 삶을 위한 첫 번째 기본 조건입니다. 또한 생명의 소중함과 인간의 존엄성은 최고의 가치입니다. 따라서 모어는 태어나서부터 생명이 다하는 순간까지도 인간의 존엄성을 유지해야 한다고 보았습니다. 그리고 이와 동일한 관점에서 기독교에서는 죄악시하는 안락사도 허용해야 한다는 파격적인 주장을 합니다.

중세 유럽의 병원
중세 유럽에서는 수도원에 의해 의료시설과 사회시설이 운영되었다.

병원들은 식료품을 구입할 때 우선권을 인정받습니다. 병원은 각 도시의 성벽 바깥쪽 교외 지역에 네 곳씩 마련되어 있으며, 각 병원은 작은 도시 크기만 합니다. 이처럼 병원을 거대하게 만듦으로써 환자의 과밀 상태를 막고, 각종 전염병 환자의 격리를 쉽게 하여 감염을 최소화합니다. 병원들은 매우 효율적으로 운영되며 온갖 종류의 첨단 의료장비들을 갖추고 있습니다. 환자들은 항상 경험이 풍부한 전문 의료진의 서비스를 받으며, 간호사들도 인정 많고 양심적입니다. 그렇기 때문에 거의 모든 사람들이 집에서 생활하는 것보다 차라리 몸이 아파 병원에서 생활하기를 바랄 정도입니다. 아무튼 의사들의 처방에 따라 병원 조리사들이 환자의 식재료를 모두 구하고 난 이후, 남

은 식재료들은 다른 일반 식당에 평등하게 배분됩니다.(61)

유토피아의 의료환경은 최고 수준입니다. 우선 사회 전체에 병원균이 확산되는 것을 통제하고 병원 내에서의 2차 감염을 막기 위해 도시 성곽 밖에 병원을 배치했을 뿐만 아니라, 각 전염병 별로 병동을 분리했습니다. 또한 전문적 훈련과 지식이 겸비된 의사들이 포진해 있으며 최상의 의료장비를 구비해 두었기 때문에 환자들은 그에 맞춘 최고의 진료를 받을 수 있습니다. 뿐만 아니라 질 좋은 식재료를 공급하는 점으로 보아 환자와 노약자, 어린이 등에 대한 각별한 배려가 제도화되어 있음을 알 수 있습니다.

물론 이러한 병원은 국가가 운영하는 이른바 국립병원이고, 모든 진료와 치료, 투약 등은 무료입니다. 따라서 태어날 때부터 생명이 다하는 날까지 육체적 부상, 치명적인 전염병, 정신적 질병이 발생해도 개인에게 경제적·심적 부담이 전혀 없습니다. 치료비가 없어 진료조차 받지 못하는 이들이 생겨나는 현대 자본주의의 병원들과는 완전히 판판입니다. 또한 유토피아에서는 국가가 모든 비용을 부담하므로 병원과 의료진은 그 본연의 목적인 진료와 치료 등에 전념할 수 있고, 의료인의 정의justice를 달성할 수 있습니다.

현존하는 지구상에는 이런 의료 시스템을 구축하고 있는 나라가 없을까요? 중앙아메리카에 위치한

영국 최초 병원
영국 최초의 병원은 1243년에 설립된 베들레헴병원으로 기록되고 있으며, 이 시설은 병원과 보호시설의 기능을 했다. 초기에는 일반 환자와 함께 정신 장애인을 수용하여 치료했으나, 1547년부터 본격적으로 정신 장애인만을 수용하게 되면서 최초의 정신병원으로 기록되었다. 당시 정신병원은 주로 쇠고랑 및 쇠사슬 채우기, 투구 옷 입히기, 특수 의자에 앉히기, 독방에 가두기 등의 방법으로 감금·억류하여 치료를 했다.

나라인 쿠바의 공공의료 체제가 이와 유사합니다. 쿠바는 국민총생산의 약 7퍼센트가 국민 건강에 투여되고, 전 국민의 98퍼센트가 의료 서비스의 혜택을 받으며, 95퍼센트가 자기 마을에 거주하는 의사와 간호사에게 진료를 받습니다. 또한 의료장비가 매우 부족한 상황에서도 항상 충분한 의료 인력이 공급되어, 지역 사회 기반의 예방의료를 실현하는 데 반드시 값비싼 의료 기술이 필요하지 않음을 증명하는 나라이기도 합니다.

쿠바는 2009년을 기준으로 1인당 국민소득GNI은 약 4천 달러 수준이며, 개인의 자유가 제한된 사회주의 국가임에도 쿠바인들의 평균기대수명이 78세에 이릅니다. 공공의료 관점에서 보면 미국보다 한국이, 한국보다 쿠바가 우월한 체계입니다. 이로써 반드시 나라가 부자라고 해서 무상 의료가 실현되는 것은 아님을 여실히 보여 주고 있습니다. 쿠바의 의료 서비스는 철저한 공공성에 근거한 의료 체계 덕분이고, 어쩌면 《유토피아》에서 아이디어를 얻은 것은 아닐까 하는 생각도 듭니다.

또한 모어가 생각하는 간호사들은 의료인으로 의사의 지시에 의해 기계적으로 약물을 투입하는 역할에 그치지 않고, 환자들에 대해서 정신적으로나 심적으로 위안과 안락을 찾아 주는 역할도 합니다. 그들은 일반 환자들을 사랑과 자비의 정신으로 보살피는 것은 물론, 중병 혹은 불치병으로 인해 죽음을 면할 수 없는 환자들의 고통을 최소화시켜 주는 역할도 합니다. 이처럼 유토피아의 모든 병원은 병의 치료뿐 아니라 호스피스의 역할도 충실히 이행하고 있는데, 이는 바로 국가가 시민의 생명을 책임지고 있기 때문입니다.

• 쿠바는 개인의 자유를 제한하지만 양질의 의료 서비스를 무상으로 제공하는 나라로서, 가족주치의제도에 의해 14세가 될 때까지 모든 국민은 147번 의사의 방문을 받는다고 한다.

• 2010년도를 기준으로 1위는 룩셈부르크이며 약 10만 8,832달러, 2위가 노르웨이로 약 8만 4,444달러이다. 한국은 34위로 약 2만 591달러이다.

• 호스피스hospice
삶을 마감하는 인간의 정신적·육체적 고통을 완화시키고, 종교적·심리적으로 안락과 위안을 찾으면서 마지막 생을 누릴 수 있도록 건립된 시설과 병원, 그리고 그러한 일을 하는 사람. 한국의 호스피스제도는 아직 초보적 단계에 머물러 있으며, 일부 이러한 병원과 시설이 운용되고 있다.

그리고 모어는 모든 사람이 죽음의 순간까지도 고통 속에서 죽기보다는 즐겁게 죽음을 맞이해야 한다는 관점에서 안락사를 적극적으로 주장합니다. 유토피아의 간호사들은 항상 만성 불치병 환자들 곁에 머물면서 그들의 마음을 편안하게 해주고자 함과 동시에 환자의 회복에 도움이 되는 것이라면 무엇이든 제공합니다. 그러나 치료가 불가능하다고 판단되었을 때는 성직자와 관리 들이 환자를 찾아가 고통 속에서 비참하게 죽어 가기보다는 명예로운 죽음을 택할 것을 권장합니다. 가족과 스스로에게 짐이 되지 않고 현실보다 더 나은 사후 세계로 가는 것이 신앙적으로도 경건하다는 생각이 반영된 것입니다. 이러한 모어의 생각은 기독교 교리를 뛰어넘어 매우 파격적입니다. 죽음에 직면한 한 인간에 대해 고통과 비참함을 최대한 완화해 주는 것이야말로 생존해 있는 인간이 죽음에 닿은 다른 인간에게 베풀 수 있는 사랑이며 예의이고 마지막 휴머니즘이라는 것입니다.

기독교에서는 자살을 금지하고 있습니다.* 같은 맥락에서 중세 기독교 사회에서는 안락사도 금지했습니다. 그러다가 18세기 말경에 이르러 소생할 가능성이 없는 사람은 죽음의 고통에서 벗어날

* 기독교에서 자살을 공식적으로 금지한 시기는 452년 아를 Arles 공의회(서로마 제국의 그리스도교 주교들이 참석한 최초의 교회 회의) 이후라는 것이 정설이다.

찬성	반대
환자의 고통을 덜어 주고 품위 있게 죽을 권리를 인정해야 한다.	생명경시 풍조가 만연하게 된다.
소용 없는 치료로 인한 가족의 심적·경제적 부담을 덜어 줘야 한다.	의식 없는 환자를 보호할 수 없다.
회생 가능한 다른 환자들의 치료받을 기회를 빼앗아선 안 된다.	남용될 경우의 결과가 치명적이다.

안락사에 대한 찬반 논란

• 20세기에 들어 안락사에 대한 합법화 움직임이 있었고, 2001년 네덜란드가 최초로 안락사를 합법화했으며, 이후 2002년 벨기에에서 합법화했고, 2005년 프랑스에서는 소생 가망이 없는 말기 환자에 한정해 안락사를 인정하기 시작했다.

• 회기
국회가 활동할 수 있는 일정한 기간.

수 있도록 도와야 한다는 휴머니즘적 관점에서 안락사를 인정해야 한다는 주장들이 등장하기 시작합니다. 비로소 모어의 생각이 구체화되기 시작한 것입니다.

한국에서는 안락사 허용 여부에 대해서 실정법으로 규정되어 있지 않지만 대한의사협회가 2001년에 발표한 〈의사윤리지침〉에 의해 사실상 안락사를 금지해 왔습니다. 그러던 2006년 2월에 소극적 안락사 내용이 포함된 '연명치료 중단 허용 법안'이 국회에서 발의되었지만 회기 만료로 폐기되었고, 2008년 11월에 들어 존엄사를 인정하는 법원의 첫 판결이 내려집니다. 이후 2009년 1월에 시민단체인 경제정의실천시민연합이 적극적인 안락사를 금지하는 대신 단순히 생명을 연장하는 연명치료를 중단할 수 있도록 하는 이른바 '존엄사법'을 국회에 입법 청원한 것을 계기로, 사회적 논의가 본격적으로 시작되고 있습니다.

집 없는 걱정, 아이 키우는 걱정 없이

아이를 낳고 기르는 것은 참으로 성스러운 일이며, 생물학적 관점에서 종족 보존의 성향에 의한 것으로만 설명할 수는 없습니다. 모든 사람이 자신의 어린 생명을 건강하고 훌륭하게 키우고 싶은 소망을 가지고 있습니다. 이러한 소망은 본질적인 것으로 결혼 적령기의 남녀가 배우자를 찾을 때 육체적으로 더 건강하고 아름다우며 지적이고 고매한 인품의 소유자를 원하는 이유인 것입니다. 이는 인간은 유한한 존재이므로, 자신의 아이들에게 모든 것을 전달해 줌으로써 그 자신이 영원히 존재하기를 바라는 마음의 발로입니다. 아름다운 영혼과 건강한 육체 등을 전해 주고 싶은 것이지요.

따라서 출산과 보육은 생명에 대한 존엄성을 현장에서 구현하는 일이기도 합니다. 모든 부모들은 보육에 큰 정성을 들이며 온갖 교육을 통해 자녀가 누구보다 더 아름답고 훌륭하게 성장하기를 기대하고 있습니다. 이러한 노력은 결국 가족을 구성하고 사회를 발전시켜 가는 데 매우 중요한 기능을 합니다. 이러한 점에서 모어는 가족을 중시했고, 특히 보육과 어린이 교육 등에 깊은 관심을 보였습니다.

> 아기와 엄마 들을 위해 만들어진 보육시설에는 항상 따뜻한 불과 충분한 양의 맑은 물, 아기용 침대가 충분히 구비되어 있고, ……아기들은 항상 모유를 먹습니다. ……또 만일 아기 엄마가 병에 걸리거나 사망할 때는 지역 담당관의 부인들이 발 벗고 나서서 유모를 구해 아기에게 젖을 주게 하거나 돌보아 주므로 아무런 문제가 일어나지 않습니다. 왜냐하면 모든 여성 유모 대상자들이 그러한 일을 즐겁게 받아들이기 때문이며, 이러한 행동은 사회적으로 선한 행동이라 받아들여지기 때문입니다. ……보육시설은 또한 다섯 살 이하 아이들의 식당이기도 합니다.(62)

모어는 여성들도 남성들과 동등하게 일을 해야 하므로, 갓난아이와 5세 이하 어린이를 돌봐줄 사회적 시설과 시스템이 절대적으로 필요하다고 보았습니다. 그런데 일하면서 갓난아이들을 보살피는

◦ 가족의 기능으로는 생식 및 출산 기능, 성적 욕구의 충족 및 사회적 통제 기능, 자녀 양육 및 사회화 기능, 경제적 기능, 애정과 정서적 기능, 교육 기능, 보호 기능, 종교적 기능이 있다.

일은 특별한 주의가 필요합니다. 가령 1년간은 아기가 모유를 먹고 자라야 잔병치레를 하지 않고 더욱 건강해진다는 의학계의 권고나, 아이가 필요한 때에는 언제라도 엄마가 곁에 있어야 한다는 점 등입니다.

따라서 모어는 '엄마는 아이에게 생명과 영혼을 나누어 준다'라는 철학적 관점을 시스템으로 구현하고자 갓난아이와 유아를 위한 보육시설을 엄마의 일터에 배치했습니다. 이와 같은 보육 시스템은 단지 구호에 그치지 않고 사회구성원 모두를 자신의 일처럼 적극적으로 나서게 합니다. 이는 다른 사람의 아이라 할지라도 결국 공동체 구성원의 일원으로 성장할 미래의 주인공들에 대해 자신의 깊은 사랑과 자비로움을 나눠줌으로써 공동선을 행하는 것입니다. 그리고 이러한 사회적 보살핌과 안락함 속에서 자라난 아이들이 또다시 후세대 사회의 공동선을 위해 자신의 수고를 마다하지 않겠지요.

유토피아 사회에 비춰 한국의 사회상을 살펴보면 모어의 생각이 얼마나 급진적이었는지를 알 수 있습니다. 한국 사회에서 직장 내 보육시설이 체계적으로 갖춰지기 시작한 것은 2003년부터라 볼 수 있습니다. 그러나 그마저도 일반화되지 못하고, 기업들이 직장 안에 보육시설을 설치할 경우에 여전히 뉴스거리가 되는 상황입니다.

앞으로는 더 많은 여성이 사회에 참여하고 사회는 고급 인력을 활용한다는 차원에서 직장 내 보육시설을 획기적으로 증가시켜야 합니다. 아울러 이러한 경제활동 측면에서뿐만 아니라 인간 생명의 존엄성을 지키고 더 나은 미래 사회를 이끌어 낸다는 점도 감안해야 합니다.

* 2009년 말을 기준으로 전국 수백만 개의 직장을 대상으로 살펴보았을 때, 직장 내 보육 시설이 설치된 곳은 겨우 172개소였다.

이뿐만 아닙니다. 국내에는 약 100만 명의 굶는 아이들이 있다고 하는데, 아직 이에 대한 정확한 통계도 없습니다. 또한 세계 교역 규모가 13위 수준이라는 나라에서 얼마 되지 않는 돈 때문에 아이들에 대한 급식 지원비를 줄이고 있습니다. 예컨대 도시 미관 공사를 위해 수천억 원씩은 쏟아붓지만 결식아동 지원에는 인색하기만 합니다.* 인간의 존엄성을 중요한 가치로 둔 정의로운 나라라면 이러한 경우는 발생하지 않겠지요.

도시는 튼튼하고 높은 성벽으로 둘러싸여 있고, 일정한 간격으로 망루*와 요새가 설치되어 있습니다. ……도시의 거리들은 교통의 원활한 소통과 바람을 막는 기능 모두를 감안하여 잘 설계되어 있고, 건물들은 지극히 인상적입니다. ……집들은 추첨을 통해 배분되고 10년에 한 번씩 바꿔가며 살게 됩니다. ……모든 시민은 정원을 가꾸는 데 온갖 열정을 쏟습니다. 유토피아인들은 정원을 꾸미는 것이 취미이기도 하지만, 같은 거리 안에서 '정원 가꾸기' 경쟁이 치열하기 때문이기도 합니다.(53)

유토피아의 주거환경은 그야말로 최적입니다. 모든 집은 석재와 벽돌로 만들어진 3층 집이고, 집의 뒤쪽에는 대형 정원이 배치되어 있으며 다양한 화초가 길러지고 있습니다. 더욱 중요한 것은 이처럼 살기에 쾌적하고 안전하며, 그야말로 멋진 주택들이 일체 국가로부터 공급되고, 또한 지루하지 않도록 10년마다 바꿔가며 산다는 점입니다. 그리고 가구마다 '정원 가꾸기' 경쟁을 통해 도시 전

* 서울시는 2009년 541억 원의 결식아동 예산을 배정했으나 2010년에는 285억 원으로 삭감했고, 인공분수대 설치에 690억 원, 한강 예술섬 공사 6,735억 원, 서해 뱃길 사업에 2,250억 원의 예산을 배정한 것으로 보도되었다(《군포신문》 2010년 12월 23일자).

* 망루
적이나 주위의 동정을 살피기 위해 높이 세운 다락집.

체의 아름다움을 극대화시키도록 유도하고 있습니다. 요즘으로 보면 녹색의 화려한 도시, 정갈하지만 자연과 함께하는 도시, 친환경적 도시라고 볼 수 있습니다.

　한국의 상황에서 보면 이와 같은 일은 집 없는 서민들에게 꿈같은 이야기입니다. 한국 사회에서 집 없는 사람들의 비율이 2008년을 기준으로 전체 인구의 41퍼센트 수준에 이르렀습니다. 그리고 서울의 경우에는 무주택 가구의 비율이 54퍼센트에 육박합니다. 더욱이 부동산 값은 투기 등에 의해 천정부지로 올라 평생을 일해도 서울에서 살 만한 집 한 채를 얻기 어려운 것이 현재 한국 사회입니다. 주거환경은 말할 것도 없지요. 따라서 유토피아에서처럼 모든 주택을 국가에서 마련해 주는 것이 궁극적인 목표일 수 있겠습니다만, 현실적으로 불가능하다면 선진국 수준의 절반이라도 국가가 제공해 주어야 합니다. 이른바 공공주택을 통해서 말입니다.

　유토피아인들은 공동으로 사용하는 주택을 포함하여 모든 시설에 대해 처음 모습 그대로 보전하고자 하며, 훼손되지 않도록 더욱 신경을 씁니다. 이는 다른 사람들에 대한 배려도 있겠지만, 결국 자신에게 돌아올 부담을 최소화하여 사회 전체적으로 공익을 극대화하기 위한 것이라고 볼 수 있습니다.

　반면에 한국의 경우를 보면 많은 사람들이 공공재를 사용할 때 함부로 다루며 제대로 보존하고자 하는 관념이 희박합니다. 이는 기본적으로 자기 것이 아니기 때문입니다. 이러한 상황이 반복되면 그 훼손도가 심해져 결국 국가가 다시 이를 제공하기 위해 보수 및 유지 비용을 사용할 수밖에 없습니다. 그 비용은 국민의 세금으

* 한국의 공공주택(국가의 지원으로 제공되는 임대주택) 비중은 2008년 기준으로 약 3퍼센트 수준이다. 반면 선진국의 공공임대주택은 평균적으로 영국 24퍼센트, 프랑스 17퍼센트, 덴마크 18퍼센트 수준이다. 다른 선진국들처럼 공공주택의 비율을 높여 투기를 없애고 주택 가격의 안정도 되찾아 집 없는 사람들의 서러움을 경감시켜 줘야 한다.

* 공공재公共財
시장에 방임할 경우 이윤이 발생하지 않으므로 시장 논리(가격과 이윤)에 따라 공급하기보다는 국가나 지방자치단체 등이 제공하는 재화와 서비스의 총칭.

* 경제학에서는 이런 문제를 해소할 수 있는 가장 효율적인 방법으로 사유재산을 인정하는 것으로써 해결하고 있다.

로 충당되기 때문에 결국 공공기물을 훼손하고 파괴하는 행위가 고스란히 자기의 부담으로 되돌아오는 꼴입니다.

지금까지의 내용들을 모두 아우르는 '사회복지'의 사전적 의미는, '사회구성원들이 부딪히는 일정한 형태의 위험에 대해 정부 차원에서 입법을 통해 적절한 조치를 부여하는 집합적인 보장 수단'이라고 정의됩니다. 사회구성원들이 경험하는 위험이란, 소득의 감소와 실직 등에 의한 수입의 상실, 천재지변 등 갑작스러운 사고 등으로 인한 생활비 부족 등의 생활고, 의료 문제 등입니다. 따라서 사회보장의 실질적 범위는 매우 광범합니다.

가장 일반적으로 인용되는 국제노동기구* 규정에 따르면 사회보장제도의 구성 요소는 첫째, 전 국민을 대상으로 하며, 둘째, 모든 국민의 최저생활을 보장해야 하고, 셋째, 모든 위험과 사고로부터 국민을 보호해야 하며, 넷째, 공공기관을 통해 실시되어야 함을 명시하고 있습니다. 그러나 사실상 강제적 성격을 띤 넓은 의미의 사회보장제도는, 자본주의의 산업화와 그 폐해를 최소화하기 위해 19세기 말경에 더욱 구체적이고 체계적인 형태로 실시되었습니다.

모어는 그보다 훨씬 앞서 이러한 이상을 《유토피아》에 세밀하게 펼쳐 놓음으로써 현대 사회복지 혹은 사회보장의 원형을 제시한 것입니다. 특히 사회보장제도를 물질적인 부문에 한정하지 않고 정신적 측면까지 포괄하도록 했습니다. 더욱 중요한 것은 이 모든 것이 시민의 참여 속에 만들어지고 발전되어야 한다는 것을 제시한 부분입니다. 즉 모어는 공동체 사회를 위한 모든 개인들의 헌신과 희생정신이 복지 체제를 완성시킬 수 있다고 보았습니다.

* 국제노동기구ILO
국제노동기구(International Labour Organization)는 1919년 제1차 세계대전 종전 후 '베르사유평화조약(제13항 노동)'에 따라 설립되었다. 이 기구는 전 세계적으로 노동조건과 생활 수준을 개선하는 데 목적을 둔다.

복지국가 달성은 시민의 인식 변화부터

현대에 들어서 극소수의 자선가와 양심적인 사람을 제외하고는, 대부분의 사람들이 극도의 이기주의에 매몰되어 사유재산을 축적하기에 급급하며 사회공동체를 위해서는 단 한 푼의 비용도 부담할 의사가 없습니다. 그러나 이들 모두 도덕적 잣대로써 비난할 수 없는 것은, 모두가 그와 같은 사회 체제 속에 오랫동안 길들여져 왔기 때문입니다. 그러므로 비난받아 마땅한 주체는, 그러한 사회경제 시스템으로 몰아가고 있는 계층과 사람들이라 할 수 있습니다.

최근 한국의 정치권에서는 복지국가를 화두로 하여 무상 급식, 무상 의료, 무상 교육, 반값 등록금 등의 논쟁이 활발히 진행되고 있습니다. 그런데 이러한 논의는 훨씬 오래 전에 마무리됐어야 옳습니다. 가난하여 비참한 생활에 놓인 사람들조차 유토피아처럼 완벽한 복지 체계를 바라지 않습니다. 그들은 그저 인간다운 삶을 희망할 뿐입니다. 그리고 복지는 모든 것을 오로지 국가가 책임지고 보장해야 하는 것이 아니며, 국가와 국민 모두 서로에 대한 의무를 지켜야 함을 제대로 인식해야 합니다.

국가는 국민의 생명 보호와 신체의 안전, 그리고 행복한 삶을 살 수 있도록 필요한 제반 사항을 지원할 의무가 있습니다. 이러한 관점에서 루소는 "세금이란 정부가 그것을 징수하는 국민으로부터 멀어질수록 무거워진다. 과세의 경중輕重은 과세의 양에 의해서가 아니라 징수된 세금이 국민에게 얼마나 신속히 직접적으로 혜택을 주는가에 달려 있다"라고 말한 바 있습니다. 마찬가지로 국민도 국가

● 루소의 《사회계약론》 제8장 '모든 통치 형태가 모든 국가에 적합한 것은 아니다' 부분에 나타난다.

가 의무를 충실히 수행할 수 있도록 각종 세금 등을 정직하게 납부할 의무가 있습니다.

따라서 '소득 있는 곳에 세금 있다'라는 조세의 정의를 바로 세워야 합니다. 이를 위해서는 먼저 지하경제°를 척결해야 합니다. 한국의 지하경제 규모는 2008년을 기준으로 국내총생산액의 약 18퍼센트 수준(약 170조원)입니다. 이로써 세금 탈세 규모도 약 22조원에서 29조원에 이르는 것으로 추정됩니다. 이처럼 천문학적인 돈이 매년 세금으로 걷히지 않고 있는 실정입니다. 이 규모는 2008년도 정부 예산 256조 원의 8.6퍼센트에서 11.3퍼센트에 달하고, 복지예산의 약 32.5퍼센트에서 42.8퍼센트에 달하는 엄청난 금액입니다. 그러므로 이 부분만 올바로 집행된다면 복지예산의 논쟁은 쉽게 종결될 수 있습니다.

또한 일부 고소득 계층이 세금을 제대로 납부하지 않고 있습니다. 2010년을 기준으로 고액체납자 현황은 개인이 1,695명, 법인(회사)이 1,102명 등 총 2,797명의 명단으로 확인할 수 있습니다. 이들이 납부하지 않은 세금 액수는 무려 5조 6,413억 원에 달합니다. 또한 최근 5년간 총 체납액°은 2006년 17조 9,132억 원에서 2010년 21조 822억 원을 기록함으로써 그 심각성을 가능할 수 있습니다.° 2010년의 체납액 규모는 정부예산의 약 7.2퍼센트에 해당합니다. 그러므로 일부 정치권자들의 말과 달리 복지예산의 조달은 의외로 어렵지 않아 보입니다.

이 밖에도 복지국가를 달성하기 위해 모든 국민이 세율을 높이는 것에 대해 찬성해야 합니다. 다만 여기에는 정부의 투명성과 국가

° 지하경제
국민이 수행하는 합법적이며 시장을 통해 거래되는 경제활동 중에서, 세금이나 노동 관련 규제 등 각종 규제를 회피하기 위해 국가가 인식하지 못하도록 개인 및 기업 들이 거래 내역을 감추어 놓은 부분이다.

° 체납액
세금 등 각종 공과금 등을 정해진 기한까지 내지 못하여 밀려 있는 금액으로, 여기서는 세금만을 의미한다.

° 연도별 체납액은 2007년 17조 9,489억 원, 2008년 18조 3,716억 원, 2009년 19조 6,807억 원이다(국세청, 2010.12.15).

의 책임성, 공직자들의 헌신성이 동시에 확보되어야 함을 전제로 합니다. 한국의 개인 최고 소득세율은 현재 35퍼센트에 불과합니다. 반면 북유럽 복지국가들의 개인 최고 소득세율은 스웨덴이 55퍼센트, 노르웨이가 47.8퍼센트, 네덜란드가 52퍼센트, 덴마크가 59퍼센트 등으로 매우 높습니다. 아울러 한국의 조세부담률은 21.1퍼센트인 반면, 스웨덴이 36.6퍼센트, 노르웨이가 35.2 퍼센트, 네덜란드가 25.1퍼센트, 덴마크가 48.1퍼센트로서 이 또한 매우 높습니다. 그리고 국민부담률은 한국이 28.7퍼센트인 반면, 스웨덴은 48.2퍼센트, 노르웨이 43.4퍼센트, 네덜란드 38퍼센트, 덴마크는 48.9퍼센트의 높은 부담률을 보이고 있습니다.

이처럼 대부분의 선진 복지국가에서 국민의 부담이 한국과 비교해 월등히 높고, 이들 국가의 1인당 소득 수준도 높습니다. 그러나 한국 사회의 부유층과 기득권층은 세율을 올리는 데 대해 여전히 반대하고 있습니다. 사유재산제도를 가지고 있는 복지국가들의 역사를 보면, 결코 국가가 부유해서 복지가 잘 이루어지는 것이 아닙니다. 오히려 복지 체제가 촘촘히 구축되어 있기 때문에 이들의 생활 수준과 문화 수준, 특히 행복 수준 등이 높아진 것을 쉽게 확인할 수 있습니다. 결국 사회구성원 모두가 공동체의 공익과 공동선을 얼마나 중시하는가에 따라 복지국가로 발전할지 아닌지 결정되는 것입니다.

따라서 한국이 복지국가로 거듭나기 위해서는 우선 국민이 각성하고 참여해야 합니다. 또한 이들을 이끄는 탁월한 지도자와 올바른 정치 집단을 만들어가야 합니다. 그러므로 모든 국민은 대표자

* 조세부담률
한 국가의 국내 총생산 또는 국민소득에 비해 세금이 차지하는 비율.

* 국민부담률
조세부담률과 사회보장부담률의 합계로서 국민이 1년간 부담한 세금과 각종 사회보장기여금을 국내 총생산에서 차지하는 비율.

로널드 레이건(1911~2004)
미국의 제40대 대통령. 조세를 감면하고 사회복지 지출을 억제한 '레이거노믹스'로 재정 적자와 무역 적자를 초래했다.

를 선출할 때 공동체 사회 전체의 이익을 위해 헌신하고 봉사해 온 사람들로 잘 가려내야 할 뿐 아니라, 공직자들을 철저히 감시해서 그들의 잘못을 바로잡아야 합니다. 그들은 국민을 대신하는 대리인 agency에 불과한 반면에, 국민은 국가의 주인이기 때문입니다. 따라서 돈의 노예가 되어 법과 제도를 엉망으로 만들어 버리는 개인과 집단이 발붙이지 못하도록 하는 것도 국민의 몫입니다.

국민은 반인본적 상황과 부정의, 부패, 이기주의, 부도덕과 비윤리적 행동에 분노하고 이러한 관행을 바꿔나가는 데 적극 나서야 합니다. 아울러 개인주의와 시장만능주의를 방패삼아 살아가는 사람들도 그 인식을 시급히 전환해야 합니다.

✣ 누진세제도

소득이 많은 사람일수록 그만큼 더 많은 세금을 징수하는 누진세제도는 소득이 증가함에 따라 과세 기준이 높아지므로 조세부담의 공정성을 확보할 수 있다. 이 제도는 빈부격차를 완화하려는 제도 가운데 하나로서, 솔론의 개혁에서 최초로 등장했다. 그는 전체를 4개의 계급으로 나누고 하층 계급은 세금을 면제하고, 최상층 계급은 기본 세금의 약 2.4배를 납부하도록 했다. 조선 시대의 세종도 전분6등법과 연분9등법을 도입해 토지의 비옥도와 흉년과 풍년을 기준으로 세금을 차등하여 부과하는 혁신적인 세제를 실시하기도 했다. 그 뒤 소득에 관한 누진세는 20세기에 들어 일반화되었다. 한편 강력한 누진세 정책은 소득의 많은 부분을 세금으로 납부해야 한다는 점에서 궁극적으로 경제 활력을 감소시킬 수 있으나 이는 부차적인 문제이다.

사유재산의 역사

현대 자본주의는 사유재산제도를 그 핵심으로 하고 있습니다. 그렇다면 자본주의 이전에는 사유재산제도가 없었을까요? 본래 이 제도는 자본주의보다 훨씬 더 오래전부터 존재해 왔습니다. 인류가 지구상에서 살아가기 시작할 당시에는 모든 것이 공유재산제도였습니다. 그런데 당시에는 재산이라는 의미가 없었으므로, 따라서 이를 제도라고까지 할 수도 없습니다.

현생 인류의 초기 조상이라 알려진 호모 사피엔스 사피엔스Homo sapiens sapiens만 해도 약 20만 년 전으로 거슬러 올라갑니다. 전기 구석기 시대는 약 250만 년 전부터 약 20만 년 전까지, 후기 구석기 시대는 약 4만 년 전부터 약 2만 년 전까지라고 봅니다. 이후부터는 신석기 시대라고 하는데 지역마다 그 시기의 차이가 있습니다. 그리고 서아시아는 6천 년경부터, 유럽은 4~5천 년경, 시베리아는 3~4천 년경, 중국은 3500년경에 비로소 청동기 시대로 진입한 것으로 알려지고 있습니다.

이 가운데 인류는 신석기 시대에 들어서 비로소 자급자족한 것으로 밝혀졌습니다. 신석기 시대는 식량을 자급자족하기 위해 생산경제 체제를 구축했으며, 이를 신석기혁명 또는 신석기 농업혁명이라 칭하기도 합니다. 여기에서 자급자족이라는 의미는 바로 자기의 것과 타인의 것에 대해 구분이 이루어졌다는 것입니다. 그러나 이 시대에서도 아직까지는 공동의 소유, 공동의 노동, 공동의 분배가 이루어진 것으로 보입니다. 타인에 의한 타인의 공격, 집단과 씨족의 공격은 개인이 혼자 감당할 수 없었을 것이므로 공동체생활이 자연스럽게 이루어졌을 것이며, 모든 작업의 능률과 효과라는 면에서 개인보다는 공동의 작업이 더 현실적이었을 것입니다. 따라서 농경 시대에 들어 정착생활이 일반화되면서부터 사유개념이 크게 확장되었을 것으로 봅니다.

사유재산은 고대나 지금이나 문제의 핵심이지만 그 기원은 정확하지 않습니다. 다만 정치권력과 관계되어 있다고 추정할 수 있습니다. 이집트에는 기원전 3200년경, 중국의 하夏 왕조는 기원전 2000년경부터 왕조가 존재했다고 합니다. 그리고 메소포타미아의 함무라비 왕(기원전 1728~기원전 1686)에 의해 만들어진 〈함무라비 법전〉에는 총 282개의 조항이 기록되어 있는데 이는 당시의 농경 시대 및 노예제도 등과 관련된 민법 및 상법에 관한 것들입니다. 기원전 2333년 무렵 세워진 우리나라 최초 국가인 고조선의 〈8조 금법〉에도 보면 '도둑질 하는 자'가 명기되어 있고, 이로써 '내 것이 아닌 다른 사람의 것'의 개념이 성립되었음을 알 수 있습니다. 또한 기원전 1200년부터 기원전 100년 사이에 기록된 〈구약성서〉는 중동의 메소포타미아와 유럽의 일부 지역, 이집트의 일부 지역의 경제 사회와 관련된 것으로 유추해 볼 수 있습니다.

이처럼 왕조, 즉 권력을 동원해 국가와 사회를 통치했다는 점은 바로 사유재산제도가 완전히 정착된 것이라고 추정할 수 있습니다.

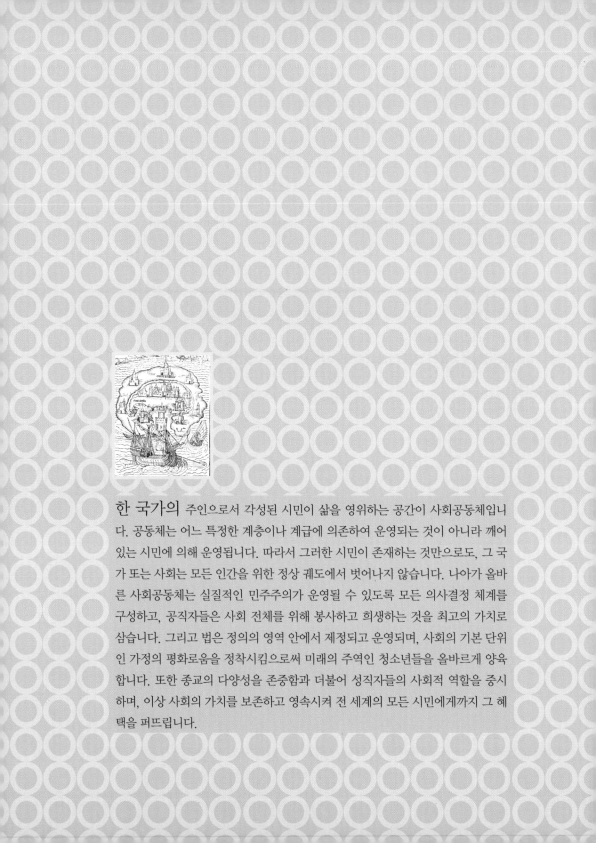

한 국가의 주인으로서 각성된 시민이 삶을 영위하는 공간이 사회공동체입니다. 공동체는 어느 특정한 계층이나 계급에 의존하여 운영되는 것이 아니라 깨어있는 시민에 의해 운영됩니다. 따라서 그러한 시민이 존재하는 것만으로도, 그 국가 또는 사회는 모든 인간을 위한 정상 궤도에서 벗어나지 않습니다. 나아가 올바른 사회공동체는 실질적인 민주주의가 운영될 수 있도록 모든 의사결정 체계를 구성하고, 공직자들은 사회 전체를 위해 봉사하고 희생하는 것을 최고의 가치로 삼습니다. 그리고 법은 정의의 영역 안에서 제정되고 운영되며, 사회의 기본 단위인 가정의 평화로움을 정착시킴으로써 미래의 주역인 청소년들을 올바르게 양육합니다. 또한 종교의 다양성을 존중함과 더불어 성직자들의 사회적 역할을 중시하며, 이상 사회의 가치를 보존하고 영속시켜 전 세계의 모든 시민에게까지 그 혜택을 퍼뜨립니다.

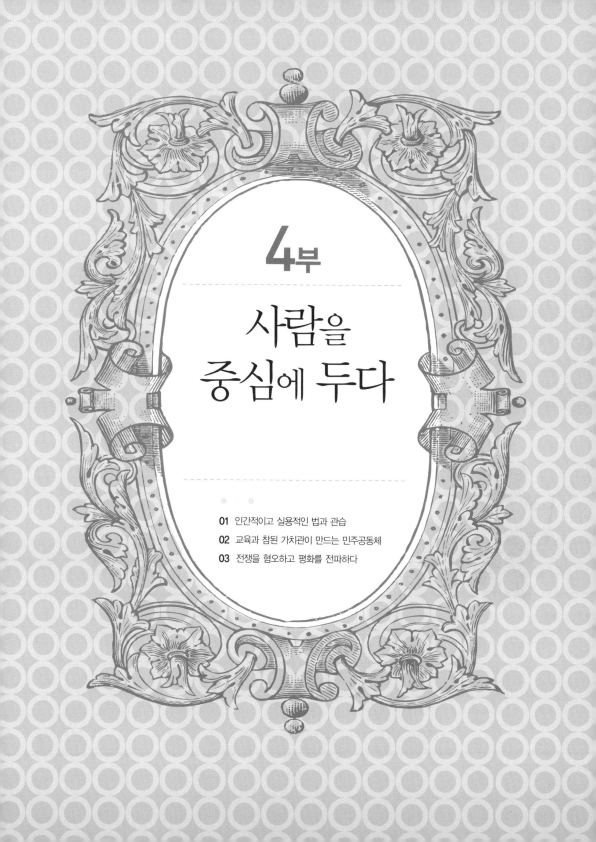

4부

사람을 중심에 두다

01 인간적이고 실용적인 법과 관습

법은 정의를 지킴으로써 존재한다

자신을 희생하여 타인의 행복을 위해 살고자 하는 도덕적으로 선한 사람들이 많은 사회, 다툼과 싸움이 없는 사회, 거짓과 사기가 없으며, 도둑과 폭력과 강도와 살인의 공포가 없는 사회에서는 법이 존재할 이유가 없겠지요.

그러나 현대에는 한 가족 사이인 형제·자매간, 부부간, 부모와 자식 간에도 재산 다툼이 만연하고, 심지어 살인이라는 극악한 범죄까지 발생하고 있습니다. 이런 사회에서는 법이라는 요소가 반드시 필요합니다. 이에 따라 하루가 멀다 않고 수많은 법률들이 제정되고 있지만, 반사회적 또는 반인륜적인 범죄는 더욱 증가하고 있

정의의 여신
정의의 여신(디케Dike)은 옳고 그름을 판단하는 데 있어 주관성을 버린다는 의미로, 천으로 눈을 가리고 있다. 또한 오른쪽 손에는 칼을, 왼쪽 손에는 저울을 들고 있는데 이는 엄정한 기준에 따른 판단에 의거하여 정의가 이루어짐을 상징한다.

습니다. '유전무죄 무전유죄'*의 상황도 여전히 사라지지 않고 있습니다. 도대체 무엇 때문일까요?

이는 인구가 많아지고 그만큼 사회관계가 더욱 복잡해졌으며 개인의 권리가 중요해진 결과입니다. 아울러 윤리와 도덕, 종교적 철학이 빈곤해졌기 때문이며, 또한 인간의 자만과 탐욕과 허영과 극도의 이기심과 경쟁하는 마음들 때문에 그렇습니다. 그리고 무엇보다 핵심적인 것은 돈이 모든 가치의 기준이 된 사회, 즉 인간의 무한한 욕망을 부채질하는 데 가장 주효한 자본주의 사회 체제이기 때문입니다.

유토피아 사회에서는 최소한의 법률만 존재합니다. 이 사회에서는 법이 그다지 필요 없기 때문입니다. 솔직하게 유토피아인들이 다른 나라들을 비판하는 근거들 가운데 하나가, 그 나라들에는 이미 법률 서적과 해설서들이 매우 다양하게 존재하고 있음에도…… 그러한 책들이 너무 길고 어렵게 만들어져 일반인들이 도저히 이해할 수 없고 따라서 끝까지 읽거나 해독할 수 없기 때문에 오히려 법이 일반인을 옥죄는 결과를 초래하므로 부당하다는 것입니다. 유토피아에는 송사*와 법률 쟁점들을 다루는 데에만 영악한 변호사들은 두지 않습니다. 유토피아인들은 자기와 관련된 사건을 스스로 변론합니다. 왜냐하면 변호사들이 판사에게 하는 정도의 요설*보다 자기가 직접 하는 변론이 더 효과적이라 생각하기 때문입니다. 자신이 직접 변호한다면 법률적 쟁점들이 모호하게 될 가능성이 줄어들고 진실에 접근하기가 더욱 쉬워진다고 생각합니다.(87)

* 유전무죄 무전유죄有錢無
罪無錢有罪
1988년에 절도범 지강헌이 500만 원 절도를 저지른 자기보다 600억 원 횡령한 자의 형기가 더 짧다는 데에 불만을 느껴 교도소 이감 중에 탈출했다. 지강헌 일행은 서울 시내의 한 가정집으로 들어가 인질극을 벌였는데, 이때 그가 '돈 있으면 무죄, 돈 없으면 유죄(유전무죄 무전유죄)'라고 외치며 사회 세태를 꼬집는 장면이 그대로 생중계되면서 관심을 끌었다.

* 송사訟事
소송訴訟이라고도 하며, 분쟁이 있는 두 입장(원고와 피고)에 대해 재판으로 옳고 그름을 판결해 줄 것을 법원에 요구하는 일.

* 요설饒舌
쓸데없이 말을 많이 함.

《로마법 대전》첫 장의 그림
《로마법 대전》은 국가의 온갖 법을 집대성한 기념비적인 출간사업으로, 이후 유럽의 여러 나라에 계승되어 큰 영향을 주었다.

모어는 유토피아를 통해 법이 필요 없는 사회를 지향합니다. 따라서 유토피아 사회에서는 최소한의 법이 정의를 지킬 수 있도록 사람들의 인식과 제도를 개혁하는 한편, 법률의 숫자를 최소한으로 줄이고 내용을 단순화함으로써 법을 잘 알지 못하는 사람들이 위법 행위를 저지를까 봐 전전긍긍하지 않도록 합니다. 즉 법이 인간을 위해서만 제정되고 작동하도록 하며, 법 자신을 위해서는 존재하지 않도록 했습니다. 특히 법을 활용해 부귀영화를 누리고자 하는 부류들이 법을 자의적으로 해석하는 것을 배척합니다. 또한 부유층과 권력층의 편에 서서 사회정의를 파괴하는 변호사 제도를 없앴으며, 법의 도움이 가장 절실한 사람들에게 실질적인 도움을 줄 수 있도록 법을 그들 가까이에 두었습니다. 이로써 실체적 진실을 찾아내기 위해 시민 스스로가 자신을 변호할 수 있도록 했습니다.

법의 본질은 정의에 기초하여 판결하는 것입니다만, 현실에서는 법이 반드시 정의를 수호하지는 않습니다. '유전무죄 무전유죄'의 상황이 당시뿐만 아니라 현재에도 계속되고 있는 것을 보면 말입니다. 모어는 법이 정의를 수호하지 못하는 이유로 탐욕에 눈이 먼 귀족과 부자 들이 그들만을 위한 법을 제정하고, 일반인은 이해하기 어렵도록 법을 복잡하게 만들기 때문이라고 보았습니다. 이러한 법조문 때문에 변호사가 존재하며, 돈에 팔린 많은 변호사들이 법구절을 교묘하게 해석함으로써 정의를 무너뜨린다는 것이지요.

이는 모어 자신이 변호사로서 성공을 거두었고 그의 아버지 또한 변호사였던 경험에서 비롯된 것이라는 점에서 당시 법률가들의 행

태를 짐작하고도 남음이 있습니다. 모든 것이 그때보다 발전한 현대에도 많은 법률가들이 그때와 마찬가지로 농간을 부리는데, 하물며 사회구조가 지금보다 훨씬 더 열악한 모어가 살던 시대에 그들의 횡포는 말로 표현할 수 없었을 것입니다. 그리하여 모어는 유토피아 사회에 변호사를 두지 않았습니다.

유토피아의 법은 극소수의 법령들만이 존재하기 때문에 모든 사람들이 법률전문가가 되어 버렸습니다. 또한 이 사회에서는 가장 단순하고 명백한 법 해석이야말로 가장 좋은 것으로 받아들여집니다. 어떤 법률의 해석이 더 정교할수록 그 법률은 효율적이지 못한 것임에 반해, 단순하고 명료한 법과 해석은 모든 시민으로 하여금 큰 도움을 주기 때문입니다. 유토피아인들이 알고 있는 법률의 단 한 가지 목적은 모든 사람에게 그들이 당연히 해야 할 의무를 상기시켜 주는 것입니다. 한 사회에서 그 어떠한 집단들보다 법률의 도움을 받아야 할 하층민들의 입장에서는 수많은 영악한 법률적 논쟁과 궤변을 통해 결론이 내려지는 법은 의미가 없습니다. 그렇기 때문에 차라리 단 하나의 법도 만들지 않는 것이 더 좋을지도 모릅니다. 먹고 살기에 급급한 사람들은 그러한 논쟁과 궤변 들을 속속들이 연구할 시간이 없습니다.(87)

모어는 가장 좋은 법이란 가장 단순하고 명쾌해야 한다고 보았습니다. 그리고 법률의 목적은 모든 사람들이 해야 할 의무를 가르쳐 주는 것이며, 이런 법을 가장 필요로 하는 계층은 서민층

＊ 1997년에 일부 변호사들이 전직 경찰, 법원 및 검찰 출신 직원들을 고용하여 거액의 알선료를 주고 사건을 소개받았다. 2003년에는 검찰의 법조비리 수사 결과, 검찰이 구속된 사람을 위해 증거의 인멸뿐 아니라 범죄자의 재산 관리까지 맡았음이 밝혀졌다. 또한 재판에 있어서 판검사에게 로비 명목으로 돈을 요구하거나, 곤궁한 처지에 있는 재소자들을 꾀어 수임료를 가로채는 등의 행각까지 벌였다.

유토피아의 법과 정부
《유토피아》(1715)의 〈유토피아의 법과 정부Laws and Goverment of Utopia〉 부분 삽화.

입니다. 복잡하고 난해한 법은 먹고 살기에 바쁜 서민들에게 전혀 도움이 안 되므로, 차라리 법을 만들지 않는 편이 더 나을 것입니다. 반면에 법이 단순하다면 누구라도 자신이 필요로 하는 법에 대해 잘 알 수 있으므로 변호사 없이도 스스로 자신을 변호할 수 있습니다.

• 고대 아테네의 시민은 수백 명이 모인 재판을 즐겼고, 재판의 당사자가 되면 자신이 직접 변론을 했다.

모어가 법의 목적°에 대해 '모든 사람이 해야 할 의무를 제시해 주는 것' 정도로 이해하는 것은, 유토피아에서는 개인의 모든 권리를 국가가 충분히 보장해 주고 있기 때문으로 보입니다. 즉 개인의 천부적인 권리를 개인이 요구하지 않아도 사회적으로 알아서 구현해 주기 때문에 그 밖에 다른 목적은 가질 필요가 없는 것입니다.

• 일반적으로 질서의 유지, 정의의 실현, 문화의 증진과 더불어 각각의 개별법에 따른 목적을 가진다.

법 앞에서의 평등°은, 판결의 전 과정과 법리의 적용 등에서 모든 사람의 권리가 침해되지 않도록 하는 것은 물론이며, 법의 내용을 쉽게 이해할 수 있도록 배려함으로써 구현됩니다. 이것은 법률가가 아닐지라도 모든 사회구성원들이 법을 쉽게 이해하고 활용할 줄 알아야 한다는 생각으로서 현 사회에 많은 시사점을 줍니다. 예컨대 한국의 각종 법조문을 살펴보면 곳곳에 어려운 법률 용어들이 즐비합니다.° 더욱이 판사들의 판결문을 읽다 보면 어려운 한자말들로 인해 내용을 파악할 수 없는 경우도 부지기수입니다. 법률전문가인 변호사들조차 이해하기 어려운 경우가 있을 정도입니다. 이처럼 사소해 보이는 것일지라도 법 앞의 평등을 위해 시급히 개선되어야 할 부분입니다.

• 법을 정립·집행·적용할 때 불평등해서는 안 된다는 원칙으로, 모든 국가의 헌법에 규정된 평등권이며 민주정치의 기본원리이다.

• 예를 들어 삭도(索道, 케이블카의 케이블 종류), 분마(奔馬, 급히 뛰는 말), 장리(掌理, 일을 맡아서 처리함), 정려(精勵, 부지런히 일함), 저치(貯置, 저축해 둠), 위기(委棄, 포기하여 넘김), 결궤(決潰, 둑 따위가 무너짐) 등이 있다.

모어의 평등관은 절대적 평등입니다. 그가 생각한 특권은 지혜롭고 청렴결백한 지도자들과 어른들에 대한 가장 기본적인 예의로서,

좋은 식사를 우선적으로 가져다주거나 좋은 좌석에 앉게 하는 정도입니다. 이에 반해 한국 사회는 어떻습니까? 정치인을 포함한 고위직 공직자(입법, 사법, 행정)들과 부유한 자들이 현실에서 누리는 각종 특권들을 보면 부정의함이 극에 달합니다. 대표적인 것이 바로 전관예우° 관행입니다. 이것은 정의롭지 못한 것이며 공동체를 위해 시급히 척결되어야 할 악습입니다. 따라서 모어의 절대평등을 바탕으로 기득권 세력에 의해 정의가 훼손되고 있는 현 사회에 대한 깊은 성찰이 필요한 때입니다.

> 뇌물로 매수되거나 개인의 좋고 싫음에 따라 잘못된 결정을 내리지 않아야 함은 판사직을 수행하는 사람에게 매우 중요한 원칙입니다. 그러한 점에서 유토피아의 판사는 개인적 편견과 돈에 대한 탐욕에 따라 잘못된 결정을 내리지 않습니다. 편견과 탐욕은 법정을 위협하는 가장 큰 두 가지 해악으로, 일단 이런 해악들이 사회를 지배하면 모든 정의가 파괴되는 것은 당연하고, 그 사회는 즉시 절름발이가 되기 때문입니다.(88)

이는 정의의 수호자인 판사들이 반드시 지켜야 할 내용입니다. 탐욕에 눈이 먼 특권층이 정의를 훼손하려는 시도를 무산시키는 일에 판사만큼 중요한 직책은 없기 때문입니다. 형사사건과 민사사건 등 각종 송사에서 원고와 피고 들은 자신에게 유리한 결과를 끌어내기 위해 모든 수단과 방법을 가리지 않습니다. 돈과 연고(혈연, 지연, 학연 등), 권력 등이 이에 모두 포함됩니다. 그러므로 '사회적 배

° 전관예우
판사나 검사로 재직한 사람이 변호사로 개업할 경우 그 변호사가 맡은 사건에 대해 법원과 검찰이 유리하게 판결하는 법조계의 관행적 특혜를 제공하며 아울러 더 많은 사건을 수임受任하도록 돕는 대표적인 법조비리이다. 높은 관직을 지낸 사람에게 퇴직 후에도 특별대우를 해주는 관행을 일컫기도 한다.

울피아누스Domitius Ulpianus
로마의 관리이며 법학자(170?~
228?). 저서로 《시민법 주석서》,
《고시주해》등을 남겨 로마법에
많은 영향을 끼쳤다. 그는 "정
의는 각자에게 그의 권리를 주
려고 하는 항상 불변의 의지이
다"라는 명언을 남겼다.

칸트Immanuel Kant
독일 계몽주의 철학자(1724~
1804). 합리론과 경험론을 종
합했으며, 저서에 《순수이성
비판》, 《실천이성비판》등이
있다.

경이 없는' 사람과 변호사를 구할 수 없는 가난한 계층은 재판에서 태생적으로 불리할 수밖에 없습니다. 따라서 판사는 난무하는 허위와 위증과 교활함 속에서 숨겨진 진실을 가려내고 정의를 수호해야 하는 마지막 보루라고 하는 것입니다.

여기에서 모어는 정의가 무너진 사회는 곧 절름발이 신세가 된다고 했습니다. '정의'라는 개념은 고대부터 존재해 왔고, 앞서 살펴본 바와 같이 아리스토텔레스, 울피아누스, 토마스 아퀴나스 등 이후 많은 철학자들이 언급했으며, 그들 나름대로 발전시켜 왔습니다. 그리고 애덤 스미스도 정의에 관해 모어와 거의 동일한 인식을 가지고 있습니다. 이들 모두가, 정의란 사회를 지탱하는 중심적인 기둥이고, 따라서 부정의가 만연해지면 그 사회는 파멸된다고 강조합니다.

법의 이념은 정의를 실현하는 것입니다. 따라서 법이 이상 사회의 기초라 할 수 있으나, 모어는 반드시 법에만 의존하지 않습니다. 그는 법 외에 공동체 사회를 관통하는 관용과 사랑으로 정착된 훌륭한 관습 등도 정의를 실현하는 데 중요하다고 생각합니다. 이는 모어가, 정의의 수호자인 법이 현실에서 악의 수단으로 활용되는 것을 체험했기 때문입니다. 이러한 세태를 두고 칸트 역시 법률가들은 평소에 법의 개념이 무엇인지 정의定義하느라고만 바쁘다고 비판합니다.

이러한 절름발이 사회 현상과 법률인들의 역할의 관계는 현대에도 전혀 변하지 않고 있습니다. 아울러 법이 제대로 작동하지 못하는 사회는 정의가 사라지므로 인간불평등을 더욱 가속화시킬 것입

* 이러한 불평등을 막기 위해 국선변호인제도를 도입하고 있으나, 실질적인 효과는 크지 않다. 국선변호인제도란 형사 사건 피고인이 스스로 변호인을 구할 수 없을 때 국가에서 변호인을 붙여 주는 것이다.

니다. 따라서 법이 법률가들만을 위해 존재하지 않도록 해야 하며, 자본가 및 권력 집단만의 법이 되도록 해서도 안 됩니다. 그뿐만 아니라 특수한 집단의 권력과 부를 창출하기 위한 도구로 전락하지 않도록 주의해야 합니다.

건전한 사회는 행복한 가정에서부터

모어는 앞서 최소한의 법이 가장 좋은 법이라고 했습니다. 그러나 사회의 가장 기초 단위인 가정(가구)을 근본적으로 파괴할 수 있는 범죄는 엄격하게 다루었습니다. 이는 어린이들을 보호하기 위한 것인 한편, 장차 건전한 사회를 가꾸어 가는 데 가정이 더없이 중요한 요소라는 판단에 따른 것입니다.

가정은 사회를 이루는 가장 기본 단위이며, 어린이들이 부모의 신뢰와 사랑 속에서 윤리와 도덕적 기초를 습득하는 곳이기도 합니다. 그런 점에서 모어는 가정의 평화를 또 하나의 중요한 사회적 덕목으로 보았습니다. 이를 해치는 가정의 불화는 여러 가지 요인에 의해 발생하는데, 그 가운데 빼놓을 수 없는 것이 바로 결혼 전의 이성 교제입니다. 따라서 모어는 혼인하기 전의 남녀관계에 대해 엄격한 잣대를 들이댑니다.

결혼할 수 있는 나이는 소녀들이 18세, 소년들은 22세로 정해져 있습니다. 만일 그 전에 혼전 성

한국 청소년의 성경험
2010년도 기준으로 한국의 청소년 18,544명(일반 청소년 16,572명, 위기청소년 1,972명)을 대상으로 조사한 결과, 일반 청소년의 성관계 경험률이 3.2퍼센트였으며 첫 경험 연령은 평균 15.6세로 파악됐다. 특히 위기청소년(소년원에 수감 중이거나 청소년 쉼터에 거주 중인 가출 청소년 등)의 경우, 성관계 경험률이 44.7퍼센트로 나타났으며 첫 경험 연령은 14.9세였다(여성가족부). 이러한 현상은 청소년들의 정상적인 신체 성장을 방해하고, 흡연, 음주, 가출, 자살 등 사회적 문제를 야기한다.

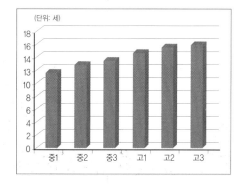

관계를 가진 것이 밝혀지면 당사자들은 매우 혹독한 벌을 받습니다. 그리고 해당 도시의 시장이 그 죄를 용서해 주지 않으면, 그들은 영원히 결혼할 자격을 얻지 못합니다. 나아가 이러한 사건이 발생하도록 방치한 가구의 남녀 책임자는 그 직분을 올바로 수행하지 못했다는 점에서 많은 시민 앞에 공개적으로 창피를 당하는 수모를 겪습니다. 유토피아인들이 이 문제에 대해 특별히 가혹하게 다루는 것은 혼전 성관계를 제대로 통제하지 못할 경우 상호 신뢰에 기초한 올바른 혼인이 불가능해지고, 따라서 이러한 결혼을 원하는 사람들이 거의 없을 것이기 때문입니다. 결혼이란 일생을 단 한 명의 이성과 생활하는 것이고, 또한 서로 모든 불편을 참아내야 하는 것이기 때문입니다.(83)

이것은 건전한 가정을 위해 불화의 원인이 되는 요인을 사전에 방지하기 위함입니다. 결혼은 신뢰를 바탕으로 하는 것이 무엇보다 중요합니다. 남녀 간의 사랑이라는 것도 이러한 신뢰가 없다면 단지 인간의 본능적인 욕구만을 채우는 행위에 불과하며, 많은 경우가 거짓 사랑을 내세워 육체관계를 맺기 때문입니다. 또한 육체적 쾌락의 일종인 성관계는 근본적으로 열등한 쾌락이라는 모어의 인식이 반영된 결과입니다.

특히 모어는 사회적으로 용인되고 축복받은 절차를 거치지 않은 상태에서, 그것도 결혼 적령기에 들지 않은 청소년들의 일탈된 성관계는 여러 사회 문제를 일으키며, 궁극적으로 이로 인해 사회의

이슬람법의 칼왓 금지

이슬람법에는 사람들의 의복 상태를 단속하고 남녀가 함께 있는 상태인 '칼왓khalwat'을 금지하는 조항이 있다. 이로 인해 종종 남성과 여성을 24시간 구금하거나, 결혼을 강요하고, 여성에게는 처녀성 검사를 실시하기도 하는데, 2009년에는 어린아이들을 포함해 800명이 넘는 이들이 칼왓법에 의해 구금당하거나 채찍형과 벌금형을 받았다. 국제 인권 단체에서는 이 법을 지나친 인권 침해로 보고 있다.

기반이 흔들린다고 보았습니다. 따라서 유토피아에서는 혼전 성관계를 가진 당사자들은 특별한 경우를 제외하고는 영원히 독신으로 살게 하며, 그들의 가정교육을 책임지고 있는 부모들도 많은 사람들 앞에서 망신을 당합니다. 이는 무분별한 혼전 성관계가 용인되는 가정은 부모의 교육과 사랑이 올바로 전해지지 못한 것으로 보기 때문입니다. 아울러 당사자들의 정신적 상태는 저급한 육체적 쾌락을 탐닉하여 궁극적으로 본인은 물론 다른 사람들과 나아가 사회 전체에 해악을 끼칠 수 있는 것으로 판단합니다.

마녀사냥
세계사의 전형적인 여성 억압 사례이며 현재의 여론재판과도 맥이 통한다. 여성들은 단지 누군가의 고발과 소문만으로 마녀가 되었다. 지금도 무분별하게 이뤄지고 있는 여론재판의 '사회적 희생양'을 곧잘 마녀사냥에 비유하며 현대판 마녀사냥이라고 일컫는다. 마녀사냥은 12세기 이후 기독교 주도로 이루어진 것으로 알려졌으나, 민중 사회에서 발생한 마녀재판은 15세기부터 18세기에 걸쳐 유럽 전역에서 진행된 것으로 확인되고 있다.

그러므로 온전하고 평온한 가정 그리고 사랑과 신뢰가 깊은 가정에서만이 올바른 아이들로 성장할 수 있고, 사회적으로 청소년의 비행非行과 범죄를 최소화할 수 있습니다. 아이들이 미래의 주역이라는 점에서 사회적으로 많은 애정과 관심을 쏟지만, 가정의 안락함과 사랑보다 더 중요한 것은 찾기 어렵습니다.

이처럼 혼전 성관계 금지와 이혼 등에 대한 모어의 생각은, 노동력과 무력이 중요해진 농경 시대와 전쟁 시대에 독자적으로 생존하는 능력이 뒤떨어진 여성을 보호하려는 생각과도 관계가 있습니다. 그렇다면 당시 신체적 불평등에 따른 여성들의 삶을 보장하기 위한 제도는 없었을까요?

15세기와 16세기에는 르네상스 시대를 거치고 있었음에도 여성의 지위는 전혀 개선되지 않았으며, 오히려 여성의 정숙이 더욱 강조되는 사회였고 여성을 대상으로 한 마녀사냥으로 인해 약 50만 명의 여성들이 희생되던 때였습니다. 또한 가톨릭의 성사聖事로서 일부일처제가 선언된 시기가 1215년이었으나, 권력과 부를 쥔 지배 계층의 매매춘 행위와 일부다처제 행태는 지속되었습니다.

따라서 모어는 이러한 사회적 배경으로부터 무기력한 여성들을 보호하는 방안으로 결혼과 가정 그리고 혼전 성관계 금지를 사회구조적으로 연결시킨 측면도 있을 것입니다. 즉 사회적으로 만연한 지배 계층의 성적 편력에 따른 여성의 인권유린, 종속적인 여성의 삶 전체를 감안한 돌파구로써 혼전 성관계와 이혼에 대해 엄격히 규제한 것이라고 생각됩니다.

현재 한국 사회뿐만 아니라, 특히 자본주의 첨단을 걷고 있는 서구 유럽 국가에서는 성 개방 풍조가 갈수록 보편화되고 있습니다. 미혼 남녀 간의 혼전 성관계는 윤리적 · 도덕적으로 바람직하지 않다고 배워왔음에도 젊은 사람들의 생각은 그렇지 않다는 것이 지배적입니다. 대부분의 젊은이들이 혼전 성관계에 대해 너그러운 태도를 보이기는 했습니다만, 자신의 배우자에 대해서는 결코 용납할 수 없다는 강경한 입장을 취합니다.

모어는 이에 대해 현대 사회뿐만 아니라 미래 사회에서도 가정의 중요성을 최우선으로 강조하는 대안을 제시합니다. 유토피아에서는 혼인하기 전에 충분히 심사숙고한 다음에 결혼을 결정하게 하고 이혼도 엄격하게 제한하여 받아들입니다.

결혼을 마음먹은 미혼이건 과부이건 모든 예비신부들은 지역의 고매한 부인의 주도 아래 그들의 나체를 예비신랑에게 보이고, 예비신랑 역시 그들의 나체를 예비신부에게 보이는 의식을 가집니다. ……

'2010년 전국 대학생 의식 조사'에 따르면 한국 대학생들의 89.4퍼센트가 사랑이나 결혼이 전제가 된다면 혼전 성관계가 가능하다는 것으로 조사되었다(《아시아 경제》 2010. 10. 12). 또 다른 조사에서도 한국 남녀 대학생 74.5퍼센트가 '혼전 성관계가 가능하다'라고 답했다. 그러나 정작 자신의 배우자의 혼전 성관계 경험에 대해서는 50퍼센트가 넘는 학생들이 '절대로 용납할 수 없다'라고 대답했다(《스포츠 동아》, 2010. 7. 31). 이처럼 이중적 태도는 자신과 미래의 배우자들을 고려할 때 비윤리적이며 부도덕한 것이다.

유토피아의 결혼
《유토피아》(1715)의 삽화.

다른 나라 사람들은 말 한 마리를 구입할 때도 모든 주의를 다 기울입니다. 즉 말은 이미 나체인 상태나 다름없는데도 안장과 마구들을 거둬 내고 행여 감춰진 상처 등이 없는지 주의 깊게 확인한 뒤에 비로소 구입합니다. 이에 반해 남자들이 아내를 선택할 때는 너무도 부주의합니다. 한번 아내를 선택하면 자신이 생각한 것과 다르더라도 평생함께 살아야 하는데도 말입니다. 그들은 그저 여성의 모든 것을 손바닥만 한 얼굴만 보고 판단합니다. 결혼 후 그녀의 실제 모습을 경험한 뒤 마음에 흡족하지 않을 수 있다는 위험이 따르는데도 말이지요. 결국 결혼하고 나서야 비로소 아름다운 육체보다 아름다운 영혼이 더 중요하다는 사실을 깨닫습니다. 외모는 단지 도덕적 영혼을 빛나게 해줄 수 있는 장식품에 불과하기 때문입니다.(84)

결혼할 상대에게 자신의 발가벗은 신체를 보여 줄 수 있어야 한다는 모어의 극단적 생각은, 그 행위 자체가 아니라 더 중요한 점을 염두에 둔 것입니다. 실제로 이러한 관습이 영국의 일부 지역에서 행해졌다고는 하지만, 모어의 의도는 결혼을 앞둔 모든 사람이 결혼할 상대에게 자신의 양심에 비춰 한 점의 부끄러움도 거짓도 없어야 함을 말하고자 한 것입니다. 이는 평생을 함께할 동반자에 대한 예의이기도 하고, 양심의 가책으로 괴로워할 스스로에 대한 배려이기도 합니다.

배우자가 될 사람의 정신 세계와 심성을 외면한 채 단지 외모만 보고 결혼하는 남성

한국 사회의 이혼율

경제협력개발기구 회원국 가운데 이혼율 1위가 바로 한국이다. 또한 최근에는 황혼이혼까지 증가하는 추세여서, 이에 따른 사회 문제에 대한 해결 방안과 개인의 신중함이 절실히 요구되고 있다.

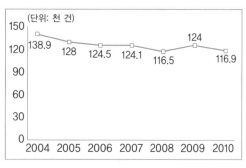

(출처 : 통계청)

들의 경솔함과 그로 인한 후회와 심할 경우 부인에 대한 가혹한 학대 등은 본인의 부주의로 발생하는 것들입니다. 그럼에도 자신의 책임을 아내에게 전가하여 가정을 파탄으로 몰아가거나 이혼에 이르는 남성들을 모어는 용납하지 않습니다. 이러한 현상은 현대 사회에서도 흔히 목격되는 것들입니다. 따라서 특별한 경우를 제외하고는 좀처럼 이혼을 허용하지 않은 유토피아 사회에서는 처음 결혼할 때의 신중함이 더욱 필요합니다.

결혼하기에 앞서 서로의 나체를 보이는 의식은 이혼을 거의 허용하지 않은 사회에서의 혼인 관습이지만, 현대 사회에도 많은 시사점을 주고 있습니다. 오늘날 결혼과 관련된 가장 웃지 못할 사례로는 일부 병원들이 크게 번창한다는 사실입니다. 문란한 혼전 성관계를 은폐하려는 여성들을 위해 처녀막 성형수술을 해주는 산부인과 병원과 이른 바 몸값을 높여 주는 성형외과 병원 들이지요. 이로써 사회 통념에 따라 성관계의 경험이 없다고 인정될 수는 있겠으나 본인의 도덕적인 면까지 치료할 수 있을까요? 그리고 남녀의 외모는 고쳐질 수 있겠으나 그 유전자까지 변할 수 있겠습니까? 문제는 여기에서 그치지 않습니다. 레지던트* 의사들이 자신의 전공을 결정할 때 기준을 돈에 두어 상대적으로 비싼 비용의 진료를 행할 수 있는 성형외과 등을 선택한다고 합니다. 따라서 내과, 외과 등 정작 생명과 직접적으로 관련된 분야의 의사들의 수가 크게 줄어들고 있는 실정이라 국내 대형 병원들이 대책 마련에 분주한 상황입니다. 이래도 되는 걸까요?

또한 가장 핵심 요소인 사랑과 신뢰는 뒷전이고 돈과 집안 배경

* 레지던트resident
전문의의 자격을 얻기 위해 1년의 인턴 과정을 마친 후 일반적으로 4년간 밟는 전공의의 한 과정.

을 좇아 혼인하는 풍습이 상류층에서 일반화되고 있습니다. 결혼 정보 회사에 의한 조건에 맞춘 결혼, 재벌 가문끼리의 결혼, 재벌과 정치권력의 결혼, 고위직 가계 간의 결혼, 고소득 계층 간의 결혼 등이 그러한 예입니다. 이와 같은 정경유착˚ 형태의 결혼과 계급주의적 결혼은 현 사회를 다시 한번 계층화하고 있습니다. 인간으로서 좀 더 부유하게 살고자 하는 욕망에 대해서는 도덕적 비판을 가하기 어렵겠습니다만, 이런 현상들은 현재의 권력과 특권을 계속 유지하고 확장하고자 하는 끝없는 탐욕의 결과라 하지 않을 수 없습니다. 이는 현대 한국 상류층 사회의 문제 가운데 가장 공고한 관습으로 근본적인 해결이 쉽지 않습니다.

˚ 정경유착政經癒着
정치와 경제가 서로 자신의 이익을 얻으려고 병적으로 결합하는 일.

유토피아는 일부일처제를 엄격히 고수합니다. ……부부는 간통이나 참을 수 없는 학대 행위가 있을 경우는 예외이지만, 오로지 사별에 의해서만 헤어질 수 있습니다. 이혼에 책임이 없는 배우자는 지역 담당관 협의회로부터 재혼을 허락받을 수 있으나, 책임이 있는 배우자는 공개적 망신을 당하는 것은 물론이고 평생 독신으로 살아야 하는 판결을 받습니다. 또한 아내의 육체적인 문제로는 어떤 상황에서도 결코 이혼할 수 없습니다. ……그러나 가끔은 성격 차이가 극심할 경우에 두 사람의 동의하에 이혼이 성립됩니다. ……이와 같은 이혼은 특별 허가제도에 의해서만 가능하며, 그러나 조사가 철저하게 이루어졌다 해도 곧바로 이혼 허가를 내주지는 않습니다.(84-85)

유토피아에서는 특별한 경우를 제외하고는 한 번 결혼한 이와 평생을 함께해야 하고, 일부일처제를 유지합니다. 그리고 이혼에 책임이 있는 배우자는 사회적으로 매장되며 평생을 독신으로 살아야 합니다. 또한 아내의 육체적인 허약함, 외모의 변화, 장애 등의 이유로는 절대 이혼할 수 없습니다. 그러나 드물게 극심한 성격 차이로 인해 더는 결혼생활을 유지할 수 없다는 두 사람의 합의가 있으면, 이혼이 가능하며 서로 다른 사람과 재혼할 수 있습니다. 그러나 이때에도 특별 허가제도를 통한 엄격한 조사와 심사를 거치며, 그럼에도 쉽게 이혼을 허락하지는 않습니다.

결혼과 이혼이 극히 자유로운 사고방식이 지배하고 개인의 행복 추구권이 보장된 현대적 관점에서는 쉽게 받아들일 수 없는 부분입니다. 그러나 모어의 이러한 주장은 당시의 혼란스러운 사회 상황과 더불어 이해할 필요가 있습니다. 유토피아의 결혼제도는 특히 경제적·사회적으로 약자일 수밖에 없는 여성을 보호하기 위한 대책입니다. 더욱이 가정이 파탄된다면 아이들이 가장 피해를 입는다고 생각한 모어가, 도덕주의자로서 이혼에 대한 최선의 방안을 고민한 듯합니다. 아이들이 무슨 죄가 있겠습니까? 모든 잘못이 부모들의 책임일 뿐인데, 그 결과가 아이들에게 고스란히 전가되고 있습니다. 이러한 현상은 현대에도 마찬가지입니다.

한국 사회의 경우 2009년 한 해 동안의 이혼 건수는 12만 4,000건(쌍)으로 2008년의 11만 6,500건에 비해 7,500건이 증가했다고 합니다. 이로써 조이혼율이 최근 몇 년간 약

조이혼율粗離婚率
1년간 발생한 총 이혼 건수를 당해 연도의 연앙인구(출생률과 사망률을 산출할 때 보통 그 해의 중간인 7월 1일 기준)로 나눈 수치를 1,000분비로 나타낸 것이다(조이혼율=연간 이혼 건수÷총인구(연앙인구) ×1,000). 아래 그래프는 한국 사회의 최근 몇 년간의 조이혼율을 그래프로 나타낸 것이다.

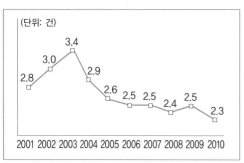

(단위: 건)

2.8 3.0 3.4 2.9 2.6 2.5 2.5 2.4 2.5 2.3

2001 2002 2003 2004 2005 2006 2007 2008 2009 2010

(출처 : 통계청)

2.5퍼센트의 수준을 유지하고 있습니다(통계청, 2010). 이와 같은 이혼율의 증가는 먼저 궁극적으로 사회의 기초 단위인 가족공동체가 해체되는 심각한 문제와 함께, 부수적으로는 자녀들에게 평생 치유되지 않을 깊은 정신적 상처를 남깁니다. 사회적으로 인간의 존엄성을 기초로 하여 양성평등을 이룩하고, 바람직한 남녀관계에 대한 교육과 훈련이 이루어진다면, 부모의 이혼으로 고통 받는 자녀들이 없는 세상을 만들어 갈 수 있습니다. 모어가 상상한 유토피아에서는 이혼을 금지하는 것으로 이 문제를 풀었다면, 현대는 좀 더 근본적인 해결이 필요한, 복잡한 사회이기 때문이지요.

한편 일부일처제가 언제부터 시작되었는지에 대해서는 정확하게 알 수 없습니다만, 대체로 서양은 고대 그리스부터이며 한국의 경우 고조선 시대에 등장하는 열녀 여옥* 등을 통해 짐작해 볼 수 있습니다. 현대에는 세계적으로 일부일처제도가 대세입니다만, 이슬람 국가에서는 일부다처제가 허용되고 있습니다.* 이는 이슬람 국가의 특수한 상황이 반영된 것으로 보입니다. 잦은 전쟁으로 가장이 전쟁터에 나가 있는 동안 아내들이 서로 협력하여 가정을 꾸려 갈 수밖에 없다는 현실적 필요가 반영된 것이지요. 이때 가장은 친자식과 아내들을 차별해서는 절대 안 된다는 조건과 함께 모두의 생활을 책임질 수 있는 경제적 능력이 전제 조건으로 되어 있습니다. 이슬람 국가들 말고도 일부다처제는 역사적으로 고대 동양의 황족과 왕족 및 귀족을 중심으로 이루어져 왔으며, 주로 권력층과 부유층에서 이루어졌습니다.

현대 사회는 일부일처제를 유지하고 있으며, 이것은 앞으로도 지

* 열녀 여옥
고조선 시대의 뱃사공 곽리자고의 아내. 최초의 여류 시인으로 한국 시가 가운데 가장 오래된 서정가요 〈공후인箜篌引〉(또는 공무도하가公無渡河歌라고도 한다)의 작자라고 전한다.

* 이슬람교의 경전인 《코란》에 '만약 너희가 전쟁 고아들을 공평하게 대우할 수 있다면, 너희 마음에 드는 과부 둘, 셋 또는 넷과 결혼할 수 있다. 다만 너희가 아내들에게 공평하게 대할 수 없다면 한 여성만 아내로 삼아라. 그것이 오히려 불공평을 피하는 데 도움이 될 것이다'(《코란》 제4장 3절)라고 명시함으로써 일부다처제를 허용하고 있다.

속되어야 할 결혼제도입니다. 그러나 시대가 진전되면서 외형은 일부일처제이지만, 내용적으로는 많은 부분이 훼손되고 있습니다. 가까운 미래에는 경제적으로 부유한 사람들이나 권력층은 여러 명의 아내를 둘 수 있는 반면, 그 반대의 사람들은 결혼을 꿈꾸기조차 어려운 사회가 도래할 수도 있습니다. 이미 이와 비슷한 현상들이 한국 사회에서도 시작되고 있는 듯합니다. 따라서 일부일처제는 경제적 측면에서 볼 때 현대의 절대다수의 서민 계층을 위해서라도 반드시 필요한 제도라 할 수 있습니다.

공직자는 군림하지 않고 봉사해야

공직자는 국민이 위임한 권리를 대신 집행하는 사람입니다. 그러므로 공직자는 국민의 대리인인 동시에 심부름꾼입니다. 그리고 그들의 급여와 상여금 등이 국민의 세금으로 지급되므로 공무원을 일러 '공복公僕'이라고도 합니다. 이렇듯 공무원은 국민을 위해 봉사하는 직책이고, 그 봉사를 통해 명예와 만족감과 행복한 감정을 얻습니다. 그러므로 그들은 국민으로부터 위탁받은 권한을 개인의 이익을 위해 사용할 수 없습니다. 더욱이 국민 위에 절대 군림할 수 없는 직위입니다.

유토피아의 모든 공직자들은 이러한 공직자의 역할을 제대로 수행하고 있습니다. 그들은 도덕적, 윤리적, 양심적인 측면 등 모든 면에서 솔선수범합니다. 또한 모두 인격적으로 훌륭하며 사무를 처리함에 공평무사합니다. 그리고 이러한 도덕적 우위를 바탕으로 사회 규율이 제대로 지켜질 수 있도록 범죄 행위를 억제하고자 노력하며, 일반적인 범죄에 대해서는 징벌을 하기도 합니다. 이런 공직자들이라면 어느 누가 그들의 일깨움과 질책과 꾸짖음과 징벌 등에 고개를 숙이지 않겠습니까?

자신 스스로가 공직에 선출되도록 공작을 꾸미는 사람은 영원히 공직에 임용될 수 없으며 자격조차 주어지지 않습니다. 그리고 관리들은 권위적이지 않고 억누르지도 않으며 거만하지 않은 방식으로 사무를 처리합니다. 시장도 지극히 평범한 옷을 입고 특별히 만든 가발 같은 것은 사용하지도 않습니다. 따라서 사람들은 관리들을 '아버지'라 지칭하며 관리들도 그러한 마음가짐으로 행동합니다. 어느 누구도 강요하지 않지만 사람들은 관리들에 대해서 일정한 정도의 존경심을 가지고 대우합니다.(86)

유토피아에서는 스스로가 공직에 나서고자 하는 사람들은 특권을 누리고 시민 위에 군림하고자 하는 사람들이므로 아예 공직에서 배제하도록 합니다. 그리고 유토피아의 모든 공직자들은 사무를 처리할 때 공평무사하고 친절한 태도를 견지하며, 계급과 권위의 상징인 가발을 착용하지 않고, 검소하고 평범하게 생활하면서 오로지 시민과 사회를 위해 봉사해야 합니다.

모어는 최소한의 권력과 권위만으로 유지되는 사회를 꿈꾸었습니다. 이는 그럼으로써 시민의 자유가 확대됨을 의미합니다. 이처럼 자유에 대한 수준 높은 인식은 민주주의 체제의 핵심이며, 여기

가발wig
처음에는 치장의 용도로 시작되었으나, 16세기경 영국과 프랑스 등에서 유행하면서 계급과 권위의 상징으로 착용되었으며, 영국의 법조계에 그 유산이 남아 있다. 그림은 가발을 쓴 루이 13세의 모습이다.

* 동구 사회주의 국가들
제2차세계대전 이후 사회주의
체제가 도입된 나라들로서 동
독, 폴란드, 헝가리, 체코슬로
바키아를 말하며, 구소련이
1980년대 말에 추진한 '페레
스트로이카·글라스노스트(개
혁·개방)' 정책 이후 베를린
장벽이 붕괴되는 사건 등을 거
치면서 급격히 자본주의적 시
장경제로 바뀌었다.

에는 각성된 시민의 자발적이고 자율적인 참여가 전제되어야 합니다. 그리하여 공직자들에게 권한과 재량이 집중되는 데서 비롯될 수 있는 부패와 부정을 최소화할 수 있습니다.

동구 사회주의 국가들*이 몰락한 원인 가운데 하나로 작용한 것이 바로 공무원과 정치인 들의 부패와 타락이었습니다. 이들 또한 이상 사회를 지향했으나, 현실에서는 그와 반대로 국민의 자유를 제한하고, 특히 공직자들의 권위와 권력을 극대화하고 말았기 때문입니다.

모어는, 타인의 행복을 위해, 그리고 공공의 이익을 위해 자신의 불편함을 기꺼이 감수하는 것이야말로 아름다운 미덕이며 공동선을 달성하는 최고의 가치로 보았습니다. 이에 따르면 일반 시민도 어느 정도 개인적 불편함을 감수해야 하는 것은 물론, 더욱 중요한 것은 모든 정치인, 공직자, 관리들이 근본적으로 봉사와 자기희생의 정신으로 무장되어야 합니다.

이 부분에서 한국의 모든 정치인과 공직자 들이 스스로를 되돌아봐야 합니다. 과연 개인의 이익과 정파적인 입장을 떠나 국민의 이익과 공공이익을 극대화하기 위해 정직한 태도로 한 점 부끄럼 없이 공무를 집행하고 있는지, 그리고 자기희생까지는 아닐지라도 모든 사무에 대해 공평무사함을 가지고 있는지 등에 대해서 말입니다. 하지만 현실은 이와는 크게 거리가 있어 보입니다. 이상 사회에는 '도덕불감증'이라는 정신적 불치병이 존재하지 않습니다. 그러나 한국 사회의 정치인과 공직자 대부분은 도덕불감증에 걸려 있습니다. 청문회와 각종 선거과정 등을 통해서 드러난 그들의 행태들만 보더라도 각종 개인적인 부도덕한 스캔들은 고사하고 전과자와 파렴치범도 버젓이 국민의 대표로 행세합니다.

　그들이 하면 법으로 금지된 위장 전입, 부동산 투기, 세금 탈세, 재산 신고 누락, 투명하지 않은 병역 회피도 아무런 문제가 없습니다. 나아가 자기 집단과 개인을 위한 법령의 개정도 아무런 수치심 없이 통과시킵니다. 그러다 보니 매번 되풀이되는 극히 한심스러운 장관급 인사를 보면 가관입니다. 혈연, 지연, 학연에 따라 자격이 없는 사람을 각종 중요한 보직에 앉혀 놓습니다. 이른바 보은 인사, 낙하산 인사로 알려지고 있는 이러한 인사 행태는 그 정도가 해도 너무합니다. 그럼에도 정치인들은 서로를 비난하기만 하고 이를 정치적으로 활용하려 들 뿐, 막상 입장이 바뀌면 그 같은 망국적 행동을 양심의 가책도 없이 자행합니다. 이런 공직자들에게는 오직 일신의 영달과 가문의 영광, 그리고 임명권자에 대한 충성 이외에는 일반 국민을 위한 선정은 안중에도 없습니다. 만일 모어가 한국 사회의 이러한 상황을 본다면 어떤 반응을 보일지 궁금하기만 합니다.

　한 국가의 행복 수준은 이를 관리하는 공직자들의 자질에 전적으로 의존한다는 점에서 유토피아의 공직자들이야말로 시민의 후생을 배가시키는 데 이상적인 관리들이라 할 수 있습니다. 그들은 뇌물에 매수되거나 부정을 저지르지 않고, 개인적인 편견에 따라 잘못된 행정을 집행하지도 않습니다.(88)

유토피아의 주변 국가들은 정직하고 공평무사하기로 소문난 유

◦ 두 전직 대통령의 비자금
두 전직 대통령 전두환과 노태우는 1995년 말에 12·12군사 쿠데타 및 5·18내란 혐의 그리고 불법적인 비자금 조성 등의 혐의로 전두환은 사형, 노태우는 무기징역을 각각 선고받았으나, 1997년에 둘 다 특별 사면되었다.

◦ 보은 인사
대통령으로 당선되는 데 도움을 준 인사를 공직에 기용하는 것.

토피아의 관리들을 초빙하여 그들에게 나랏일을 맡겨 수행하도록 합니다. 파견된 이들이 1년에서 5년 정도 현지 근무를 하고 귀국하면, 또 다른 유토피아 공무원과 교대하게 하여 자국의 발전을 도모합니다. 이것은 바로 한 국가의 발전과 시민의 행복 수준이 관리자들의 자질에 달려 있음을 보여 주는 내용입니다. 이는 참으로 중요한 지적입니다.

이러한 사실은 후진국의 상황에서 더욱 현실적으로 다가옵니다. 선진국으로 발돋움한 대부분의 국가들을 살펴보면 발전 초기과정에서 국가 주도 혹은 정부 주도의 성장을 했기에 정부의 자질과 제도를 운영하는 방식이 국가 발전에 큰 영향을 미쳤습니다. 현재도 저개발 국가들에서 정치인과 관료 들의 부패와 후진적인 의식 수준이 문제시되고 있습니다. 이를 통해 공직자들의 자질은 국가가 발전하는 데 매우 중요한 요소임을 알 수 있습니다.

모어가 제시한 공직자의 덕목과 비교하면 한국의 행정관리, 법원의 판사, 국회의원 및 지방의회의원 등의 도덕적 · 윤리적 수준은 형편없이 낮습니다. 예컨대 모든 공직자들이 다 그렇지는 않을지라도, 언론 보도에 의해 일부 공직자들의 파렴치하고 반사회적인 범죄 행위가 빈번하게 사건화되고 있습니다. 2011년에 발생한, 몽골과 중국 상하이 주재 한국 외교관들의 추문° 등은 세계적인 망신입니다. 또한 중앙이나 지방이나 가릴 것 없이 공무원, 의원, 판검사 들의 비리와 부도덕성이 하루가 멀다 않고 언론에 보도되고 있습니다. 승진 청탁을 위해 뇌물을 주고받거나, 민간기업과 맺는 각종 사업과 공사과정에서 엄청난 액수의 돈다발이 오갑니다. 심지어 공직

° 일명 '상하이 스캔들'이라고 부르는 이 사건은 상하이 영사관에 근무했던 두 명의 전 영사가 중국 여성과 부적절한 관계를 유지하며 영사관의 주요 자료를 유출했다는 제보에 의해 세상에 공개되었다. 중국 여성은 한국어를 구사할 줄 알며 사교성을 갖춘 유능한 브로커로서, 중국 정치계에 폭넓은 인맥을 갖춘 것으로 알려졌다. 특히 그녀는 상하이 교민들 사이에서 만능 비자 브로커로 통했다. 여기서 가장 문제시되는 것은 영사들이 모두 외무고시에 합격한 전문 외교관이 아니라는 사실이다. 문제를 일으킨 한 영사는 영어 학원 강사 출신으로 정치에 입문해 공천에 탈락하자 위로 차원에서 상하이 영사 직위를 받았다고 한다.

자가 물건을 훔치다가 발각되기도 합니다. 사회의 모범이 되어야 하는 관리들의 이와 같은 범죄 행위는 더욱 무겁게 처벌해야 하지 않을까요?

공직자가 범죄를 저지르며 일반인보다 더 엄격히 처벌해야 함이 마땅합니다. 이것이 법 앞에서의 평등과는 모순된다고 할 수도 있겠으나, 그들이 국민의 세금으로 살아가기 때문이고 일반 국민보다 안정적이며 안락하게 정년까지 보장받으며 살아가기 때문입니다. 그 밖에 공직자라는 이유 하나만으로 사회적으로 다양한 특권을 누리고 있기 때문입니다. 모어도 이들에 대한 가중처벌˚을 반대하지 않을 것입니다.

노예제는 필요악인가

노예제도는 참으로 오래되었습니다. 일반적으로 신석기 시대˚의 농업혁명과 함께 인구가 급격히 증가하자 노예제도가 발생했다는 것이 정설입니다. 이에 대해서는 〈함무라비 법전〉과 《성서》˚에 나타난 기록이 가장 오래된 것이며, 고조선의 〈8조 금법〉에도 나타나 있습니다. 아울러 르네상스 시대 이후에도 노예제가 있었고 노예무역이 행해졌으며, 미국도 1865년에야 비로소 노예제도를 폐지했습니다. 한국의 경우를 보면 조선 시대가 종반으로 향하던 1894년의 갑오개혁˚에 이르러 서양의 노예제라 할 수 있는 노비제도가 폐지되었습니다. 그렇지만 그것이 완전히 정착하기까지는 오랜 기간이 소요되었습니다. 이렇듯 노예제도가 폐지되던 과도기와 더불어 변

˚ 가중처벌
형을 더 무겁게 하여 내리는 처벌.

˚ 기원전 1만 년경부터 기원전 3천년 무렵까지로 보며, 생산 단계는 수렵생활에서 농경생활로 이행하던 시기이다.

˚《성서》
그리스도교의 경전으로서 〈구약성서〉, 〈신약성서〉, 〈외경〉으로 구성되어 있다.

˚ 갑오개혁甲午改革
갑오경장이라고도 하며 고종 31년(1894)에 정부 주도로 이루어진 한국 최초의 근대적 개혁이다. 봉건적·자의적 수탈, 착취의 누적, 그리고 지방관의 횡포를 계기로 폭발한 1894년 동학농민운동의 요구를 받아들여 개혁을 실시했다. 사회적으로 신분제 타파, 사노비법 폐지, 과부의 재가再嫁 허용 등 정부 주도의 근대적 제도를 수립하려고 했다. 그러나 일본의 침략적 의도에 따라 강행된 타율적인 개혁이었기에 국내의 항일 세력들이 크게 반발했다.

형된 노예제가 지속됨에 따라, 1948년 12월에 드디어 〈세계 인권 선언〉 제4조에서 노예제 반대와 노예매매 금지를 선언합니다.

　사람이 사람을 소유한다는 것은 참으로 이해할 수 없는 행위입니다. 그런데 인문주의자인 모어는 《유토피아》에서 노예제도에 찬성하는 의견을 제시했습니다. 이에 대해 많은 사람들이 그에게 가차 없는 비판을 보냈습니다. 그러나 다른 한편으로 모어가 무차별적인 폭력이 자행되던 노예제도를 반대한 것도 분명한 사실입니다. 이는 당시 생계형 범죄와 불가피하게 저지른 절도 행위자들까지 사형을 집행하던 것에 비춰보면, 사회의 유지를 위한 필요악으로서 최소한의 노예제를 인정한 것과 인본주의적 관점에서 다른 나라 시민을 노예로 수용할 수 있다는 모어의 주장은 일정 정도 이해할 수 있는 부분입니다. 한편 아리스토텔레스는 태어날 때부터 선천적으로 노예의 기질을 타고난 사람이 있다는 이유를 들어 선천적 노예제도를 인정하기도 했습니다.

　모어는 다음과 같은 경우에 한하여 사람을 노예로 부릴 수 있다고 합니다. 관리의 허락 없이 거주지를 이탈하는 일을 두 번 저지르면 일반 시민을 노예로 전락시켰고, 중범죄를 저지른 사람이나 적국의 전투병을 포로로 잡아 노예로 만들었습니다. 그리고 다른 나라의 죄수나 외국 노동자가 스스로 유토피아에서 노예로 살기를 원할 때 그들을 노예로 삼았습니다. 이렇게 생겨난 노예들은 40명의 성인으로 구성된 하나의 농가에 두 명씩 배치되어 농사일뿐 아니라, 가축을 도살하고 세척하는 일, 힘들고 더러운 식당의 온갖 허드렛일을 도맡아 했으며, 또한 여행자들의 수레를 끄는 소를 돌보면서 경우에 따라 직접 수레를 끄는 일도 했습니다.

유토피아의 노예들은 그 사회의 죄수나 다른 나라에서 유죄 판결을
받은 죄수들이고, 외국의 죄수들을 대량으로 인도받을 때는 그 값을
일부 치르기도 하지만 대부분은 대가 없이 인도받습니다. 노예들은
모두 사슬 하나로 묶여 중노동을 합니다. 그런데 이들 가운데 유토피
아의 출신 노예들은 훨씬 더 가혹하게 다루었습니다. 최고의 시스템
에서 교육의 혜택을 받았고 어릴 때부터 도덕적으로 철저하게 키워졌
음에도 죄를 범한 것이기에 그에 대한 징벌도 가중처벌해야 한다는
것입니다. 다른 한편으로 외국의 노동자 계급 출신의 노예들은, 비참
하고 궁핍한 상태를 벗어나 차라리 유토피아의 노예로 살겠다고 자원
한 사람들입니다. 이들은 다른 노예들보다는 정중한 예우를 받으면서,
중노동을 제외하면 유토피아인들과 다름없는 대우를 받습니다. 그리고
이들이 자국으로 돌아가기를 희망한다면 언제라도 자유롭게 갈 수 있
고, 이럴 경우 유토피아 사회는 그들에게 위로금도 줘서 보냅니다.(82)

유토피아의 노예
《유토피아》(1715)의 삽화.

유토피아의 노예는 죄수와 외국의 전쟁 포로, 자원한 외국 노동자
로 한정합니다. 이는 당시 일반화된 계급과 신분제에 대한 모어의
비판이 반영된 결과입니다. 당시에는 태어날 때 노예의 자식이면
평생 노예로 살아야 했고, 버려진 아이들은 무조건 노예가 되었으
며, 더욱이 빚을 갚지 못해 채무노예로 전락되는 상황까지 벌어졌
습니다. 따라서 모어의 방식으로 노예제도를 변화시켰다면, 많은
사람들이 노예의 굴레에서 벗어날 수 있었음은 물론 당시의 신분제

도가 크게 흔들렸을 것입니다.

또한 같은 노예 신분이라 해도 유토피아 출신은 더욱 가혹하게 다루어집니다. 이는 도덕적 측면에서 제대로 된 교육 시스템 속에서 양육됨은 물론, 국가가 풍요롭게 살아갈 수 있도록 보살펴 주는 등, 모든 면에서 다른 나라 사람들과 비교해 모자람이 없었음에도 범죄를 저질렀기 때문입니다.

반면 외국 노동자 출신의 노예들은 중노동만 제외하면 일반인들과 다름없이 생활합니다. 유토피아는 근본적으로 농업국가라는 점에서 많은 노동력이 필요했기 때문에 이들을 받아들일 필요가 있었습니다. 따라서 그들이 자국으로 돌아갈 때는 일정한 정도의 위로금 내지는 퇴직금을 지급해 주기도 했습니다. 이는 되돌아간 노예들이 유토피아의 사회상을 그들 나라에 전파할 것이 분명하기에, 그리하면 더 많은 노동자들이 유토피아의 노예로 살아가고자 국경을 넘을 것이기 때문입니다. 나아가 이러한 경우가 확대된다면 독재국가나 빈곤한 국가는 무너질 수도 있습니다. 이 부분에도 모든 국가의 시민이 더욱 행복하게 살 수 있도록 하려는 모어의 치밀한 인본주의 구상이 깃들어 있습니다.

현대판 외국 노동자 출신 '노예'들이 한국에도 존재합니다. 이들

시기	사업체	이주노동자	체불액
2006년 8월	781곳	1183명	26억 9,300만원
2007년 8월	802곳	1639명	48억 6,100만원
2008년 8월	2025곳	3877명	95억 3,300만원

이주노동자의 연도별 임금체불 상황

(출처: 노동부)

은 자국에서의 생활이 궁핍하여 상대적으로 부유한 한국에서 돈을 벌고자 하는 사람들입니다. 이들은 주로 3D업종에서 근무하며 하루 11시간씩 중노동을 하면서도 임금차별, 임금체불, 그리고 심한 경우에는 일한 대가마저 받지 못하고 있습니다. 총체적으로 그들의 인권침해는 심각한 수준입니다. 이는 모어의 관점에서 보았을 때 용서되지 못할 악행이며, 같은 한국인으로서 수치스러움이 느껴지는 상황입니다. 이러한 현실에서 1인당 국내총생산이 세계적으로 높은 축에 속하고, 경제협력개발기구 회원국이며, G20회의를 개최한다고 하여 선진국이라고 할 수 있겠습니까?

한편 유토피아는 법으로 규정된 형벌이 거의 없습니다. 기본적으로 공중도덕을 심각하게 해치는 수준의 범죄 행위는 공적으로 처리하지만, 거의 모든 사안을 해당 지역에서 지역 담당관 협의회가 범죄의 경중에 따라 적정하게 판결합니다. 그러나 그에 앞서 부모들은 자식들에 대해 책임이 있고, 남편은 아내에 대한 책임을 집니다. 이는 국가의 가장 기본 단위의 대표인 가장에게 가정교육과 훈육 등을 맡김으로써 범죄 행위를 근본적으로 해소하고자 한 것입니다.

강제노역이 중범죄에 가해지는 일반적인 형벌입니다. 유토피아에서는 중범죄자들을 사형시키는 것보다 강제노역을 시키는 것이 사회적으로 훨씬 더 유용하다고 봅니다. 즉 노동력을 확보하는 측면에서 그렇고, 범죄를 예방하는 측면에서도 그 효과가 더 오랜 기간 지속됩니다. 그리고 교화의 목적이 크기 때문에 죄수가 강제노역을 견디고 규칙에 순응하는 과정에서 다른 사람을 위해 봉사하는 마음을 갖는 등 진심으로 뉘우치는 모습이 보이면 감형해 주거나 전과를 삭제해 주었습니다. 이 판단은 시장이 하는 경우도 있고, 시민이 참여하는 투표에 의해서 결정하기도 합니다. 그러나 죄수가 저항하고 규칙을 어긴다면 그는 처형을 면치 못합니다.(85)

모어는 범죄인을 다룰 때 그들의 교화에 1차적인 목표를 둡니다. 그래서 예방효과가 크다고 판단되는 장기간의 강제노동을 시키고 사회에 필요한 노동력을 충분히 확보하여 유용하게 쓰이게 합니다. 그리고 교화된 사람들에 대해서는 전과자라는 낙인이 찍히지 않도록 사회적으로 배려합니다. 이 모두가 모어의 인본주의와 현대적 의미에서의 실용적 생각이 반영된 결과입니다.

유토피아는 극히 일부 중요한 사안만을 제외하고서는 불문법 체계입니다. 지역마다 법원의 역할을 담당하는 지역협의체가 있고, 이곳에서는 사건마다 정의로운 판결을 내리며, 공공질서와 관련된 사안은 시민의 투표로 결정합니다. 성문법 체계는 앞서 살펴본 바와 같이 법조항이 매우 어렵고 복잡하여 전문가들만 알 수 있으므로 많은 일반 시민이 피해를 볼 수 있기 때문입니다. 그런데 유토피아 사회처럼 불문법 체계에서는 판사가 올바르게 판단해야 하는 것은 물론이고, 지역협의체에 참여하는 모든 사람들이 매우 정당하게 판단해야 하는 것이 전제됩니다. 그리고 모어는, 지역 담당관은 매우 공평무사한 사람들로서 앞서 언급한 바와 같이 이들의 판단이 매우 공정하기 때문에 이와 같은 구조가 유지될 수 있다고 보았습니다.

그러나 타인의 가정을 파괴하는 범죄자나 그 미수자에 대해서는 엄격히 처벌해야 한다고 주장합니다. 여기서는 모어의 도덕관념과 함께 사회구성체를 위한 기초 단위인 가정과 결혼 등에 대한 인식을 다시 한번 확인할 수 있습니다. 이 밖에도 사회적 관습면에서 장애인과 사람의 외모에 대해 편견을 가져서는 안 된다는 것을 강하게 주장합니다.

간통 죄인들에게는 형벌 중 가장 불쾌한 강제노역을 부과합니다. 그러나 상대방의 부정한 행위에도 불구하고 피해자가 자신의 배우자를 용서하고 계속 사랑하겠다면, 결혼은 유지되지만 범죄자인 배우자의 강제노역을 함께해야 합니다. 또한 죄인 모두가 각자 가정을 가지고 있었다면 그들에 의해 피해를 본 배우자들이 원할 경우에 이혼 후 피해자들끼리 결합할 수 있거나 자신이 선택한 사람과 결혼할 수 있습니다. 그러나 두 번째 간통부터는 바로 처형합니다. ……부녀자를 유혹하려다 미수에 그친 범죄도 실제 범죄와 동일한 처벌을 받고, 이와 같은 원칙은 모든 범죄의 유형에 동일하게 적용됩니다. 법 이론적으로는 의도적 범죄 미수자도 비록 미수에 그쳤다 할지라도 실제 범행을 한 것과 동일하기 때문입니다.(85-86)

유토피아에서는 미수에 그친 범죄인도 실제 범행을 한 죄인과 똑같이 취급하며, 범죄를 실행에 옮기지 않았다 해도 모의謀議한 사람들에 대해서도 죄를 범한 사람과 동일하게 처벌합니다. 한국의 형법에도 이와 유사한 의미의 조항들이 있습니다.* 이처럼 모어는 범

* '음모는 법률에 특별한 규정이 없는 한 처벌되지 않는다(형법 제28조).', 특별한 규정으로는 내란음모(제90조 1항), 외환음모(제101조 1항), 사전음모私戰陰謀(제111조 3항), 폭발물 사용음모(제120조 1항), 도주원조음모(제150조), 방화음모(제175조), 일수음모溢水陰謀(제183조), 교통방해음모(제191조), 음용수飮用水·유독물 혼입·수도불통水道不通의 음모(제197조), 통화위조·변조음모(제213조), 유가증권·우표·인지 위조·변조음모(제224조), 살인음모(제255조), 국외이송 목적 약취略取·유인·매매 및 그 이송의 음모(제290조), 강도음모(제343조) 등이 있다.

죄 예방을 위해 그 예비단계부터 철저히 처벌함으로써 사회의 규범과 질서를 유지하고자 했습니다.

그리고 다시 만회할 기회가 주어졌는데도 반복해서 잘못을 저지르는 사람은 사형에 처합니다. 인본주의적 관점에서 인명을 가장 중시한 모어가 가혹하게 사형을 말한 것은, 앞서 언급한 '사형제도는 하느님을 배신하는 제도이다'라고 한 것과 모순되는 듯합니다. 그러나 모어는 모든 것을 국가가 보장해 주어 물질적으로 풍요롭고 비참함과 빈곤함이 없는 상태라면, 그리고 정신적·도덕적으로 완성된 수준의 사람들이라면 최악의 범죄는 범하지 않을 것이라는 점을 확신하고 있었습니다. 이처럼 완벽한 상황에서 추가적인 기회를 한 번 더 부여하는 것은, 인간이 미완성의 주체라는 점과 그 이성의 불합리성을 감안한 것이라 보이며, 따라서 사형은 모어가 최후의 수단으로 내세운 것입니다. 결국 더 많은 개인들의 행복과 공동선을 추구하려면, 극소수의 희생은 불가피하다는 것이 모어의 생각입니다.

대를 위해
소를 희생창
줄 알아야 돼!

범죄의 유혹

유토피아

교육과 참된 가치관이 만드는 민주공동체 `02`

더 많은 민주주의와 절제된 자유

민주주의에서는 모든 개인의 존엄성이 동등한 가치를 가져야 하며, 사회적 지위에 따라 혹은 빈부의 격차에 따라 차별성을 가질 수 없습니다. 따라서 민주주의의 기본 원칙은 절대평등에서부터 시작합니다. 이러한 측면에서 성인이 되면 각종 선거에서 1인 1표의 권리가 주어집니다. 각종 공공의 의사를 결정하는 과정에서 이루어지는 이와 같은 동등한 권리는 20세기 중반에 비로소 확립되었습니다. 이는 근대 초기와 비교하면 크게 발전된 것이라 할 수 있습니다.

그러나 현실에서는 이러한 절대평등의 가치가 형식적으로 거론될 뿐, 내용적으로 너무도 미흡합니다. 16세기경의 모어는 형식적

* 미국은 1920년대에 선별적으로 허용되었고, 스위스는 1971년에 비로소 여성의 투표권이 인정되었으며, 아랍권의 일부 국가는 아직도 여성의 참정권이 허용되지 않고 있다.

5·10총선거 모습
남한 역사상 처음으로 실시된 5·10총선거는 21세 이상의 성인 남녀에게 동등한 투표권이 주어진 보통선거였다.

* 제언提言
어떠한 의견이나 생각을 내놓는 것.

반공청년단 선거 지지 활동
반공청년단은 부정선거를 위해 급조된 민간단체로서, 각 지역 깡패들로 구성되었으며, 경찰의 비호 속에 테러를 일삼았다. 당시 부정선거로 대통령 이승만과 부통령 이기붕이 당선되었다.

평등이 아니라 내용적 평등을 요구했습니다. 곧 불평등의 원인이 되는 사유재산제도를 폐지하고 모든 법제도를 정의롭게 집행할 것을 주장했습니다. 아울러 사회구성원 모두가 자율적으로 동의한 사회규약을 반드시 준수할 것과 공동체 사회 전체를 위해 개인의 권리와 자유를 스스로 일정 정도 유보할 것을 제언* 했습니다.

모어는 이처럼 공동선을 달성하기 위해 개인의 자유와 권리는 절제되어야 하며, 각자가 이를 통제할 수 있어야 한다고 보았습니다. 따라서 사회의 모든 법과 제도, 그리고 규약이 만들어지는 과정에서 사회구성원 가운데 어느 한 사람도 배제되어서는 안 되며 개인의 자유의지에 따른 자율적 결정이어야 한다는 절차적 민주주의가 반드시 선행되어야 한다고 보았습니다. 그러므로 어느 누구도 강박이나 사기, 왜곡된 정보, 부정의한 법제도 등으로 인해 자율적 결정이 방해받아서는 안 됩니다. 이러한 조건이 성립될 때 비로소 참된 민주주의가 구현되는 것이며, 개인이 그 사회의 주인이 되는 것입니다.

유토피아의 각 도시들은 시민 가운데 경험이 풍부하고 나이가 많은 연장자 세 사람을 선출하고, 그들로 하여금 사회의 모든 문제를 토론하기 위해 수도首都에서 개최되는 연례 의회에 대의원으로 참석하게 합니다.(50)

유토피아의 각 도시는 크고 작은 구획을 정하고, 각 지구마다 공평무사한 관리가 될 자격이 있는 사람을 대표자로 선출하며, 도시를 대표하는 시장도 선출합니다. 현명하고 덕이 있는 사람이 각 도시의 대표자로 선출되며, 그들은 해당 도시의 문제는 물론이고 사회 전체적인 사안들을 매년 정기적으로 논의합니다. 이때 선출의 방식은 지명이나 세습이 아닌 자유로운 비밀투표에 의해 이루어집니다.

매년 각 지역 담당자를 선출하는데, 이들은 각 30가구씩으로 이루어진 한 지구의 대표입니다. 그리고 이러한 10명의 지역 담당자를 대표하는 상급 지역 관리를 선출합니다. 각 도시의 시장은 각 도시에서 선출된 200명의 지역 담당자들이 선출합니다. 이때 비밀투표로 시장을 선출하기에 앞서 가장 훌륭한 자격을 갖춘 사람을 뽑겠다는 맹세를 합니다.(54)

유토피아에서는 도시를 4개의 구획으로 구분해 놓았기 때문에 각 지역마다 제한된 경쟁을 통해 후보자가 선출됩니다. 이 명단은 상급 지역 관리 협의회에 제출되고 거기서 심사숙고한 뒤 비밀투표를 통해 도시를 대표하는 시장이 선출됩니다. 상급 지역 관리들은 매년 선출되는 것을 원칙으로 하지만, 특별한 경우를 제외하고는 그 직을 계속 유지합니다. 그러나 다른 공직은 그 임기가 1년입니다.

입헌 정치의 기초가 된 〈대헌장〉
영국의 왕 존은 마음대로 과세하다가 귀족과 시민의 반항에 부딪쳐 1215년 6월 15일에 〈대헌장〉을 승인했다. 이것은 본래 봉건귀족의 특권적 권리를 국왕에게 확인한 것이지만, 통치 대상자의 생명과 재산을 옹호하는 등의 내용을 담고 있어 입헌 정치의 기초를 만들었다는 평가를 받는다.

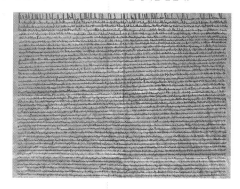

귀족원House of Lords
1215년 존왕이 당시 귀족들의 강압에 따라 승인한 〈대헌장〉에 의해 봉건귀족, 대승정, 승정 등으로 구성하여 운영되었으며, 1265년에 기사 2명과 21개의 도시에서 각각 2인의 시민 대표가 참석하였고, 1295년 에드워드 2세 때는 고승, 대귀족, 일반 승려단, 각 주의 기사, 각 도시의 대표자가 모이는 모범의회로 발전되었다.

• **서민원House of Comm-ons**
1330년경에 모범의회로부터 일반 승려단, 각 주의 기사, 시민의 대표가 분리되어 구성되었으며, 1340년대에 비로소 과세에 대한 동의권을 획득했다.

• **연석회의**
둘 이상의 회의 집단이 모여 여는 회의.

유토피아의 공직자들은 앞서 본 바와 같이 공동체의 민주주의와 번영을 위해 자신을 희생하는 사람들입니다. 공익을 위해 선출된 모든 공직자들은 일상적으로 이루어지는 사회적 검증과 평판에 따라 자격이 주어지며, 시민은 이들을 신중하게 선택함으로써 민주주의를 실현합니다. 지연이나 혈연 혹은 그 밖의 개인적인 요소로 관리를 선출하거나, 자신 또는 자기 지역의 이익만을 대변해 줄 사람을 선출한다면 완전한 평등을 실현시킬 수 있는 민주주의 체제는 실패하기 때문입니다.

모어가 살던 시대의 영국은 귀족원과 서민원˙으로 구분된 의회 시스템이 존재했습니다. 그러나 여전히 세습적 경향이 짙어 의원들은 자기의 계급적·신분적 이익을 도모하는 데만 골몰했고, 왕의 입법권과 과세권을 제대로 견제하지 못했습니다. 따라서 모어는 이러한 봉건적 유습과 절대왕권의 폐단을 부정하며, 《유토피아》에서 왕과 귀족 등을 배제한 의사결정 조직을 그려 낸 것입니다. 즉 형식적으로만 존재하는 의회가 아닌, 일반 시민의 의견이 반영될 수 있는 조직을 구상했습니다.

또한 상급 지역 관리들의 회의는 3일에 한 번씩 개최되는데, 필요한 경우에는 시장이 참여하는 연석회의˙를 빈번하게 개최할 수 있고, 매 회의에는 하급 지역 담당 관리 2명을 교대로 참석하도록 합니다. 그들은 대체적으로 공적 업무를 다루지만, 아주 드물게는 사적인 분쟁사건을 신속히 처리하는 역할도 맡습니다. 모든 회의가 자유롭고 공정하게 이루어지지만, 사회의 공동선을 달성하는 데 좀 더 신중한 결정을 내리기 위해서 다음과 같은 원칙들을 적용합니다.

첫 번째 원칙은, 시민 전체의 생활에 영향을 줄 수 있는 안건은 반드시 3일간의 토론을 거친 다음에 최종 결론을 내리는 것입니다. 이 같은 안건은 상급 지역 관리 협의회나 공식 연석회의에서만 논의할 수 있기 때문에 다른 임시회의 등에서 다루면 중범죄로 처벌받습니다.(54)

이러한 원칙은 먼저 시민의 의견을 무시한 채로 시장이나 상급 지역 관리들이 자의적으로 법을 바꿀 수 없도록 하기 위함입니다. 즉 한 대표자가 갑자기 떠오른 아이디어를 기습적으로 발표할 수도 있기 때문에, 그것을 제대로 알지 못하는 다른 대표자들에게 충분히 검토할 수 있는 시간을 주기 위해서입니다. 이것은 각 도시의 대표자들이라 해도 모든 사안에 대해 속속들이 알 수 없기 때문이기도 하지만, 무엇보다 자신의 권위를 활용하여 특정 지역의 이익을 관철시키지 못하도록 하려는 장치입니다.

두 번째 원칙은, 어떤 사안이 제기된 첫날은 그 사안에 대해 어떤 결정 사항도 논의할 수 없다는 것입니다. 사안에 대한 모든 논의는 회의 참가자 수가 충분히 참석한 가운데 협의회가 진행될 때까지 연기시킵니다.(55)

또한 제시된 사안을 다양한 측면에서 신중히 검토하고 결정하는 절차를 거치게 함으로써 일반 시민의 참여를 유도하여 그들의 행복을 희생시키지 않겠다는 의지를 담고 있습니다. 그뿐만 아니라 내용적으로도 이러한 과정을 거치는 것이 공동체 사회를 위해 최선의 결정이 도출될 것이기 때문입니다.

의회의 성격을 갖는 크고 작은 협의회, 연석회의 등은 현재 운용되고 있는 한국의 지방자치의회나 국회 등과 별반 차이가 없어 보입니다. 그런데 현대 민주주의는 엄격한 삼권(입법, 사법, 행정) 분립인 데 반해, 모어가 제시한 의사결정기구는 오늘날의 대의민주주의 체제와 흡사하면서도 삼권이 분리되지 않고 다만 수준별 협의회를 통해 모든 사안을 해소합니다.

유토피아 사회가 협의회 수준의 의사결정만으로 복잡다단한 국가 경영을 제대로 운영할 수 있는 것은, 모든 인간의 평등과 행복 추구가 그 사회의 절대적 가치로서 받아들여졌기 때문입니다. 아울러 이해관계자들이 모든 수준의 단위에서 자치적으로 운영할 수 있는데, 이는 공동체 사회의 가치를 구현하고자 모든 사회구성원에 대해 철저한 의식혁명을 진행시킨 결과입니다. 공동선을 위한 타협과 양보의 정신, 타인을 위한 희생과 봉사 정신, 종교적 윤리와 도덕성 등을 함양하는 것이 이에 포함됩니다.

성직자들을 선출할 때도 다른 모든 공식 선거와 동일하게 전체 주민의 비밀투표로 선출되는데, 이는 이익 집단들의 영향력을 배제하기 위해서입니다.(104)

오스트롬
2009년 최초의 여성 노벨 경제학상 수상자 오스트롬 교수(Elinor Ostrom, 1933~)는 1990년에 발표한 〈공유의 비극을 넘어〉라는 논문에서, 공유물 관리는 시장이나 정부가 개입하기보다 소규모 자치 단체들이 스스로 규칙을 제정하고 관리하는 것이 더 효율적임을 주장하고 있다. 이는 곧 토머스 모어가 제시한 공동재산, 공동노동, 평등한 배분에 기초한 사회가 현대에서도 가능함을 반증한다.

국가권력을 상호견제하고 균형을 이루도록 하여 국가권력의 집중과 남용을 방지하고자 하는 통치원리로서, 1787년 미국 연방헌법에서 최초로 도입되었고, 1791년 프랑스의 헌법에서 채택되어 일반화되었다.

성직자들은 단순히 예배 의식이나 신앙에 관련한 것만을 주도하는 것이 아니라, 모든 사람의 인격과 품행을 감독하는 한편, 어린이들에 대해서는 도덕과 생활 교육을 진행하고, 일반 상습범들에 대해서는 질책 및 충고와 함께 파문破門의 권한도 가지고 있습니다. 이때 파문을 당한다는 것은 일반인들로부터 치욕을 당하는 것은 물론이고 신체적으로도 안전을 보장받을 수 없게 된다는 의미입니다. 또한 성직자들은 종교적 권위를 바탕으로 전쟁터에서 적군과 아군을 가리지 않고 생명을 구하는 일도 하며, 학자의 자질과 연구 성과를 검증하여 엄정한 추천을 할 수 있는 권한도 있으므로 모든 시민의 신중한 비밀투표를 통해서 선출되어야만 합니다.

성직자들은 모든 시민의 정신적 · 도덕적 측면에 절대적인 영향력을 행사하는 사람들입니다. 유토피아 사회를 낙원으로 존속시키는 데 있어서는 여러 가지 다양한 제도와 법, 그리고 기구 등이 필요합니다. 그러나 그러한 외형적인 요소들이 바람직하게 운용될 수 있게 하는 핵심적인 요인은 바로 모든 시민에게 차원 높은 가치관이 형성되어 있기 때문입니다. 그러므로 사회구성원 모두가 사적인 탐욕보다 공적인 행복을 추구해야 한다는 생각을 갖게 하는 것이야말로 성직자들이 수행하는 핵심적인 과업입니다.

모어가 생각하는 사회구성원 모두의 평등과 행복은 《유토피아》에서조차 단순하게 이루어지지 않으며, 이를 위해서는 매우 많은 시간과 고통이 뒤따릅니다. 민주주의도 마찬가지입니다. 이를 설명하기 위해 우선 유토피아가 만들어진 과정을 살펴봅시다. 유토피아의 시조인 유토포스Utopos가 산스큐로티아라는 곳을 정복하여 그

중세 교황의 권위
중세 시대의 교황은 단순히 종교적 존재가 아니라, 중세 최고의 부를 누리는 영주였으며, 정치권력의 소유자였다. 그림은 수도원장 바리아누스가 로마 교황 레오 9세에게 교회 모형을 헌정하는 장면이다.

링컨Abraham Lincoln
미국의 제16대 대통령(1809~
1865). 노예제 종식을 위한 남
북전쟁을 치렀으며, 분열된 미
국을 통합하기 위한 정책을 폈
다. 게티즈버그 연설에서 주장
한 '국민의, 국민에 의한, 국민
을 위한 정치'는 역사적으로 가
장 많이 인용된 명구이다.

이름을 유토피아로 바꾸고 대공사를 시작했습니다. 유토피아와 대륙의 연결 부분을 수로로 만듦으로써 분리시키는 작업입니다. 여기에 동원된 사람들은 물론 원주민이었고, 유토포스는 자신의 군대까지 모두 동원했습니다. 그리고 그 내부에 54개의 큰 도시를 건설합니다.

이 과정으로 유추해 보면 국가 기반을 다지는 시기에는 자발적인 순응을 기대하기보다 국가권력을 동원할 수밖에 없음을 알 수 있습니다. 또한 정복 초기에 그곳에 만연해 있던 종교적 갈등을 종식시키고자 종교적 논쟁과 다른 종교의 비방, 적극적인 포교 행위를 금지했는데, 이를 통해 유토피아 초기 사회에서도 어느 정도 정복자로서의 강압이 있었던 것으로 추측됩니다. 그러나 이때 그러한 강압적인 정치는 최단기간에 그쳐야 합니다.

민주주의란 국민이 국가의 주인이라는 뜻입니다. 이 의미를 알기 쉽게 요약한 사람이 바로 미국의 제16대 대통령 링컨 입니다. 그는 민주주의를 '국민의, 국민에 의한, 국민을 위한 정치'라고 정의했습니다. 즉 민주주의란 국가가 행하는 모든 의사결정과 그 과정에 전체 국민을 참여시켜 그들의 의견을 반영하여 실현하는 사상과 정치 그리고 사회 체제입니다.

그런데 민주주의는 모든 사람이 직접 참여하고자 할 때 시간적·공간적인 면에서 비효율이 발생합니다. 또한 각 개인이 동등하게 가지고 있는 권리를 행사할 때 각자의 이해 상충을 어떻게 해결할 것인가 하는 문제도 있습니다. 그래서 각 단위를 정해 대표자를 선출하고 그 대표자로 하여금 단위 구성원의 의견을 대리하여 반영하

는 제도가 발전했는데, 이것이 바로 대의제 민주주의입니다. 근대 이후 많은 민주주주의 국가가 시민이 직접 참여하는 직접민주주의 대신 간접민주주의 방식인 대의제 방식을 선택해 왔습니다. 그리고 각 개인의 이해 상충을 해결하기 위해 다수결 원칙을 도입해 적용합니다. 이로써 형식적으로는 절차적 민주주의가 완성되었습니다.

그러나 현실에서는 사회구성원들을 대신하는 대표자들이 스스로 권력자가 되어 자기들의 이익에 도움이 되는 방향으로 제도를 만들거나, 그들의 이익에 도움이 되는 부자와 다른 권력자 그리고 돈을 좇으면서 시민으로부터 위임받은 권리를 오용하고 남용하기에 여념이 없습니다.

오늘날 한국의 대의민주주의를 보면 그러한 행태들에 대해 잘 알 수 있습니다. 예컨대 입법·사법·행정의 공직자들이 이익 집단에 휘둘리거나 지역이기주의에 매몰되고 돈 앞에 양심과 정의와 도덕을 팔아넘긴 사례는 헤아릴 수 없습니다. 한국은 외형적·형식적·절차적 민주주의는 상당히 높은 수준으로 완성되었다고 평가됩니다. 그리고 정치와 이에 근거한 행정 체계는 그야말로 대의민주주의를 충실히 따르는 것처럼 보입니다. 그러나 내용적으로는 오히려 후퇴하고 있습니다.

'유권자 정치의식조사'에 의하면 국민의 민주정치에 대한 만족도를 묻는 질문에 대해 63.2퍼센트가 만족하지 않는다고 대답했고, 선거에서 유권자의 의견을 대변하지 않는다는 응답이 62.2퍼센트나 됩니다. 이런 결과를 두고 많은 사람들이 한국 민주주의의 위기를 우려하는데, 그 원인은 다양하게 분석됩니다. 그러나 무엇보다

• 민주주의의 위기는 보는 각도에 따라 여러 가지 원인을 찾을 수 있다. 첫째, 타인의 의견을 존중하지 않음에서 오는 합의정신의 부재, 둘째, 개인의 자유와 자율에 대한 진정한 의미를 알고 있지 못한 것과 이에 따른 이기주의의 팽배, 셋째, 절차와 과정보다는 결과만을 중시하는 풍토, 넷째, 공동체에 대한 인식 부족과 그에 따른 지역주의와 분열주의 팽배, 다섯째, 이러한 문제를 해결해야 하는 정치력의 부재, 여섯째, 중앙집중적 권한에 따른 지방분권과 지방자치의 미숙함, 일곱째, 인간의 존귀함을 경시하는 풍조 등등 그 원인은 매우 많다.

● 풀뿌리 민주주의Grass-
roots Democracy
모든 시민(대중)의 직접 참여와
연대를 통한 의사결정 과정이
라 할 수 있다. 중앙집권적이
거나 위로부터 내려오는 정치
행정문화와 반대로, 아래로부
터 의견이 수렴되고 반영되는
문화, 중앙보다 지역과 지방에
서부터 활성화되는 의사결정
과정의 문화이자, 모든 개인들
이 각기 다른 현장과 조직에
직접 참여함에 따른 의사결정
과정 시스템으로서, 소수의 엘
리트보다는 일반 시민의 직접
참여를 강조한다.

중요한 것은 하부 단위에서부터 풀뿌리 민주주의 가 살아나야 한
다는 것입니다. 민주주의는 국민 개개인이 천부적으로 지니고 있는
권리의 행사이며 국민 스스로 참여하는 자치이자, 또한 다른 사람
의 가치를 존중하고 배려함으로써 달성할 수 있는 가치이고, 이로
써 모든 사람의 궁극적인 목적인 행복한 삶을 달성할 수 있는 시스
템입니다.

다른 도시에 거주하는 친구 등을 찾아가고 싶거나 도시를 구경하고
싶을 때는 쉽게 이동할 수 있습니다. 다만 부모의 허락과 기간이 명시
된 여행 허가증을 담당 관리들에게 받아야 합니다. 또한 현지에 가도
일상적인 일은 거르지 않고 해야 합니다. 이러한 절차를 이행하면 여
행자에게 소와 소가 끄는 수레와 노예 한 명이 제공되며, 현지의 어느
곳에서나 모든 것이 무료로 제공되기 때문에, 여행을 떠날 때 아무런
짐을 가져가지 않아도 됩니다.(64)

일반적으로 현대적 의미의 자유는 사상과 표현, 집회결사, 직업
선택, 거주 이전의 자유로 대표됩니다. 이와 비교하여 모어는 여행
을 포함한 거주 이전의 자유에 대해서만 약간의 제한을 두었고, 그
밖의 자유에 대해서는 폭넓게 허용해야 한다고 보았습니다. 모어가
이처럼 여행에 제한을 둔 것은 노동력의 이동에 따른 지역의 노동
력 과부족 현상을 우려한 것으로 보이며, 또한 분배평등의 측면에
서도 자유롭게 여행하면 지역 간에 배분된 각종 생활필수품의 불균
등이 나타날 수 있음을 예상했기 때문입니다.

반면에 현대의 한국 사회에서는 직업의 선택과 여행을 포함한 거주 이전의 자유가 주어져 있지만, 사상과 표현의 자유나 집회결사의 자유는 일정 정도 통제되는 것이 사실입니다. 많은 사람들이 모어의 자유관自由觀에 대해서, 특히 여행의 통제에 대해 비판합니다. 그러나 이러한 비판적 관점이라면 한국도 사상과 표현의 자유뿐 아니라, 집회와 결사의 자유도 통제되는 데 대한 비판을 받아들여야 할 것입니다. 따라서 자유의 유무를 비판하고자 한다면, 그 전에 어떤 유형의 자유가 궁극적으로 공동체 사회 전체를 위해서 더 중요한 것인가를 면밀히 따져봐야 한다고 감히 말할 수 있습니다.

자유에 대해서는 철학적 측면이나 종교적 측면에서도 아직까지 정확한 정의를 내리지 못했습니다. 아리스토텔레스는 개인의 자유로운 의지에 따른 행위로, 토마스 아퀴나스는 신의 의지에 따른 행동으로, 스피노자는 인간 본성의 필연성에 따른 존재와 행위로, 루소는 자연 상태 속의 인간이 가진 속성으로 정의했으며, 이 밖에 칸트, 헤겔 등은 좀 더 복잡한 정의를 내렸습니다.

종합해 보면, 다른 사람과 사회제도 및 법률 등으로부터 지배를 받거나 구속되지 않고 자연 그대로의 상태에서 자신 스스로의 본능과 의지에 따라 하고 싶은 것을 할 수 있는 상태를 완전한 자유라 할 수 있습니다. 그러나 인간이 근본적 의미의 완전한 자유를 누리기는 어렵습니다. 이는 인간 내부적으로 양심과 도덕 그리고 윤리적인 잣대가 작동하기 때문입니다. 또한 다른 수많은 사람들과 공동의 사회라는 틀 속에서 함께 살아가야 하기 때문입니다.

자유란 분명히 개별 인간의 존엄성과 양심의 자유가 내포된 의미

스피노자Benedict de Spinoza
네덜란드의 철학자(1632~1677). 합리론의 이론가이며, 저서에 《신, 인간 그리고 인간의 행복에 관한 소고》, 《기하학적 방식으로 다룬 윤리학》 등이 있다.

헤겔Georg Wilhelm Friedrich Hegel
독일의 철학자(1770~1831). 정반합正反合으로 설명되는 변증법의 의미를 적극 인정했다. 저서에 《철학 강요》, 《법철학 강요》 등이 있다.

로서, 자기 스스로의 의지라는 점에서 자유의지가 강조됩니다. 그러나 공동체의 삶 속에서 발현되는 자유의지는 결과에 따른 책임을 의식하는 자유일 수밖에 없습니다. 이와 관련하여 프랑스의 〈세계 인권 선언〉 제4항에서는 '자유는 다른 사람을 침해하지 않는 범위에서 무엇이든 할 수 있다는 점에서 성립한다'라고 천명합니다. 즉 공동체 사회에서의 자유란, 도덕적 규범이 존재하고 이에 따라 법과 제도 들을 두어 사회공동의 유지와 발전을 도모하는 자유인 것입니다.

민주주의는 참으로 실현하기 어려운 정치·사회 사상이며 체제입니다. 이에 대해 모어보다 200여 년 뒤의 철학자 루소는 '참된 민주정치는 지금까지 존재하지 않았고 앞으로도 결코 존재하지 않을 것이지만, 만일 신의 세계가 있다면 신들이 최후로 선택할 수 있는 체제는 그래도 민주주의일 것'이라며 민주주의의 어려움과 필요성을 강조합니다.

민주적 공동체주의를 추구하다

〈런던의 뒷골목〉
프랑스의 화가 구스타브 도레의 그림으로, 자본주의의 눈부신 발전 뒤에 가려져 있는 노동자들의 빈곤상을 잘 보여 주고 있다. 런던의 빈민가 이스트런던이 바로 이곳이다.

근대에 들어 개인의 자유가 최고의 가치라는 식의 이른바 개인주의적 자유주의가 싹트더니, 급기야 현실의 사회·경제 현상에 광범위하게 적용되고 있습니다. 오늘날의 자본주의 경제 체제와 민주주의가 확산되고 발전한 이면에는 이러한 인간 존엄 사상과 개인의 자유와 권리의 신장이 결정적인 역할을 했습니다. 그러나 한편으로는 극단적인 개인주의와 자유주의가 지배적인 현실에서는 시장만능주의와 서로 상승효과를 내면서 자본주의의 폐해를 더욱 확대·심화시킵니다. 예컨대 소득과 부의 격차가 더욱 확대되고, 초과이익을 달성하기 위해 노동자에 대한 중노동 등 노동착취 현상이 심화되는 것은 물론이며, 비정규직의 양산, 사회계층 간의 갈등 조장 등 인간의 삶 모든 측면에 시장논리가 적용되고 있습니다.

이 밖에도 과잉 개인주의의 결과로 사회 무질서, 마약, 범죄, 가족 해체, 학교 붕괴, 도덕적 해이, 정신적 황폐 등등 여러 사회적 부작용이 증가하고, 국민 각자가 자기의 권리만을 주장하며 시민적 의무나 권리에 따른 책임의식은 회피하는 현상이 벌어지고 있습니다. 또한 부분이익이 전체의 이익 내지 공공이익을 무시하는 경우도 증대하기 시작했습니다.

모어는 당시 영국과 유럽 지역에서 확산되는 초기 자본주의 현상의 병폐들을 목격했습니다. 따라서 노동자와 농부 들의 비참한 생활을 변화시키고자 고민했으며, 모든 사람의 행복이 보장되는 사회를 절실히 갈구한 것입니다. 이 시기에는 식생활, 보건의료, 거주 문제, 교육 문제, 직업의 선택과 영위, 법률과 판결, 가정생활, 사유재산권, 국가의 존재 등 모든 사회제도와 사회적 기구가 개인의 행복달성을 위해 구축되어야 했습니다. 그리하여 모어는 개인들이 타인을 배려한 결과를 공동체 사회로 유입시켜 사회적 책임으로 승화되도록 했습니다. 이러한 생각은 《유토피아》 전반에 걸쳐 나타납니다.

사회제도가 주민 모두의 동의에 의해 구축되었다면, 이러한 법제도 내에서 그들의 이익을 고려해야 하고, 자신의 행복을 위해 타인의 행복을 침해하거나 빼앗을 수 없으며, 사회의 전체이익을 고려하는 것이 모든 시민의 도덕적 의무입니다.(73)

민주적인 공동체는 개인이나 특정 집단의 이익만을 주장하지 않고 다른 사람이나 다른 공동체의 이익과 안녕과 행복도 동시에 감안해야 합니다. 이렇듯 공동체 모두의 이익을 최우선으로 감안하는 것이 도덕적 의무입니다. 예컨대 소외된 자와 배제되는 집단이 없어야 하고, 생각이 다르거나 가난하거나, 권력이 없다는 이유로 배제되지 않아야 합니다.

인간의 피를 빠는 뱀파이어
뱀파이어 모습에서 노동자의 노동력을 착취하는 자본가를 연상시킨다.

더욱이 사회구성원 중에 가장 많은 부분을 차지하는 노동자, 서민 등 하층 계급을 위해 법률을 최소화하고 법해석을 단순화하면서 명쾌하게 해야 합니다.(87)

그 중에서도 억압받고 착취당하는 대다수 하층 계급 사람들에 대해서 더욱 특별한 관심을 기울여야 합니다. 권력과 부를 손에 쥔 강자들에 의해 억압과 착취가 자행되어 왔고, 이러한 경향은 앞으로도 지속될 것입니다. 따라서 개인주의와 자유주의에 근거한 시장만능주의는 내용적으로 인류 모두가 동의하는 개별 인간의 존엄성을 심각하게 파괴하고 있으며, 더 많은 개인의 평등과 자유를 심각하게 파멸시키고 있다는 점에서 조만간 그 막을 내려야 할 것입니다.

한 사회 안에서 소외된 개인과 집단이 발생하는 이유는 사회구성원 대부분이 자기중심적인 사고를 가지고 있으며, 자기 가족이나 자기 집단의 이익만을 생각하는 개인주의적 이기심이 크게 지배하기 때문입니다. 그리고 다른 사람들을 동일한 하나의 인격을 가진 인간으로 인식하지 않으며, 아울러 경쟁의 시대, 승자독식 시대를 살면서 '네가 죽지 않으면 내가 죽는다'라는 악마적 사고방식이 팽배해진 결과이기도 합니다. 극심한 경쟁과 이로 인한 피곤함은 모두에게 조직이나 사회공동체보다 개인과 가족의 안위와 행복을 먼저 생각하게 합니다.

한편으로 이처럼 무한경쟁을 끝없이 반복하는 것이 개인과 집단의 발전을 이끈 동력 중 하나임을 부인할 수 없습니다. 그러나 그 길은 종국에는 모두가 패자의 길로 접어드는 지름길이 됩니다. 따라서 공정하게 만들어진 법제도 속에서 경쟁은 하되, 탈락한 사람들을 배려하고 그들이 다시 공정한 경쟁에 참여할 수 있도록 해야 합니다. 이는 오직 인간만이 행할 수 있는 행위로서, 인간다움을 발현하는 방식입니다.

경제학에서는 '죄수의 딜레마'라는 가설이 있습니다. 한마디로 말해 자기의 이익만을 추구하면, 그렇지 않았을 때 사회 전체적으로 획득할 수 있는, 더 우월한 결과물을 얻지 못한다는 것입니다. 또한 정치철학자 토크빌도 그의 저서 《미국의 민주주의》에서 미국이 발전할 수 있는 핵심 요인으로 여러 가지가 있으나, 미국 사회

에 팽배한 개인주의 중에서도 특히 '바르게 이해된 이기주의interest rightly understood'가 민주주의를 발전시켰다고 주장합니다. 이는 '절제된 자기 이익의 추구'라고 요약할 수 있으며 공동체주의로도 볼 수 있습니다.

이를 반영한 미래의 민주공동체 사회는 앞서 살펴본 각종 구조적인 병폐가 최소화된 사회가 될 것입니다. 인간 개개인이 갖는 존엄성에 기반을 둔 기회의 평등, 인간 본성인 자유의 의지, 실질적 참여가 보장된 민주주의, 이에 근거한 법치주의, 이에 따른 제한된 사유재산권, 종교적 도덕과 윤리에서 비롯된 인간애와 그에 따른 평화가 실현되는 사회 말입니다. 이로써 민주공동체는 무한정한 개인의 자유보다는 절제된 자유를 통해 모두의 행복을 달성하고자 함입니다.

사람을 위한 교육

세계적으로 한국은 교육열이 매우 높은 나라로 알려져 있습니다. 많은 사람들이 이와 같은 교육열이 한국을 제2차 세계대전 이후 최빈국 지위에서 경제협력개발기구 회원국으로 진입하게 하는 데 결정적인 역할을 했으며, 교역 규모가 세계 13위를 기록하고 1인당 총소득도 2만 달러로 성장하는 데 그 견인차 구실을 했다고 합니다. 미국의 오바마 대통령도 공식석상에서 한국의 교육열과 경제성장을 세계적인 모범 사례로 반복해서 언급했습니다. 그러나 한국의 교육 현실은 모어가 보는 관점에서나 현실적 측면으로도 그 형식과 내용면에서 커다란 문제점을 안고 있습니다.

오바마Barack Hussein Obama
하와이주 출신 아프리카계 미국인으로서 미국의 제44대 대통령(1961~). 미국 최초의 아프리카계 미국인 대통령으로서, 국제외교 및 민족 간 협력 강화에 이바지한 공로로 2009년에 노벨 평화상을 수상했다.

모어는 교육의 목적을 모든 개인이 인간다운 삶을 영위할 수 있도록 하는 데 있다고 보며, 이를 위해 한 인간이 가지고 있는 특성을 최대한 발휘하는 것에 중점을 둡니다. 그리고 모든 사람에게 평생교육의 기회를 줌으로써 공동체 사회를 발전시키고, 이를 다시 개인의 행복과 인간다운 삶으로 이어지게 합니다. 그리하여 노동을 제외한 모든 일상생활이 흥미로운 교육의 연속이 되며, 전인 교육을 통해 자연적 인간과 인위적 사회구조가 조화롭게 발전하게 합니다. 물론 당시는 르네상스 시기로서 신神을 중심으로 한 교육으로부터 탈피하고 교육의 내용과 질을 인간 중심으로 되돌리고자 노력했기에, 별도의 전인 교육을 따로 강조하지 않았습니다.

앞서 아리스토텔레스는 교육의 목적을 신체의 강건함, 지성의 발전과 순화, 이와 함께 올바른 습관의 체득에 두고, 인간이 가지고 있는 모든 능력을 전반적으로 발현시키는 것이라 보았습니다. 고대 그리스의 교육도 개인의 가치를 존중하고 인간이 천부적으로 지니고 있는 본성을 조화롭게 발전시키고자 했습니다. 모어도 이러한 점들을 중요하게 생각한 것입니다.

중세의 대학
중세 전기에는 성직자만이 지식인 계급이었으며, 교회와 수도원은 종교 기관인 동시에 학문 연구의 중심 기관이었다. 그러나 학문의 질과 양의 팽창, 상품화폐경제의 발달로 인한 사람과 문물의 활발한 교류, 봉건제의 발달로 인한 새로운 관료의 필요성 등에 의해 교회와 수도원만으로는 교육의 진흥을 효과적으로 수행할 수 없게 되자, 각지에 대학이 설립되었다.

모든 아이들의 교육 내용에는 농업 교육이 반드시 포함되며, 학교에서는 이론을 배우고 현장실습을 정기적으로 받습니다. 이는 농사 현장을 견학하는 것이기도 하지만, 체육 교육의 일환이기도 합니다. ……그리고 각 학생들은 그들의 적성과 특성에 합당한 직업 교육을 받습니다. 가령 털실 짜는 법, 아마포를 짜는 법, 석공, 대장장이, 목수 등의 교육을 받기도 합니다.(55)

이처럼 유토피아의 교육은 이론과 현장실습을 철저히 병행하며, 신체적 건강을 도모하기 위해 체육시간도 중시했습니다. 인간에게 육체적 건강은 더 고차원의 쾌락, 즉 진정한 행복을 추구하기 위한 가장 기본 조건이기 때문입니다. 아울러 사회적으로 가장 중요한 핵심 산업에 대해서는 어렸을 때부터 익히도록 했는데, 이는 현대의 학교에서 학생들에게 철저하게 직업 교육을 실시하는 것과 같습니다. 그 과정에서 학생들의 특기와 적성을 면밀하게 파악하여, 학생 개인이 가진 자기의 장점을 최대한 발휘할 수 있는 분야에 집중하게 합니다.

게임 교육으로는 특정 숫자가 또 다른 숫자에 대해 '이기게 되어 있는' 수학 기초 교육용 게임도 있고, 선과 악의 싸움을 의미하는 게임도 있습니다. 특히 선악의 대결은 다양한 악들이 어떠한 방법으로 전투를 하는지, 또한 어떻게 서로 연합하여 선에 대적하는지를 매우 잘 표현하고 있습니다. 이 선악게임은 악이 선에 대해 직·간접적인 방법을 동원하여 공격할 때 전술의 종류와 동원하는 군인의 수를 파악하고 예측할 수 있도록 하며, 선으로서는 이러한 공격을 피하는 가장 효과적인 전략과 전쟁에서 승리하는 궁극적인 요소가 무엇인지를 잘 알수 있도록 합니다.(56)

16세기의 수학은 그리스 시대의 수준을 뛰어넘어서지 않았다는 것이 통설입니다만, 르네상스 시대에 이르러서는 플러스(+)와 마이너스(−)가 공식화되기 시작했습니다. 이것은 주로 상업적인 필요

• 인쇄본에 처음으로 나타난 것은 계산술의 아버지라 불리는 독일의 존 위드만John Widmann (1460?~1498?)의 《Mercantile Arithmetic oder Behende und hubsche Rechenung auff allen Kauffmannschafft》(상업산술로 번역할 수 있음)(1489)로 독일의 라이프치히에서 발표했다.

에 따라 일반인들에게 사용되었습니다.

　하지만 모어는 상업에 대해서는 부정적인 생각을 가지고 있었고, 유토피아 사회에서는 수학적 계산이 필요 없었기 때문에 수학 교육은 간단히 기초적인 게임으로 습득하는 것으로만 언급합니다. 유토피아에서 모든 물건을 거래할 때는 복잡한 계산이 필요없기 때문에 기본적인 산술_{算術}만 익히면 되었던 것입니다.

　이와 달리 공동체 사회를 유지하는 데 필수적인 공동선을 함께 추구해 나가기 위해 선과 악, 도덕과 정의 등에 대해서는 필수적으로 훈련을 받았습니다. 그리고 모어는 학생들이 전략적 사고를 연마하는 데도 관심을 기울었습니다. 전략적 사고란 사안과 사물을 종합적으로 판단할 수 있는 능력으로, 이러한 사고 체계는 과거보다 현대의 복잡한 사회에서 더욱 필요하다는 점에서 그 의미가 큽니다. 그리고 국가 간 전쟁이 빈번한 시기라는 점도 감안하여, 어렸을 때뿐만 아니라 성인이 되어서도 이와 같은 건전한 사고방식을 유지하기 위해 게임 형식으로써 생활화하도록 했습니다.

·유토피아의 게임 교육
《유토피아》(1715)의 삽화.

　점심과 저녁 식사시간은 정신을 순화하고 계발하는 글들을 낭송하는 것으로부터 시작됩니다. 그 다음에 연장자들이 주도하여 중요한 문제에 대해 매우 즐거운 유머를 곁들여 가면서 토론합니다. 연장자들이 식사시간 동안의 대화를 독점하지 않으며, 의도적으로 젊은 사람들의 대화를 권장하고 유도하여 젊은이들의 이야기를 즐겨 듣습니다. 이러한 방식은 모든 젊은이들의 품성과 지적 능력을 평소에 자연스럽게 평가하기 위한 것입니다.(63)

안중근 의사
황해도 해주 출신으로 대한제
국의 교육가이자 독립운동가
(1879~1910). 1909년 10월 26
일 지린성 하얼빈역에서, 일본
의 정치가로서 제국주의에 의
한 아시아 진출에 앞장서 조선
에 을사조약을 강요하고 고종
을 강제로 퇴위시킨 이토 히로
부미를 저격해 사살하고, 이듬
해 사형되었다.

유토피아 사회에서는 인간 정신을 계발하고 이성을 발전시키기 위해 그와 관련된 글을 많이 읽고 듣게 합니다. 여기에는 모든 것은 인간의 정신으로부터 비롯된다는 모어의 생각이 크게 반영된 것입니다. 독서는 정신적 만족과 행복을 위해서만 필요한 것이 아닙니다. 인간 사고思考의 지평은 그 경계가 없으며, 인간 능력의 그 무한함을 달성하는 데는 자유롭고 깊은 사고 능력이 필수 요건입니다. 따라서 독서는 무한한 영감靈感과 아이디어를 제공하는 것은 물론, 자신의 일과 관련되어서도 성공으로 이끄는 요소입니다.

이처럼 독서는 개인의 삶을 풍부하게 하기도 하지만, 무엇보다 이웃과 다른 사람을 이해하고 배려하는 등 사회적 인간으로 성장시키는 데 더욱 중요한 작용을 합니다. 더욱이 정보와 지식이 힘인 현대에는 독서가 더욱 중요시되어야겠지요. '하루라도 책을 읽지 않으면 입안에 가시가 돋는다一日不讀書口中生荊棘'라는 안중근 의사의 생각도, 모어의 생각과 일치합니다.

자유시간에 별도의 토론시간이 있지만, 식당에서도 언제나 자유롭게 토론할 수 있도록 합니다. 토론문화를 활성화함으로써 청소년들은 논리적 사고를 기르는 한편, 어른들은 청소년들의 품성과 지적인 수준을 탐색할 수 있습니다. 이를 통해 아이들의 자질 등을 생활 속에서 자연스럽고 종합적으로 평가하며, 이를 기초로 그들의 특기와 적성을 파악하여 그에 합당한 진로에 대해 조언하고 지원해 줍니다. 그리고 일상생활에서 나누는 어른과 젊은이들의 대화는 세대 간의 소통이 자연스럽게 이루어지도록 하고, 대화를 통해 서로의 지혜와 문화를 습득할 수 있도록 도와줍니다.

한국 사회에서 세대 간의 소통은 어떻습니까? 가정에서조차 삶과 사회 문제, 나아가 아이들의 미래에 대해서 허심탄회한 대화가 이루어진다고 보기 어려운 현실입니다. 나아가 이는 세대 간의 소통도 이루어질 수 없도록 합니다. 소통은 가정의 화목함에 도움이 되는 것은 물론 서로 간의 인식의 차이를 극복함으로써 갈등을 해소할 수 있게 합니다. 아울러 아이들을 주체적이고 독립적 자아를 가진 인격체로 성장할 수 있도록 도와줍니다.

<코플리 가족>
존 싱글턴 코플리의 작품(1776~1777)으로 그림 속 가족의 모습은 서로 밀착되어 있어 그만큼 가족 간의 사랑을 보여 주고 있다. 가족 구성원 간의 밀착도는 가족 문제 해결에 도움을 준다. 한국 사회 청소년 비행의 가장 주요한 원인도 가정 불화와 가족 간의 소통 부재 그리고 무관심에 있다.

유토피아인들의 가치관에는 크게 두 가지 요인이 영향을 줍니다. 하나는 그들이 지혜로운 사회제도에서 성장한 점, 또 다른 하나는 그들의 독서를 비롯한 교육제도입니다. 특히 어린아이 시절부터 범상치 않은 재능과 뛰어난 지능과 학문을 수행할 수 있는 탁월한 적성을 가지고 있는 것으로 판단되는 극소수만 학자가 됩니다. 그러나 1차 의무교육을 받은 이후 남자나 여자 할 것 없이 모든 사람은 자유시간을 이용해 평생 혼자서 공부를 지속합니다. 그리고 유토피아에서는 매우 풍부한 어휘를 갖추고 듣기에 아름다울 뿐만 아니라 표현력도 매우 자유로운 자체 언어로 모든 교육을 진행합니다.(70)

유토피아의 지혜로운 사회제도는 앞서 이미 이야기되었습니다. 그것은 정치 체제, 경제 체제와 더불어 그들의 현명한 조상과 어른들의 지혜가 고스란히 녹아 있는 사회입니다. 유토피아는 하루아침에 구축된 사회가 아니라, 끊임없이 발전해 왔으며 후손을 위해 더욱 발전된 사회를 만들고자 노력하는 역동적이고 슬기로운 사회입니다.

현재 우리 모두는 이처럼 근본적인 생각과 이를 실천하기 위해 일말의 노력이라도 하고 있는지 되돌아볼 필요가 있습니다. 사람의 가치관 형성 과정은 사회에서 이루어지는 모든 현상과 교육에 의해 결정적인 영향을 받습니다. 사회란 모든 사람들의 역사를 반영하고 있으며, 모든 사람의 지혜가 담겨 있고, 거기에는 또한 인간의 추악하고 부도덕한 모습까지도 함께합니다. 따라서 어떤 사회에 추악하고 부도덕한 사람들이 많다면, 그 사회의 법과 제도, 그리고 관습과 관행은 정의롭지 못한 것이 됩니다.

하지만 후세대가 이러한 가치관을 형성한 데는 기성세대와 사회 전체도 책임이 있으므로, 후세대만을 비난할 수는 없습니다. 오히려 그들의 가치관에 부정의함을 심어 주고 추악하고 부도덕한 세태를 남겨 준 것에 대해 사과해야 합니다. 또한 어린아이들과 청소년들이 기대하는 사회, 그들이 소망하는 삶을 누릴 수 있는 사회를 만

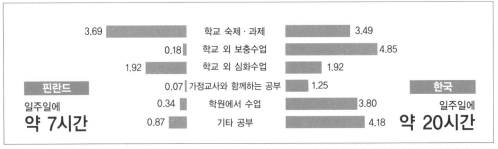

핀란드와 한국의 정규수업 외 공부시간 비교

핀란드는 학교 성적에 등수가 없는 대신, 각자의 수준에 맞게 설정한 목표의 달성치가 제시된다. 따라서 경쟁상대는 친구가 아닌 자기 자신이며 학교는 잘하는 학생보다 못하는 학생에게 관심을 더 기울인다. 이 결과 핀란드는 국제학업 성취도 평가(PISA)에서 연속 3년 1위(2002, 2003, 2006)를 달성했다. 한국이 그 뒤로 2위이지만, 두 나라의 교육 현실은 정반대이다. 핀란드의 교육관계자는 "우리나라 학생들은 웃으면서 공부를 하지만, 한국 학생들은 울면서 공부를 한다"라고 두 나라 간 교육 현실의 차이를 언급했다.

핀란드		한국
3.69	학교 숙제 · 과제	3.49
0.18	학교 외 보충수업	4.85
1.92	학교 외 심화수업	1.92
0.07	가정교사와 함께하는 공부	1.25
0.34	학원에서 수업	3.80
0.87	기타 공부	4.18

핀란드 일주일에 **약 7시간**

한국 일주일에 **약 20시간**

(출처: 《핀란드 교육의 성공》 후쿠다 세이지, 나성은·공영태 옮김, 2008)

들기 위해 지도자들은 자신의 모든 것을 바쳐야 하며, 기성세대들은 최선의 정성을 쏟아부어야 합니다.

아울러 유토피아에서는 1차적으로 모두에게 평등한 교육을 시킵니다. 그 과정을 통해 개별 학생들의 자질을 파악하고, 그에 따라 탁월한 학생은 학자의 길을 걷도록 적극 지원합니다. 또한 공부와 학습이 평생 이루어지며, 혼자서 공부해야 합니다. 이것이 유토피아의 자기 주도적 학습방법입니다. 그리고 앞서 살펴본 바와 같이 학자일지라도 성과가 없으면 일반 노동자의 신분으로 되돌아갑니다. 이는 단지 학자의 신분에 국한되지 않으며, 사회 전체적으로 각 분야에서 이와 같은 시스템이 갖추어져 있습니다. 즉 희망의 사다리가 잘 구비된 것입니다.

> 아이들은 어른들과 같은 식탁에서 함께 식사를 합니다. ……공동식당에서는 일반적으로 같은 또래들과 함께 앉지만 바로 옆으로 다른 연령대 집단과 섞여서 식사할 수 있도록 합니다. 이는 웃어른에 대한 존경심을 통해 젊은 사람들의 경솔하고 잘못된 품행을 교화할 수 있기 때문입니다.(63)

유토피아에서는 공동식당에서나 교회에서나 항상 중시되는 것은 미성숙한 어린아이들에 대한 교육적 차원의 배려입니다. 그래서 식사시간에도 아이들만 따로 두지 않고 다른 연령대의 그룹과 자연스럽게 동화될 수 있도록 합니다. 또한 이에 그치지 않고 아이들의 인격을 존중해 주면서 자연스럽게 삶의 가치관과 행동 등 생활지도로까지 연계합니다.

예의범절은 서로를 존경하는 일입니다. 어른은 젊은 사람에 대해 자아를 가진 인격체로서 존중하고, 젊은 사람들은 훌륭한 어른들의 인생 경험과 지혜, 그간의 사회 형성에 대한 공헌 등에 대해서 존경심을 가집니다. 그렇다고 나이 든 사람의 판단과 생각, 행동을 전적으로 존경하라는 것은 아닙니다. 때로 왜곡된 정보를 통해 어른들의 판단과 생각도 잘못되었을 수 있기 때문입니다. 그러므로 세대 간에 자유롭고 허심탄회한 대화와 소통을 이어가는 것이 중요합니다.

서당
서당은 교육뿐만 아니라 인성과 예절 등 인격체를 갖추기 위한 전반적인 모든 교육을 함께 했다. 오늘날의 교육이 추구하는 전인 교육의 사례이다.

성직자들의 또 다른 의무는 어린이들과 청소년들을 교육시키는 것입니다. 그들은 학문적인 교육도 중시하지만 특히 도덕적 측면의 교육을 중요하게 생각합니다. 성직자들은 감수성이 예민한 어린이와 청소년 들에게 사회구조의 보존과 발전을 위한 가장 올바른 가치관을 형성시키고자 열과 성의를 다합니다. 어릴 때 체득된 올바른 가치관은 성인이 된 뒤까지 오랫동안 남아 있기 때문입니다.(105)

교육은 가정과 사회에서만 진행되는 것이 아니라, 당시 교육의 중심이던 교회에서도 매우 중요하게 다루었습니다. 교회에서는 주로 도덕 교육을 중점적으로 시켰는데, 이는 올바른 종교적 윤리와 도덕 그리고 그로부터 비롯된 정의가 공동체 사회를 유지하고 발전시키는 것이라 보았기 때문입니다. 그리고 어릴 때 형성된 인식과 생활습관은 그 뒤로 장기간 지속된다는 모어 자신의 경험 때문이기도 합니다.

어린이 교육에 관한 역작 《에밀》을 저술한 루소는, 모든 개인들의 행복을 극대화할 수 있는 공적인 교육이 필요하다고 주장합니다. 이를 위해 유아기의 어린이나 청소년 들을 하나의 독립된 인격체로 보고, 자연과 사회에 대한 의무를 인식함으로써 공동체적 자아를 형성할 수 있게 해야 한다고 강조합니다. 특히 감수성이 예민한 어린이와 청소년의 교육을 가장 중시했는데, 이는 일찍이 모어가 교육에 대해 갖고 있던 생각과 맥을 같이한다고 할 수 있습니다.

현대에 들어 어느 사회, 어떤 사람도 교육의 중요성을 언급할 때 가정교육이 그 1차적 장(場)이라 하지 않는 사람은 없습니다. 그리고 많은 사람들이 현장에서의 교육, 적성과 특성을 살리는 교육, 나아가 사회 전반적인 교육 체계 등이 중요하다 강조합니다. 가정교육은 학교교육의 전 단계로서 삶의 지혜와 예의와 품행 등 인성을 형성시키는 교육의 장입니다. 그런데 한국의 부모들은 가정교육도 제대로 하지 못하면서 가정을 대신해야 할 학교를 불신합니다. 그러나 학교가 아이들을 단지 산업 사회의 도구로 길러내는 것이 아니라 올바른 방향으로 교육할 수 있도록 가정과 사회에서 지원해야 합니다. 학교는 지식만을 전달하는 사교육과 비교할 수 없는 것입니다. 그런 점에서 모어는 어린이들이 가장을 비롯한 어른들과 함께 생활하면서 배우는 교육을 중시했습니다.

《에밀》
프랑스의 작가이자 사상가인 루소의 교육론이 담긴 저서 (1762). 주제는 교육이지만, 동시에 루소의 인간론이자 종교론이기도 하며 부제는 '교육에 대해서'이다. 5부로 이루어져 있으며, 고아인 에밀이 태어나면서 결혼에 이르기까지 이상적인 가정교사로부터 용의주도한 지도를 받으며 성장하는 과정이 묘사되어 있다.

* 모어는 《유토피아》에서 어릴 때부터 올바른 교육과 훈육 그리고 평생교육을 강조했는데, 루소도 어린이 교육을 강조한 선구자로 이야기되고 있다는 점에서 루소가 어린이 교육에 관하여 모어의 영향을 받았을 것이라고 본다.

거의 모든 유토피아인들은 자유시간을 자신의 발전을 위해서 다양한 교육을 받는 일에 사용합니다. 유토피아에서는 매일 아침 공익 강좌가 개최되는데, 학자가 아닌 일반 시민 대부분이 계층과 남녀의 구분 없이 자발적으로 이 강좌에 몰려듭니다. 수많은 사람들이 날마다 자신이 듣고자 하는 다양한 공익 강좌를 찾아가 거기에서 시간을 보냅니다.(56)

유토피아인들의 아침은 거의 매일 개최되는 공익 강좌로부터 시작됩니다. 여기에서는 개인의 발전과 공동체 사회를 위해 필요한 다양한 주제가 다루어집니다. 500여 년 전 모어가 살던 유럽 사회의 현실은 돈만 추구하는 물질만능의 시대, 인간을 인간처럼 대우하지 않은 인간성 말살의 시대였습니다. 모어는 이처럼 공동체적 의식보다는 개인주의가 판을 치는 현실을 극복하려면, 사람들의 인성을 변화시킬 체계적인 대책으로서 국가가 지원하는 공익 강좌가 필요하다고 보았습니다. 따라서 모어가 상정한 유토피아 사회의 공익 강좌 속에 인본주의 사상과 인문학 이 충분히 담겨져 있으리라는 것을 추측할 수 있습니다.

많은 사람들이 한국이 인문학의 위기를 맞고 있다고 합니다. 한국과 같이 인문학이 척박한 사회는 세계적으로도 보기 드문 현상일 것입니다. 시장만능주의에 매몰된 탓이기도 하지만, 무엇보다 국가의 무관심 때문입니다. 인문학은 매우 광범위해서 이 모두를 체계적으로 인식하는 데는 어려움이 따릅니다. 그러나 인간이 인간답게 생존하고 날로 심각해지는 물질만능 시대의 폐해를 극복하고자

◦ 인문학
철학과 문학, 역사학, 고고학, 언어학, 종교학, 여성학, 미학, 예술, 음악 등으로 세분화된다.

한다면 인문학은 매우 중요한 학문입니다. 나아가 이러한 인문학적 기초는 결국 인간이 가지고 있는 창의성을 발휘하는 데 가장 중요한 자산이 됩니다.

근현대의 공교육 및 사교육은 특히 산업혁명과 함께 인간을 위한 교육이 아니라, 국가의 필요에 의해 산업현장에 필요한 하나의 도구로서, 그리고 개인주의에 의한 개인의 입신양명立身揚名의 수단으로서 그 역할을 해왔습니다. 오늘날 한국의 학교들도 좋은 대학을 가기 위한 훈련소로 전락한지 이미 오래되었고, 대학들은 오로지 좋은 직장에 취업하는 데 필요한 학원으로 전락했습니다. 이것은 한국 사회의 가치관이 혼란스러워진 결과, 교육을 출세와 돈 그리고 특권을 획득하기 위한 것으로 바라보기 때문입니다. 이는 어른들이 만들어 놓은 학벌주의라는 기형적인 사회구조가 원인입니다. 이를 해소하기 위해서는 굳이 대학을 졸업하지 않고서도 개인이 원하는 일에 종사할 수 있고 자기의 일에 대해 자부심을 갖도록 하는 제도적 변화와 사회적 인식의 전환이 필요합니다. 우리 사회 곳곳에는 비싼 값을 치른 대학 졸업자가 아닌 사람도 거뜬히 수행할 수 있는 일들이 너무도 많습니다. 그러나 현실은 한국의 높은 교육열이 거꾸로 사회적 비효율을 만들어 내고 있으며, 마침내 인간다운 삶마저 무너뜨리고 있습니다.

한국의 교육비 지출은 2009년 가계소비 지출 대비 약 7.4퍼센트로서, 2004년 6.7퍼센트에 비해 계속 증가일로에 있습니다(한국은행, 2010. 2). 또한 사교육을 담당하는 입시학원의 수입 현황을 보면, 2005년 3조 9,907억 원에서 2009년 7조 6,730억 원으로 큰 폭으로

* 한국 역사에서의 최초의 공교육기관은 372년 고구려 소수림왕 때 시작된 태학太學이다. 이곳은 상류 지배 계층의 학생을 대상으로 했고 주로 유교경전을 중심으로 교육이 이루어졌다. 그 후 소수림왕 후기에 일반 평민층을 대상으로 한 사학기관인 경당扃堂이 설립되었다.

증가하고 있습니다(국세청, 2011. 1). 한국 가계의 금융권 부채는 2000년 266조 8,980억 원에서 2010년 3월에는 739조 630억 원으로 증가하고 있습니다(한국은행, 2010. 7). 이렇듯 교육비 지출이 가정 경제를 강하게 압박하여 한국의 부모들은 걱정과 고통 속에 살고 있습니다.

이러한 교육비 부담은 또한 한국을 세계에서 출산율이 가장 낮은 국가 중 하나로 만들어 가는 데 결정적인 역할을 하고 있습니다. 사교육비와 터무니없이 높은 대학 등록금[*]은 가계의 부담을 더욱 높이고 있어서, 이와 같은 가계부채가 결국 조만간 한국의 경제 위기와 사회 위기를 몰고 올 핵심 요인으로 꼽히고 있는 지경입니다.

더욱 심각한 문제는 청소년과 학생 들이 과중한 학업 부담과 학교 성적 스트레스 등으로 인해 스스로 목숨을 버리는 일이 크게 증가하는 것입니다.[*] 따라서 교육에 대한 근본적인 패러다임을 시급히 바꾸어야 할 시기입니다.

다양한 방식으로 신을 경배하라

종교는, 인간의 의지에 따라 정복할 수 없는 초자연적 힘의 존재를 인정하고 그 힘을 활용하려는 차원에서 인간이 만들어 낸 것이라고 생각해 볼 수 있습니다. 그 힘은 영원불멸하고 전지전능하며 진리만 계시합니다. 또한 지구를 포함한 우주를 관장하고, 현세는 물론 사후 세계를 다스립니다. 사람들은 그 힘을 신神이라고 부릅니다.

신을 믿는 인간은 신을 자기 방식대로 해석하고, 모든 상황이 신

[*] 대학 등록금은 2010년 기준으로 과거 10년간 국립대 82.7퍼센트, 사립대 57.1퍼센트가 상승해, 평균적으로 각각 444만 원과 753만 원으로 나타나고 있으며, 인문계와 자연계, 대학별, 학과별 차이도 더 크게 벌어지고 있다. 구매력 기준으로는 경제협력개발기구 회원국 중 2위이다.

[*] 2005년 135명에서 2007년 142명, 2009년 202명으로 증가하고 있다(민주당 김춘진 의원, 2010. 8).

으로부터 말미암는다고 생각합니다. 인류 역사가 시작된 이래 수만 년 동안 지구상의 종족들은 관념적으로 자신들만의 절대자를 만들어 냈습니다. 신의 힘은 인간계의 불평등과 부정의를 정당화하거나 불평등을 해소하고 정의를 바로 세우는 데 빈번하게 활용되었습니다. 이러한 절대자(신神, 천天)의 의지를 전달하는 매개자로서 불교에서는 석가모니*를, 기독교에서는 예수*를, 이슬람교에서는 마호메트*를 각 종교의 시조始祖로 삼습니다. 이들의 공통점은 고통스런 삶을 살아가는 일반인들을 어떤 방식으로 구원할 수 있을지를 철저하게 고민하고 각기 나름의 방식대로 체계화한 사람들이라는 것입니다. 또한 이들은 그 깨달음에서 그치지 않고 그것을 적극적으로 실천했습니다.

인류의 역사를 보았을 때 극히 소수의 사람들을 제외한 절대다수의 사람들은 참으로 비참하고 참혹한 삶을 살았습니다. 그리고 지배 계급 및 귀족 들의 평민과 노예 들에 대한 압제와 억압은, 이들로 하여금 자연스럽게 평등과 자유, 정의와 평화를 찾게 만들었습니다. 이러한 사람들에게 종교는 단순한 희망을 넘어선 절대자 그 자체였으며, 삶의 질곡으로부터 벗어나고자 갈구하는 모든 사람의 희망과 갈망으로 인해 널리 확산되었습니다.

아울러 사람들은 사후 세계의 존재를 받아들임으로써 현실 세계의 불행을 그곳에서 보상받을 수 있다고 믿었습니다. 신의 가르침을 올바로 실천한다는 전제 조건에서 말입니다. 따라서 나라들마다의 대표적인 종교는 오래전부터 현실에서 핍박받는 사람들에 의해 현실 비판적이며 체제 전복적인 성향을 갖습니다. 요즘 말로는 진

* 석가모니
인도와 네팔 부근에서 샤카족의 왕자로 태어나 불교의 창시자가 되었다(기원전 563?~기원전 483?). 29세 때 출가해 35세에 득도했다. 본래 성은 고타마, 이름은 싯다르타인데, 후에 깨달음을 얻어 붓다(Buddha, 佛陀)라고 불리게 되었다.

* 예수Jesus Christ
나사렛 마을에서 가난한 목수의 아들로 태어나 기독교의 창시자가 되었다(기원전 6년경). 당시 유대교 중심 세력의 배타적인 율법주의와 부패를 비판했기에 유대교 사제들에 의해 반로마 운동의 지도자로 몰려 십자가에 못 박혀서 처형되었다. 이후 제자들에 의해 그의 죽음은 신이 인간을 구제하기 위한 속죄이며 진정한 메시아인 예수가 부활할 것이라는 믿음이 생겨났는데, 이것이 그리스도교이다.

* 마호메트Mahomet
무함마드의 영어 이름. 사우디아라비아의 도시 메카 출신으로 이슬람교의 창시자(570~632). 박해를 피해 622년 메카에서 메디나로 이동하여 신도들을 모아 630년에 메카 함락에 성공한 마호메트는, 이슬람 공동체 '움마Ummah'를 세우고 이를 기점으로 세력을 확장했으며 이후 이슬람교가 아라비아 전역에 퍼졌다.

토머스 모어와 존 피셔
존 피셔(1459~1535)는 가톨릭 성인 가운데 한 사람으로 케임브리지 대학의 총장이자 로체스터의 주교였다. 그는 토머스 모어와 같은 맥락으로 당시 헨리 8세의 이혼과 영국 교회 분리 정책에 반대하여, 1534년에 런던탑에 갇혔다. 또한 헨리 8세를 성공회의 수장으로 인정하지 않아 더욱 분노를 샀고, 결국 토머스 모어와 함께 참수당했다.

보적 사유思惟와 그 사유에 근거한 개혁적 주장과 행동이 나타났다고 볼 수 있습니다. 그 결과 사랑, 자비, 평화, 평등, 자유, 정의, 도덕 같은 보편적 진리를 종교 안에 더욱 체계화할 수밖에 없었습니다. 물론 이와 같은 인류 보편적 가치는 영원히 추구되어야 할 내용들입니다.

모어의 종교관은 매우 독특합니다. 독실한 기독교 신앙인으로서 마지막 죽는 순간에도 신앙을 버리지 않았던 그는 '오직 기독교만이 종교'라는 생각은 하지 않았습니다. 이러한 그의 사상이 종교를 넘고 시대를 뛰어넘어 세계의 많은 지성인들로부터 추앙을 받게 한 배경이 아닐까 싶습니다.

모어는 철저히 기독교 내부에 속해 있었지만, 그리스도와 그 가르침을 사랑하고 신봉하기에 거리낌 없이 그가 속한 집단에 대해 비판의 칼을 들이댈 수 있었습니다. 그는 사유하는 존재라는 인간의 본성을 꿰뚫고 있었으며, 모든 종교가 가지고 있는 인류의 보편적 가치를 충분히 파악했습니다. 따라서 모어는 종교를 향한 인간의 본성을 사회에 투영시킨다면, 모든 사람이 존엄성을 유지할 수 있고 평등하고 행복한 삶을 살아갈 수 있을 것이라 확신했습니다.

유토피아의 모든 도시에는 다양한 종교가 있습니다. 태양과 달과 여러 별을 숭배하는 사람들이 있으며, 역사적인 위인이나 선인을 최고의 신으로 숭상하는 사람들도 있습니다. 그러나 유토피아인들은 각자의 종교를 믿는 데 현명한 종교관을 바탕으로 합니다. 이는 곧 인간으로서는 알 수 없고, 무한하고 영원하며, 이성으로는 설명할 수도 이해할 수도 없으며, 보이지 않지만 우주의 모든 것에 영향을 주며, 우주 움직임의 원천이 되는 오직 하나의 신이 존재한다는 사고입니다. 유토피아인들은 이러한 힘을 가진 존재를 '부모 신'이라고 칭합니다. 그들은 우주 만물에 발생하는 모든 것들, 모든 시작과 끝, 그 모든 성장과 진화 그리고 변천을 이 '부모 신'이 주관한다고 믿습니다. 그리고 그들은 다른 신들의 존재는 받아들이지도 인정하지도 않습니다. 유토피아의 모든 종교가 이 점에 대해서는 동의합니다. 그들은 이 최상의 유일한 존재를 '미트라스'라고 부릅니다.(98)

모어가 종교의 다양성에 대해 설명하는 듯하지만, 그러나 그의 숨은 뜻은 진정한 종교는 그와 다르게 존재한다는 것입니다. 우주 만물의 모든 것을 주관하는 유일한 동력으로서 하나의 신이 존재하고, 따라서 그러한 신의 존재만 인정한다면 어떤 종교든 모두 통용될 수 있다고 보았습니다. 인간의 생각과 생활양식 등은 인간의 자율적이고 자유로운 사고 체계에 따라 자연적 조건과 인간 상호간의 교류 등을 통해 문화적으로 큰 영향을 받습니다. 따라서 모어는 전 세계에는 각자가 처한 상황에 따라 다양한 종교가 나타날 수밖에 없다는 종교 발생의 원리를 인식한 것입니다.

여기에서 모어가 생각한 현명한 종교관이란 기독교의 초기 정신을 의미하는 것으로 볼 수 있습니다. 당시는 기독교가 이에 위배되는 부패함과 부정의함, 반인본적인 상태를 초래하여 배척당하던 시기였습니다. 예수가 가르친 진정한 사랑, 평화, 평등 등이 올바르지

● 미트라스
우주의 모든 것, 즉 우주와 지구의 생성과 활동 그리고 소멸, 그 내부 생명체 등의 활동에 대한 가장 근본적인 원동력을 가져다주는 절대적이며 유일한 힘을 의미한다. 《유토피아》에 '부모 신'으로서 모든 것을 주관하는 존재의 명칭으로 등장한다. 따라서 미트라스는 모든 종교를 품에 안은 궁극적 수호자로 볼 수 있다.

면죄부 판매
성직자와 은행의 대리인이 교황의 권위를 상징하는 도구를 앞세우고 면죄부를 팔고 있다. 면죄부 판매는 가톨릭의 타락상을 여지없이 보여 준 사건이다.

종교의 자유는 보장되어야 해 어떤 형식으로 믿든 진실한 믿음은 결국 하나로 통하게 되어있어

못한 교회의 권력에 의해 왜곡되고 있었기 때문에, 모어는 진정으로 참된 기독교 교리와 그 행동양식이 다시 시작되어야 한다고 생각했습니다.

물론 유토피아인들 중에 기독교를 거부하는 사람들도 많지만, 다른 사람들이 기독교를 택하는 것에 대해 방해하지 않을 뿐만 아니라 그런 사람들을 공격하려 하지도 않습니다. ……모든 사람들에게 자신이 원하는 종교적 행위를 자유롭게 할 수 있도록 허용하는 한편, 조용하고 예의 바르게 설득하는 합리적인 방식이라면 다른 종교의 사람들을 개종시킬 수 있는 자유도 허용하는 법을 만들었습니다. ……종교에 대해 어떤 믿음이 옳은 것인지에 대해서 감히 나서서 말하지 않습니다. 하느님은 더 많은 다양한 사람들에게 여러 신앙과 방식으로 경배받기를 원하기 때문이라는 것입니다. 그러므로 사람들이 자신과 다른 신앙을 가지고 있다고 해서 겁박劫迫하여 특정한 신앙을 수용하도록 하는 것은 명백히 어리석고 오만한 행동입니다. 만일 진실한 종교가 단 하나라면…… 궁극적으로는 참된 진리가 자연스럽게 우위를 보일 것이기 때문입니다.(100)

유토피아에서의 기본법은 종교적 관용을 침해하면 안 된다는 것이고, 따라서 타 종교에 대한 적대적 행위나 타 종교에 대한 비난, 적극적이고 과격한 포교활동을 금지합니다. 그리고 논쟁의 상황에서 다른 종교에 대해 지나치게 공격하는 태도를 보이는 사람에 대해서는 추방형이나 노역형을 내립니다. 모어는, 궁극적으로 하느님神은 더 많은 사람들이 여러 방식으로 자신을 믿는 것을 좋아하고 바라기 때문에 어떤 형식의 종교도 허용한다고 보았으며, 아울러 진실되고 참된 종교는 진리이므로 조만간 모든 사람이 그 종교를 믿게 될 것이라고 했습니다.

이처럼 종교적 관용이 허용되려면, 당연히 타 종교를 비난하지 않아야 하며 타 종교인을 개종시키는 데도 매우 조심스럽게 접근해야 합니다. 그러나 한국 사회에서 이와 반대되는 현상을 흔히 볼 수 있습니다. 특히 공공장소나 지하철 같은 곳에서 특정 종교를 믿으라고 강권하고 타 종교에 대해서 악의에 찬 언어를 사용하여 여러 사람들에게 불쾌감을 줍니다. 모어는 이런 사람들을 어리석은 사람들이라 일컬으며, 그런 행동은 오히려 그가 믿는 종교를 욕되게 하고, 많은 사람들을 그 종교로부터 멀어지게 한다고 보았습니다. 또한 종교인들보다 비종교인들이 사랑과 자비를 실천하지 않는다는 근거는 어디에서도 찾을 수 없고, 종교인들보다 비종교인들이 도덕적으로 윤리적으로 타락했다는 근거도 아직까지는 희박합니다. 종교 속에서 자신이 행복한 것처럼 비종교인들도 행복할 수 있습니다.

하지만 이처럼 종교적 관용을 주장하면서도 모어는 기독교가 갖는, 그리스도가 추구하는 본질적 속성이 진리에 가장 가깝다고 생각합니다. 그리하여 그는 정치, 사회, 경제질서, 인간의 도덕과 윤리 등 모든 것을 종교와 연관시킵니다. 예컨대 사제들과 성직자들의 엄격하고도 공평무사한 일처리를 보여 줌은 물론, 심지어 성직자의 아내까지도 사회에서 가장 존경받는 사람이라고 표현합니다.

칼뱅Jean Calvin
프랑스의 종교개혁가(1509~1564). 《성서》 중심주의와 예정설을 내세우면서 로마 교황청으로부터 독립했다.

노동의 의미를 아는 수도사들
노동을 천시하는 성직자들을
비판하는 수도사들이 잔디밭
을 일구어 채소를 심기 위해
농부처럼 일하고 있다.

또한 목숨이 경각에 달린 긴박하고 참혹한 전쟁터에서 생명을 구원할 수 있는 절대적인 존재로서 성직자를 상정하고, 기독교 국가들이 다른 국가들보다 각종 조약을 잘 준수한다고도 설명합니다. 이런 점들로 미루어 모어는 기독교 정신에 한정된 사회나 국가를 설정하는 데 그치지 않고, 나아가 모든 종교 안에 내재된 인류 보편적 가치가 엄격히 실행되는 국가를 지향한 것으로 보입니다.

그리고 이러한 모어의 생각에는 종교와 종교인의 사회적 역할, 사회적 책임이 반영되어 있습니다. 이는 종교인들은 어떤 명예도, 권위와 권력도 탐하지 않아야 하고 순진무구하게 오로지 인간을 위한 생각과 행위에 온갖 정성을 쏟아야 한다는 의미로 해석됩니다. 그러므로 진짜 기독교는 단지 자신과 가정과 교파만을 위한 종교에 머물기보다 공동체 사회의 모든 사람들의 절대적인 행복을 위해 존재해야 한다고 모어는 강조합니다.

한국 종교의 현상과 사회적 역할에 대한 평가는 양극단으로 나뉘고 있지만, 어쨌든 2005년에 집계된 통계청의 조사를 기준으로 보면 불교 1,072만 명, 개신교 861만 명, 천주교 514만 명 등 을 합쳐 전체 인구 중 약 4,700만 명, 곧 52.1퍼센트가 종교인입니다. 이렇게 전체 인구의 절반이 넘는 많은 사람들이 종교적 가르침을 따른다면, 현 한국 사회는 종교적 윤리에 기초한 도덕과 정의, 사랑과 자비가 충만해야 합니다. 또한 불행에 빠져 있는 이웃들이 없어야 하고, 공정하고 정의로운 사회가 되어 있어야 합니다. 그런데 현실은 어떻습니까?

• 원불교 14만 명, 유교 10만 명, 천도교 4만 5천 명, 증산도 3만 4천 명, 대종교 3천 명 등이다.

전쟁을 혐오하고
평화를 전파하다

03

인류의 염원은 평화

인류의 오랜 염원 가운데 하나는 '평화로운 세상'에서 살아가는
것입니다. 전쟁은 매우 사소한 것에서부터 비롯되지만, 그 결과는
비참하고 참혹하기 그지없습니다. 기원전 8세기경에 그리스의 헤
시오도스의 작품 《노동과 나날》에도 이와 같은 인류의 평화를 염원
하는 내용과 함께 정의와 번영을 간절히 소망하며 또한 그것들을
제일의 가치로 여기는 내용이 담겨 있습니다. 이처럼 평화는 인류
가 추구해 온 가장 자연스러우며 보편적인 가치입니다. 따라서 이
성을 가진 인간들이 참혹한 행동을 반복하는 것을 모아는 도저히
용납할 수 없었습니다.

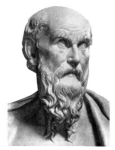

헤시오도스Hesiodos
고대 그리스의 시인(기원전
700년경). 저서에 《노동과 나
날》과 《신통기》가 있다.

전쟁의 참상
1950년부터 1953년까지의 한
국전쟁으로 20만 명의 전쟁 미
망인과 10만 명이 넘는 전쟁
고아, 천만 명이 넘는 이산가
족이 생겼다.

유토피아인들이 가장 혐오하는 것은 전쟁입니다. 인간이 비록 다른 하등 동물보다도 전쟁에 중독되어 있지만, 전쟁은 말 그대로 인간 이하의 행동이라는 생각을 가지고 있습니다. 그들은 정기적으로 전쟁에 대비한 훈련을 받고 있으나, 침략자들로부터 스스로를 보호해야 하거나 침략받은 동맹국의 요청이 있거나 혹독한 독재 체제에서 신음하는 타국의 시민이 요청할 경우에 한해 인도주의적 관점에서 참여하고 지원할 뿐 결코 전쟁에 적극적으로 참여하지 않습니다. 전쟁을 통해 그 어떤 영광스러운 것도 찾지 않는 민족은 이 지구상에 유토피아인들이 유일합니다.(90)

모어가 표현한 전쟁은 극히 예외적인 경우로서 진실로 불가피한 경우로 한정됩니다. 그는 빈번한 전쟁은 하등 동물들이나 하는 것이라고 생각하는 한편, 그러한 군상들이 공존하는 한 스스로를 방어하기 위해 전쟁에 대비할 수밖에 없다는 점도 인식하고 있었습니다. 아울러 다른 나라의 전쟁을 지원하는 것도 인도주의 때문이며 전쟁을 통해 얻은 결과는 그 어떤 것도 영광스러운 결과물이라 할 수 없다고 못 박고 있습니다.

유토피아에서는 불가피하게 전쟁을 치르더라도, 인간의 존엄성과 생명의 유일함을 소중히 여겨 함부로 살육하지 못하게 했습니다. 아울러 모어는 《유토피아》에서 전쟁과 관련된 이야기를 매우 장황하게 설명하고 있는데, 이는 그만큼 전쟁의 혐오스러운 면을 드러내고 생명의 소중함을 강조하기 위해서입니다.

또한 모어가 설명한 유토피아 섬의 지형을 둘러보면 전쟁을 대비

전쟁 방방도 운전과 같다
아무리 잘해도 다른쪽이
덤벼들면 피하기 힘들거든
전쟁이든 운전이든
방어는 필수!

해 요새要塞처럼 만들었음을 알 수 있습니다. 54개의 모든 도시에 일정한 간격으로 망루를 설치하고, 높은 성벽과 물 없는 해자* 같은 넓고 깊은 구덩이, 강물 등 각종 자연 친화적인 장애물을 배치해 두었습니다.

한편으로 유토피아인들이 원주민들에 대해서 무력을 사용하는 경우가 간혹 있습니다. 이는 모어의 전쟁에 대한 혐오감과 모순된다고 볼 수 있을 것입니다만, 사유재산을 인정한 상태에서는 모든 인간이 평등하고 행복한 삶을 누릴 수 없다는 관점으로 살펴봐야 합니다.

유토피아의섬 지형
《유토피아》(1715)의 삽화.

* 해자垓子
성 주위를 빙 둘러 파고 물을 채워 만든 곳. 수원 성곽과 공주 공산성 등에 그 유적이 남아 있다.

　　식민지 원주민들이 그들의 지시를 이해하지 않으면 해당 지역에서 추방되고, 만일 원주민이 조직적으로 저항하면 전쟁을 선언하고 무력을 사용합니다. 즉 원주민들이 토지를 충분히 활용하지 않고 재산을 축적하는 수단으로 소유하고 있을 때입니다.(60)

유토피아인들의 지시라는 것은, 식민지에 대해 토지의 국유화 작업을 실시하는 것입니다. 토지의 국유화 작업은 유토피아 사회를 유지하는 핵심 정책이므로 정복한 지역에 대해서도 동일하게 적용했습니다. 그러나 그보다 더 큰 의미는 토지를 본래의 목적에 활용함으로써 모든 시민의 가난과 빈곤을 해결하고 사회악의 근원을 해소하는 데 있습니다. 유토피아에서는 땅을 오로지 개인의 재산을 축적하는 용도로만 가지고 있는 것은 다른 사람들의 천부적 권리를 빼앗는 것이나 다름없습니다. 따라서 모든 사람이 행복한 삶을 살기 위해서는 이를 방해하는 세력에 대해 무력을 사용하는 것은 정당하다고 보았습니다.

이처럼 전쟁을 수행할 수밖에 없는 타당한 이유가 있을 때는 기꺼이 선전포고를 하고 총력전을 벌이는 것이 가능합니다. 모어가 생각한 타당한 이유에 대해 앞서 언급한 내용을 정리해 보면, 첫째로 자기의 국가가 침략을 받았을 경우, 둘째로 우방국이 도움을 청한 경우, 셋째로 다른 독재정권의 시민을 구원할 필요가 있을 경우, 넷째로 외국에서 자국 국민이 신체적으로 위해를 당했을 경우와 살해되었을 경우, 다섯째로 원주민들이 저항할 경우와 그들이 토지를 충분히 활용하지 않고 그저 재산의 일부로 보유만 하고 있음으로써 식량의 생산을 방해할 때입니다.

그러나 유토피아인들은 전쟁을 하더라도 인간의 살상을 최소화하는 데 온갖 힘을 다 쏟아붓습니다. 따라서 그들은 인간의 지혜를 총동원한 전쟁을 선호하며, 무혈전쟁으로써 적국을 굴복시키는 경우에는 큰 자부심을 느끼면서 기념물을 축조하여 후세에 그 교훈을 남기기도 했습니다. 따라서 그들은 피 흘리는 전쟁을 막기 위해 온갖 노력을 합니다. 예컨대 축적해 둔 국부를 사용하여 적들을 매수하거나 계략을 짜내어 적국에 내분을 일으킴으로써 싸우지 않고 승리하기도 합니다.

유토피아인들은 인간의 지혜를 활용하여 상대방으로부터 항복을 받아 내는 것에 대해서 진정으로 자부심을 가지며, 이러한 승리를 기

십자군의 약탈
서유럽에서는 그리스도의 무덤이 있는 성지 예루살렘을 순례하는 풍습이 있었는데, 이를 이슬람 세력에 의해 방해받자 성지를 탈환하기 위해 8회에 걸친 대원정을 시작했다. 그러나 여기에는 성지 탈환이라는 종교적인 이유보다 서유럽 세계의 대외적 팽창이라는 성격이 짙었다. 제1차 십자군은 성지 예루살렘을 점령해 잔인한 살육과 약탈을 벌였다.

념하여 퍼레이드를 벌이기도 하고, 승
리의 기념물들을 축조해 둡니다. ……
전쟁 시에 유토피아인들이 바람직하
게 여기는 '인간다운 행동'이란 오직
인간만이 지니고 있는 지능의 힘을 이

《손자병법孫子兵法》
중국 춘추 시대(기원전 770~
221?)의 전략가 손무孫武가
쓴 《손자병법》에도 싸우지 않
고 적을 이기는 것이 최선의
전쟁이라고 나와 있다.

용한 승리입니다. 인간이 곰, 사자, 늑대, 멧돼지 같은 동물보다 더 우
월한 이유는, 이성과 지능을 가졌기 때문이고 이로써 최소의 희생으
로 전쟁을 종식시키기 때문입니다.(91)

바로 이러한 순간에 국가가 막대하게 축적해 둔 금과 은 등의 귀
금속을 활용하는 것입니다. 유토피아가 부를 축적하는 것은 전적으
로 이럴 경우를 대비하기 위함입니다. 가령 적국의 왕과 주요 핵심
인물들을 제거하면 막대한 포상금을 지급한다든지, 전쟁 전에 귀순
한 적국의 사람들에게도 마찬가지로 자유와 함께 돈과 사면권을 준
다든지, 상대편을 돈으로 매수하는 등 적국에 내부 분열을 일으키
도록 하기 위한 모든 수단과 방법을 다 동원합니다. 이는 돈이라면
어떤 일이든 가리지 않은 인간의 본성을 이용한 것입니다.

유토피아인들은 전쟁 전에 이와 같은 방법 이외에도 모든 평화적
인 수단을 동원해서 전쟁을 하지 않고서도 그들이 원하는 것, 예컨
대 평화 유지 등을 획득하고자 노력합니다. 그리고 이러한 방법들
이 모두 실패로 돌아갔을 때 비로소 무력을 사용합니다. 그러나 마
침내 전쟁에 돌입하였을 때 대량살상이나 무의미한 살상을 금지하
기 위해 다음과 같은 방식도 동원합니다.

치열한 전투가 벌어지는 전쟁터 바로 곁에서 성직자들은 무릎을 꿇고 양손을 들어 평화를 위해 기도드리며 군인들에게 무혈전투의 승리를 기원합니다. 그리고 유토피아 측이 승리할 기미가 보이면, 성직자들은 전투 현장으로 달려들어 불필요한 모든 살상 행위를 하지 못하도록 합니다. 적국의 병사들은 성직자의 이름을 부르거나, 그들의 옷자락을 건드리기만 해도 목숨을 건질 수 있으며 재산을 빼앗기지 않았습니다. 반대로 유토피아 측이 패퇴하는 경우도 마찬가지입니다.(105)

모어는 인문주의자이지만 평화근본주의자는 아니기 때문에 최후의 수단으로 전쟁을 받아들인 듯합니다. 그래서 그는 불가피한 전쟁을 용인하면서도 희생을 최소화하고자 노력합니다. 그리고 모어는, 모든 종교가 평화를 최우선으로 하고 인간의 존엄성을 최고의 가치로 하여 사랑을 실천해야 한다고 생각했습니다. 따라서 유토피아인들은 참전하는 병사들뿐만 아니라 전쟁으로 인해 피해를 볼 교전국의 무고한 시민도 희생되지 않도록 성직자들의 역할을 강조했습니다.

제1차 세계대전 당시 약 1,000만 명의 사망자와 약 1,500만 명의 부상자가 발생했고, 제2차 세계대전 때에는 군인과 민간인을 합해 약 5,000만 명의 사망자가 발생했다고 합니다. 한국도 1950년에 남북 간의 전쟁이 있었고, 그 전쟁에서 목숨을 잃은 양측의 군인 숫자가 대략 300만 명에 달합니다. 민간인 피해도 남한이 약 99만 명, 북한이 약 200만 명이나 사망했습니다. 그리고 한국군이 참전한 베

제1차 세계대전(1914~1918)
사진은 1914년 7월에 오스트리아의 황태자 프란츠 페르디난트 대공 부부가 세르비아의 범슬라브주의 비밀 결사에 속해 있던 한 청년에게 암살당하는 장면. 이로써 독일, 오스트리아, 헝가리, 오스만제국, 불가리아의 동맹국과 영국, 프랑스, 미국, 러시아제국, 일본, 세르비아, 중화민국, 포르투갈, 루마니아, 그리스, 몬테네그로 등의 연합국 간에 세계대전이 발발했다.

* 제2차 세계대전(1939~1945)
나치독일과 일본제국, 이탈리아 등 15개국과, 미국, 영국, 소비에트연방, 중화민국 등 15개국 간에 벌어진 역사상 최대의 전쟁이다. 전쟁 과정에서 신무기의 발달과 함께 상호 간에 무자비한 학살이 자행되었기에 인류 전체에 가공할 만한 피해를 입혔다.

트남 전쟁에서도 군인 사망자가 약 146만 3,000명, 부상자가 약 210만 명에 달하는 등, 전쟁으로 인해 사람의 목숨이 '파리 목숨'과 같은 취급을 받았습니다.

그럼에도 세계는 여전히 전쟁 중이며, 더 파괴적이면서 인류를 멸망시킬 수도 있는 무기를 개발하는 등 전쟁 준비에 몰두하고 있습니다. 스톡홀름 국제평화연구소SIPRI의 조사에 의하면 2009년을 기준으로 전 세계 군비 지출은 총 1조 5,300억 달러라고 하며 이는 계속해서 증가 추세에 있다는 것입니다. 이 가운데 미국이 43퍼센트를 차지하면서 부동의 1위를 지키고 있으며, 중국 1,009억 달러, 프랑스 639억 달러를 기록했고, 그 뒤를 이어 영국, 러시아, 일본, 독일, 사우디아라비아, 인도, 이탈리아 등이 10위권 내에 있으며 한국은 241억 달러로 세계에서 12위입니다.

1950년 6.25전쟁 이후 남한과 북한의 관계는 여전히 휴전인 상태입니다. 그래서 사소한 충돌만으로도 언제든지 전쟁이 발발할 수 있습니다. 실제로 최근 2010년에 발생한 연평도 포격, 2009년 11월에 발생한 대청해전, 2002년 6월과 1999년 6월에 발생한 연평해전 등은 바로 휴전 중에 발생한 남북 간 해상 전투입니다. 이렇듯 한반도는 여전히 남과 북이 첨예하게 대치하고 있으며, 비정상정인 체제를 고수하는 북한과 이에 맞선 남한이 같은 민족끼리 상대를 적으로 간주하고 오랜 기간 전쟁 상태 속에 있습니다. 이것은 남한과 북한 모두에게 불행한 사태이고, 향후 더 큰 비참함을 초래할 수도 있습니다.

현재 한국에 절대적으로 필요한 과제는 평화적 통일입니다. 이

• 한국군과 국제연합군의 사망자는 62만 8,833명과 실종자(사실상 사망)는 47만 267명이며, 부상자는 106만 4,453명으로 추계되고(《한국전 참전용사기념비》, 워싱턴), 북한군 약 80만 명, 중공군 약 123만 명이 전사 혹은 실종 및 부상당했다(《건군 50년사》 국방군사연구소).

• 미국 과학 학술지인 《핵과학자 회보Bulletin of the Atomic Scientists》에 따르면 2010년 기준으로 현재 지구상의 핵무기 탄두 수에 대해 러시아 12,000기, 미국 9,400기, 프랑스 300기, 중국 240기, 영국 225기, 파키스탄 최대 90기, 인도 최대 80기, 이스라엘 최대 80기, 북한 최대 10기 등으로 발표하고 있다.

대전제는 남과 북이 공동으로 인정해야 합니다. 북한은 개인의 자유가 철저히 봉쇄되어 있고 외부와 거의 완벽히 통제된 사회입니다. 따라서 북한의 주민들은 물자 부족으로 비참한 생활을 영위하며, 인간 존엄성을 말살당하고, 개인이 천부적으로 누려야 할 권리조차 박탈당하고 있습니다. 같은 민족이라는 사실에 앞서 멀지 않은 곳에 동류의 인간이 그와 같은 비참한 생활을 하고 있다는 것은 참으로 가슴 아픈 일이 아닐 수 없습니다. 모어의 관점에서 보아 독재에 신음하는 이웃 나라 국민을 위해 우리는 무엇인가를 해야 하지 않겠습니까?

잠재적인 적국을 만드는 국가 조약

모어는 상호 간에 굳건히 다져진 신뢰가 평화를 유지한다고 봅니다. 그래서 국가 간에 조약을 맺는 것조차도 상대국을 잠재적인 적으로 간주하는 것이므로, 그 어떤 조약도 의미가 없다고 합니다. 신뢰의 근원은 상호 동등한 인간으로서 다른 인격을 존중한다는 인식에서부터 시작해야 하는데, 만일 신뢰하는 데 조건이 개입한다면 그것이 사라지는 순간에 신뢰 역시 깨지기 때문입니다.

그러므로 국가 간 평화를 위한 방법으로서 이루어지는 각종 협정이나 조약도 상호 신뢰가 없기 때문에 어떤 조건을 전제로 만들어지는 것입니다. 이러한 논리는 공동체 사회 내부에도 적용됩니다.

유토피아인들은 다른 국가들이 반복해서 체결하고 파기하고 또 체결하는 그 어떤 종류의 협약들은 결코 맺지 않습니다. 모든 인간들이 태어날 때부터 이미 동맹관계에 있는데, 이처럼 결국 파기될 조약들을 왜 반복해서 체결하느냐는 것입니다. 한 사람이 인간 상호 간의 근본적인 유대관계를 무시하고자 한다면, 몇 마디 말들로 만든 협약서 따위는 얼마든지 무용지물無用之物이 될 수 있기 때문입니다.(88)

인간은 모두 태어날 때부터 동맹관계에 있으므로 굳이 또 다른 문서 조각으로 협약과 조약을 맺을 필요가 없습니다. 그리고 이러한 문서 조각은 인간 상호 간에 근원적으로 존재하는 유대관계를 인식하지 못한다면 언제라도 쓸모가 없어집니다.

역사를 보더라도 근대 이전의 유럽 사회 혹은 동양에서 수없이 맺어진 국가 혹은 왕과 귀족 간의 협약과 조약 들은, 맺을 당시에는 그 엄숙한 분위기로 인해 백 년이고 천 년이고 지켜질 것으로 보였

베르사유 조약
제1차 세계대전 후 뒷수습을 위해 열린 파리 강화회의의 결과 체결한 조약은, 국제연맹의 탄생이라는 옥동자를 낳았지만, 프랑스와 독일 모두에게 불만족스런 것이었다. 사진은 조인을 마치고 베르사유 궁을 나오는 프랑스의 수상 클레망소, 미국의 대통령 윌슨, 영국의 수상 로이드 조지이다.

지만 실상은 전혀 달랐습니다. 따라서 국가 간 평화를 이루고자 한다면 이러한 조약과 협약 이전에 인간을 신뢰하는 것부터 시작해야 합니다. 아울러 우리 모두는 인간으로 태어난 순간 동맹관계가 형성된다는 모어의 철학은 참으로 타당합니다.

엄숙한 조약일수록 더욱 빨리 파기되는데, 그것은 조약문서 속에 의도적으로 상대방의 약점들을 집어넣기 때문입니다. ……이러한 외교 술책은 부정직하기 이루 말할 수 없습니다. ……따라서 유토피아인들이 그 어떤 협약도 체결하지 않는 이유는, 바로 그러한 협약과 조약 등의 체결 행위가 근본적으로 인간들이 서로를 적들로 간주한다고 보기 때문입니다. ……인간의 본성은 그 자체로서 이미 동맹관계로 형성되어 있기 때문에 계약보다는 상호 간 친절함에 의해 또 몇 마디의 말보다 감성을 통해 더욱 효과적으로 협동할 수 있기 때문입니다.(89-90)

외교관계에서 자국의 이익을 위해 의도적으로 다른 국가를 속이

는 협약과 조약문일수록 그 형식이 거창하고, 엄숙하게 체결됩니다. 그러나 그러한 조약들일수록 오히려 시급히 파기되기 때문에 유토피아에서는 외교관계에서는 물론 내부적으로도 그 어떤 협약도 체결하지 않습니다. 무엇보다 인간은 상호 근원적으로 동맹관계를 가지고 태어나므로 상호 호의와 신뢰 그리고 감성 등이 다른 어떤 요식˙ 행위보다 인간들 사이를 더욱 긴밀하게 만들어 준다는 것입니다.

· 요식
일정한 규정이나 형식을 가짐.

세계적으로는 거의 모든 국가가 호혜평등의 원칙을 기초로 다양한 조약과 협정을 체결합니다. 예컨대 상호방위조약, 통상조약, 조세조약 등등입니다. 이러한 조약들은 당사국 모두가 이득을 볼 수 있다는 각자의 판단에 따라 이루어집니다. 따라서 모든 조약은 각종 문구 및 외형적 형식을 갖추고 있습니다. 그러나 그 내용을 들여다보면 불평등한 조약이 너무 많고, 일반적으로 강자가 약자에 대

✤ 을사보호조약

'을사늑약'이라고도 하며 이 조약은 체결 직후부터 무효라는 주장들이 제기되었고, 그 주장들이 국제법상으로도 인정받고 있다. 특히 1965년에 맺은 '한일기본조약'에서 을사조약을 포함해 당시 조선과 일본 간에 체결된 모든 조약 및 협정이 무효임을 또다시 확인했다. 그런데 이 조약이 무효라면 일본이 조선을 참칭˙해서 청국과 1909년 맺은 '간도협약'도 당연히 무효임이 선언되어야 하고, 그에 따른 후속조치가 이루어져야 했으나 전혀 그렇지 못했다. 즉 1712년 숙종 38년 이후 200여 년간 간도(만주 지역)를 실효적으로 지배해온 조선을 대신해서 일본이 1907년에 '을사늑약' 이후 간도를 조선의 영토라 하고 스스로 간도파출소 등을 설치했다. 그러나 대륙 침략의 발판을 구축하기 위해 일본은 청나라와 조선의 국경을 두만강으로 하고 간도 지역의 영유권을 청국에 넘겨 버린 것이다. 따라서 국제 사회에서 '을사늑약'이 무효라 인정했으므로 '간도협약'도 무효가 되어야 하는 것이 상식이며, 만일 그렇다면 만주 지역도 한국의 영토라는 논리가 성립된다.

· 참칭僭稱
사전적 의미는 분수에 넘치게 스스로를 왕으로 부른다는 의미인데, 여기에서는 일본이 조선을 대변해서 청국과 협약을 맺었다는 의미이다.

해 우월적 지위를 이용해 협정을 체결하는 경우가 많습니다. 한국의 경우를 보면, 1905년에 일본이 조선의 모든 것을 빼앗아 간 '을사늑약'이 대표적입니다.

강대국들은 19세기부터 20세기 초반까지 확산된 제국주의 시대의 영향으로부터 여전히 벗어나지 못하고 있습니다. 이로 인해 현재에도 각국의 영토 분쟁이 지속되고 있습니다. 가까운 한국과 동아시아를 중심으로 보면, 한국의 고유 영토인 독도에 대해 일본이 자국의 영토라고 주장하고 있으며, 중국과 일본이 류큐제도 와 센카쿠열도 에 대해 영유권 분쟁중이고, 일본과 러시아가 북태평양 상의 쿠릴열도 에 대해 영유권을 주장하고 있으며, 중국과 필리핀, 베트남이 각각 남사南沙군도와 서사西沙군도를 두고 영유권에 대해 분쟁중입니다. 분쟁 지역들은 모두 지정학적으로 각국의 영토를 방위하고 해외로 진출하는 데 매우 중요한 역할을 하는 것은 물론, 특히 경제적으로 석유나 천연가스, 각종 희귀 광물 등이 막대하게 매장되어 있어 그 가치가 매우 높기 때문입니다.

이쯤에서 모든 인간이 본성적으로 동맹관계라는 모어의 철학을 되새겨볼 필요가 있습니다. 이는 근본적으로 타당한 것이며, 지구 차원에서도 마찬가지로 적용할 수 있습니다. 각 국가는 서로를 극복하고 제거해야 할 대상이 아니라 함께 지구촌 공동체를 번영시키고 평화롭게 만들어 갈 대상으로 인정해야 합니다. 분쟁과 전쟁이 없는 평화로운 지구촌을 위해 인간 본성과 신뢰에 따른 새로운 협약을 시작해야 할 때입니다.

그러므로 모어는 인간으로서의 신뢰를 바탕으로 다음과 같은 원

• 제국주의
강대국이 다른 국가를 군사·정치·경제적 힘을 앞세워 식민지로 지배하고자 하는 정책과 사상.

• 류큐제도
일본 난세이제도 가운데 오키나와 현에 속하는 섬의 무리. 홍길동의 이상향 전설에 등장하는 율도국과 같다.

• 센카쿠열도
타이완과 류큐제도 사이에 위치한다. 동중국해의 남서쪽에 있는 섬들로, 엄청난 양의 석유가 매장되어 있어 일본과 중국 간의 자원전쟁이 벌어지고 있다.

• 쿠릴열도
러시아연방 사할린과 일본의 홋카이도 사이에 위치한 화산 열도로, 전략적으로 중요한 위치에 있으며 해저 지하자원이 풍부해 경제적 중요도도 높은 지역이다.

• 국제적으로 수없이 많은 협약이 체결된 다음 깨지고 무산되기도 했지만, 성공한 협약 또한 많다. 예컨대 미소 초강대국의 '전략무기감축협약 START' 같은 것도 과거에 비해 크게 진전되었으며, 1986년에 지구 바다에서 고래의 멸종을 막기 위해 체결된 '상업포경금지 협정'은 성공적인 협약으로 평가받고 있다.

칙을 수행해 갈 것을 강조합니다. 공정한 교역, 외국 시민을 위한 행정관리의 파견, 정의로움과 도덕의 실천, 민주주의의 확산, 인본주의의 실천 등입니다. 이로써 모어는 단일 사회뿐만 아니라 다른 주변 국가들의 모든 시민도 동일하게 평등하고 행복한 삶을 누리기를 희망합니다.

공동선을 위한 시민 모두의 참여

앞서 언급했듯이 이상 사회인 유토피아에서도 불가피할 경우에는 전쟁을 합니다. 그래서 상비군제도는 따로 없지만, 만약에 있을 수 있는 전쟁에 대해서 충분한 대비책을 마련해 두었습니다. 경제적으로 충분히 국부를 축적하는 한편, 사회적으로 모든 시민에게 정기적으로 군사훈련을 실시합니다. 이는 평화를 지키는 것과 더불어 나아가 유토피아 사회의 현명하고 지혜로운 사회제도를 지킴으로써, 모든 시민의 평등과 행복한 삶을 유지하려는 절대적 목적이 있기 때문입니다.

상비군
유럽에서 절대왕정이 시작되면서 용병으로 구성된 상비군이 출현했다.

　유토피아의 모든 남녀는 평소에 정기적으로 군사훈련을 받습니다.(90)

모어는 당시 상비군제도에서 비롯된 폐해를 잘 알고 있었습니다. 군인들은 전쟁이 없을 경우 농사일을 거들기보다는 빈둥거리며 도둑질이나 하는 부류로 전락하고, 심지어 국가를 전복하는 행위에 가담하기도 합니다. 그리고 설령 전쟁이 발발하였다 해도 농민군에게조차 패하는 등 제대로 전투를 치르지 못했습니다. 또한 무엇보다 중요한 것은 이러한 상비군을 둘 경우 막대한 유지비용이 발생한다는 점입니다. 그리하여 모어는 상비군을 두기보다 일반 시민 가운데 건장한 남녀 모두에게 유사시에 전쟁에 참여할 수 있도록 강도 높은 훈련을 받게 합니다.

초기 군사훈련 때부터 병사들은 갑옷을 입고도 몸을 자유자재로 움직이기 위해 무거운 갑옷을 입은 채 수영하는 훈련을 받거나, 보병뿐만 아니라 기병까지도 정확한 궁술을 익힐 수 있도록 강하게 훈련받습니다.(97)

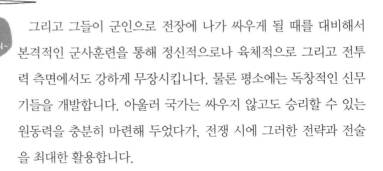

그리고 그들이 군인으로 전장에 나가 싸우게 될 때를 대비해서 본격적인 군사훈련을 통해 정신적으로나 육체적으로 그리고 전투력 측면에서도 강하게 무장시킵니다. 물론 평소에는 독창적인 신무기들을 개발합니다. 아울러 국가는 싸우지 않고도 승리할 수 있는 원동력을 충분히 마련해 두었다가, 전쟁 시에 그러한 전략과 전술을 최대한 활용합니다.

한편 군인들은 어린 시절 익힌 교육, 즉 악과 선의 싸움 등에서 습득한 원칙들이 군사훈련의 효과와 함께 강화되면, 이를 통해 정신적으로 강하게 무장됩니다.(95)

그리고 유토피아에서는 가족 단위로 전쟁에 참여하는 것이 권장되고 있습니다. 이는 반드시 승리를 획득하기 위한 하나의 방법으로 추측됩니다. 모어가 적국과 전략이나 전술 그리고 무기 수준이 유사하다고 판단될 때 병사들이 오직 전투를 승리하기 위해 최선을 다할 수 있는 방법으로 가족의 전쟁 참여를 생각해 낸 것입니다.

유토피아가 침략당할 경우 자원하지 않은 장병들이더라도 신체가 건강하기만 하면 징발하여 그들을 책임질 수 있는 용감한 병사와 함께 근무하게 합니다. ……또한 남편을 따라 전장에 가겠다는 아내가 있으면 자식들과 다른 가족까지 같이 가는 것이 허용되며, 이러한 일들은 오히려 사회적으로 인정을 받으며 적극 권장되기도 합니다. 왜냐하면 모든 인간이 가족의 생사가 걸린 문제에서는 가족을 보호하는 본능을 강력하게 발휘할 것이고, 또한 사회적으로는 남편이 아내를, 아내가 남편을, 그리고 자식이 부모를 잃고 돌아오는 것을 가장 불명예스럽게 생각하기 때문입니다. 따라서 그들은 가족을 지키기 위해서라도 전투에 최선을 다하지 않을 수 없습니다.(95)

유토피아처럼 원시공동체 사회에서도 남녀노소가 모두 동원되어 전투를 치른 것으로 알려져 있습니다. 그리고 고대 아테네는 솔론의 개혁을 통해 병역의 의무가 규정되었고, 스파르타* 역시 마찬가지입니다.

유토피아의 병역제도를 현대적 의미에서 보면, 미국의 전시징병제와 스위스의 민병제가 혼합된 것으로 이해하면 됩니다.* 2010년

* 스파르타
군사국가 스파르타의 시민은 태어나는 순간부터 국가의 철저한 감독 하에 특히 14세부터 20세까지 장차 완전 중무장된 보병이 되기 위해 엄격한 교육과 군사훈련을 받았다. 남자는 집단생활을 하면서 군사훈련과 육체 단련에 열중했고, 여성의 체육도 장려했다. 이는 건강한 아이를 낳기 위해서이기도 했지만, 한편으로는 남자들이 다른 국가와 전쟁하는 중에 시민의 수보다 압도적으로 많아진 농노들이 반란을 일으키면 이를 막아야 했기 때문이다.

* 전시징병제는 평소에 모병제(지원병제, 직업군인제 등)를 실시하다가 전쟁이 발생하면 징집하는 형태이고, 민병제는 평소에 생업에 종사하다가 소집령이 발동하면 입대해야 하고 매년 정규적으로 일정 기간 훈련을 받는 형태의 병역제도이다.

을 기준해서 일반적으로 세계의 병역제도는 징병제와 모병제를 보완하고 혼합해서 사용하고 있으며, 한국을 비롯해 대부분 국가가 이 부류에 속합니다.

• 모병제를 실시하고 있는 국가는 인도, 캐나다, 파키스탄, 스리랑카 등이며, 남녀 모두를 징병하는 대표적인 국가로는 이스라엘, 북한, 쿠바 등이 있다.

모어는 이처럼 그 사회의 안전과 평화를 지키고 나아가 그들의 윤리적·도덕적 이상을 다른 세계에 확산시켜 더 많은 사람들이 인간적 삶을 구현할 수 있게 돕는 차원에서, 사회구성원 모두가 혹독한 군사훈련도 수행해야 한다고 보았습니다. 그리고 전쟁에서 승리하기 위해 전략적이 모두 수단과 방법을 구사하고, 불가피한 경우에는 총력전을 펼치는 한편, 급기야는 가족이 같이 참여하는 전쟁도 불사합니다. 모어는 이를 통해 한 사회의 평화와 그 사회의 숭고한 가치관을 보전하기 위해, 또한 모든 시민 개개인의 생명과 안전과 행복을 추구하기 위해서는 한두 사람이나 어느 한두 집단의 노력과 희생만으로는 이루어질 수 없음을 이야기하고 있습니다.

한국에는 '신의 아들'이라는 말이 있습니다. 이는 공동선을 위해 봉사할 수 있음에도 부정의한 방법을 동원해 병역의 의무를 면제받거나 보충역으로 편입된 사람들을 이르는 말입니다. 한국 권력의 핵심을 장악하고 있는 이른바 당정청(당, 정부, 청와대)에 봉직하고 있는 정부 내각의 군 면제율은 24.1퍼센트로서 일반 국민 평균 2.4퍼센트의 열 배 수준으로 나타나고 있습니다. 아울러 지방자치단의 장(시장, 도지사, 군수 등)의 군 면제율도 22퍼센트나 되는 것으로 나타났고, 현직 국회의원도 병역 면제율이 16.2퍼센트, 현직 국회의원 직계존비속*의 면제율도 10.3퍼센트나 된다고 합니다.

• 직계존비속
조상으로부터 자기에 이르기까지 이어 내려온 혈족을 뜻하는 직계존속과, 자기로부터 아래로 내려가는 혈족을 뜻하는 직계비속을 합친 말이다.

또 일부 돈 많은 운동선수와 유명한 연예인 들은 들어보지도 못한 신종 병을 이유로 병역을 기피하여 대중들의 분노를 일으키고 있습니다. 이처럼 권력층과 부유층은 수단과 방법을 가리지 않고 병역의 의무를 기피하고 있습니다. 이른바 '돈 없고 배경 없는' 계층의 젊은이들만 고되고 위험하기까지 한 병역의무를 다하고 있으며, 권력과 부를 가진 계층의 젊은이들은 이에 무임승차 하고 있습니다.

남북의 군사적 대치 상황을 논외로 하더라도 한 사회 안에서 이와 같은 불평등하고 불공정하며 부정의한 일들이 발생하는 것을 보면, 한국의 지도층, 권력층, 부유층이야말로 도덕적으로 타락한 집단들이라고 생각됩니다.

모어의 관점에서 볼 때 이들은 모두 공직자의 자격이 없습니다. 진정으로 신체 조건이 불리해서 병역을 면제받은 사람들을 제외하고, 모두 아예 공직을 박탈해야 합니다. 그리고 이들은 사회구성원으로서의 자격도 없습니다. 공동선의 추구와 달성은 개인의 자유와 권리를 앞세우고 주장하기전에 타인의 자유와 권리를 우선적으로 고려할 때 이루어지며, 따라서 어느 정도 개인의 자율적인 희생 혹은 봉사가 필요함을 인식해야 합니다.

이상 사회를 구축하는 여러 요인들 가운데 모어가 지도층의 도덕적 의무를 중요한 덕목으로 삼은 이유를 깊이 생각해 보아야 합니다. 다른 사람의 고통을 통해 나와 내 가족이 행복을 누리는 것이 과연 정의롭고 행복하며 도덕적으로 타당할까요?

* 명시적으로 적발된 사람은 모두 530명으로, 운동선수 200명, 유학생 111명, 연예인 15명, 의사 4명 등으로 나타났다(〈2004~2008 병역면탈자 현황〉 병무청, 2009. 10).

* 무임승차free rider
경제학에서 재화와 서비스를 향유하고 사용하는 데 있어서 그 대가를 치르지 않고 공짜로 소비하는 행태를 지칭하는 말. 국방은 공공 서비스이므로 이들이 공짜로 서비스를 누리고 있다는 의미이다.

더 넓은 민주주의

민주주의는 정치 체제만의 문제가 아니며, 정치에 국한할 수도 없는 것입니다. 민주주의는 경제와 사회 등 모든 시스템에 적용되는데, 여기서 특히 중요한 것은 경제 민주화와 가정 및 생활에서의 민주화입니다. 먼저 경제 민주화는, 넓게 보아 재벌그룹이 국민경제와 시장을 독과점적으로 지배하지 않는 구조로 개혁함으로써 달성됩니다. 더 많은 중소기업들이 시장에 참여할 수 있도록 해야 하며, 시장에서 이뤄지는 불공정한 거래 관행을 혁파해야 합니다. 또한 모든 크고 작은 기업들이 소유자owner 중심이기보다 기업구성원 전체가 참여할 수 있도록 열려 있어야 합니다. 특히 한국 경제를 좌지우지하는 재벌그룹들이 의사결정 과정을 투명하게 공개하는 것은 경제 민주화의 핵심적 사안으로 대두된 지 오래입니다.

선진 자본주의 국가들에서는, 현재 한국에 나타나고 있는 재벌과 같은 대그룹의 시장 독과점화 현상이 극히 예외적으로 관측되고 있을 뿐입니다. 그리고 한국처럼 창업자 가문이 거대한 기업 집단의 경영을 좌지우지하는 국가는 선진국 중에서는 거의 찾아볼 수 없습니다. 아울러 대기업과 중소기업의 거래 관행도 한국에 비해 훨씬 더 공정하게 이루어지고 있습니다. 이는 경제 민주화가 그만큼 더 진전되어 있다는 증거입니다. 그래서 선진국으로의 진입이 빠른 것입니다. 즉 대기업과 중소기업의 상호 보완적인 생존방식이 미국, 영국, 독일, 일본 등을 선진국의 반열에 올려놓은 것입니다.

또 다른 것으로는 가정 및 생활에서의 민주주의입니다. 이를 위해서는 삶의 실천원리로서 민주주의가 자리 잡아야 합니다. 그리고 이것이 사회의 가장 기초 단위인 가정에서부터 학교, 마을, 직장, 국가공동체로 확산되어야 합니다. 특히 절차적이고 형식적인 측면보다는 내용적인 측면에서 달성되는 것이 실질적 민주주의가 달성되는 것이며, 이는 발전된 과학 기술을 활용하여 가능하게 할 수 있습니다. 예컨대 통신 수단 및 컴퓨터의 발전으로 생겨난 인터넷 등의 사이버 공간을 통해 모든 시민이 의사결정 과정에 직접 참여할 수 있는 시스템을 고안해 내야 한다는 것입니다.

한국 사회에서 민주주의가 제대로 발전하지 못한 이유는, 매우 다양하지만 우선 선출된 권력자 및 대표자 들의 부도덕과 몰염치, 그러한 범죄에 대한 처벌이 미흡하기 때문입니다. 두 번째로는 국민에게 참된 시민의식이 결여되어 있기 때문입니다. 참된 시민의식에 대해서는 논란이 있을 수 있으나, 분명한 것은 시민 개개인에게 주어진 가장 기본적인 투표권을 너무 쉽게 포기한다는 점입니다. 그리고 더욱 중요한 것은 각종 공직선거에 나서는 국민의 대리인들에 대한 검증이 불충분하고, 그 결과 바르지 못한 대표자를 선출하기 때문입니다. 이는 모어가 상정한 유토피아 사회에서의 공직자 선출 과정과 극히 대조적인 모습입니다. 사회구성원 모두가 자각하여 바로 이러한 점들부터 개혁해 나갈 때 한국이 실질적 민주주의를 달성할 수 있으며, 진정으로 선진국의 대열에 합류할 수 있을 것입니다.

유토피아인가,
디스토피아인가

　　필자는 《청소년을 위한 유토피아》를 집필하기에 앞서 존경하는 지인들과 글의 방향과 그 영향에 대해 이야기를 주고받았습니다. 그 가운데 어떤 분이 '독자 중에서 단 한 사람이라도 한국의 토머스 모어가 나온다면 대성공이고, 열 사람의 사회 개혁가가 나온다면 청사靑史에 남을 작업이 될 것'이라 했습니다. 이것은 실로 엄청난 말로서 한편으로는 중압감을, 다른 한편으로는 소명의식을 자극하는 것이었습니다. 무거운 책임감이 압도하는 가운데 평등과 인권, 자유와 정의, 평화와 번영 그리고 개인보다는 공동체 모두의 행복 추구가 바람직하다는 생각이 필자로 하여금 글을 쓰게 했습니다.

　　생활 수준, 인권, 자유와 민주주의 등 많은 경우에서 모어가 살던 시대와 현재를 단순히 비교하기는 매우 어려운 것이 사실입니다. 즉 전반적인 측면에서 볼 때 '현대의 자본주의는 당시보다 세련되어졌고 사회가 많은 발전을 이룩하여 삶의 질이 획기적으로 개선되었는데 무엇이 문제인가?'라는 의문에 명쾌한 해답을 내리기가 어려웠다는 뜻입니다. 그러나 이를 또 다른 관점에서 보면 상대적으로 모어의 시대보다 오히려 더 비참해진 경우가 전혀 없지 않습니다.

따라서 공동체의 번영과 행복에 관심을 두어 온 필자의 시각에서 한국 사회의 지속가능한 발전과 삶의 질의 향상을 위해, 나아가 지구촌 모든 사람의 평등과 자유 그리고 만인의 행복을 추구한 인문주의자인 모어의 사상을 현대로 끄집어내어 그가 비판한 돈과 권력 중심의 자본주의가 현재 어떤 모습으로 발전하고 있는지를 비교하고자 했으며, 이를 통해 향후 달성해야 할 과제들을 제시하고자 했습니다.

잇달아 발생하는 사회 지도층 인사들과 공직자들의 부정부패 사건이 한국 사회 전체를 뒤덮고 있습니다. 예컨대 판사, 검사, 변호사, 회계사, 의사, 교수 등은 물론 공무원, 기업인, 정치인, 대통령 주변 인사들, 그리고 비리를 감시해야 할 감사원과 감사위원의 부정부패 등등 이루 다 말할 수가 없습니다.

한편 천정부지로 높아진 대학 등록금을 낮춰달라는 학생들을 연행하며, 표현의 자유를 억압하고, 노동자의 단결권을 탄압하며, 외국인 노동자의 인권을 유린하는 등 민주주의가 심각하게 위협받고 있는 상황입니다. 또한 정부 및 정치인들의 무책임한 선심성 공약으로 국민의 혈세가 낭비되고, 한국 사회가 갈수록 계층화되고 있습니다. 이러한 모든 것이 총체적으로 국민의 생활을 고통스럽게 하고 있습니다. 이러한 한국의 현재 상황과 모어의 시대상에는 어떤 차이가 있습니까?

물질문명과 과학이 극도로 발전된 지금, 우리가 발 딛고 서 있는 이곳은 한편으로는 유토피아이기도 합니다만, 다른 한편으로는 디스토피아이기도 합니다. 즉 일부 어떤 사람들에게는 지상낙원입니다만, 대다수의 사람들에게는 여전히 지옥과도 같은 불평등의 구조가 지속되고 있습니다.

모어의 유토피아는 500여 년 전의 관점에서 보면, 그야말로 공상이고 망상이며 꿈에 지나지 않았습니다. 그러나 현재에 이르러 돌이켜보면 그가 주장한 많은 것들이 사회적으로 달성되었고, 여전히 그가 추구한 방향으로 진전되고 있음을 확인할 수 있습니다. 이는 바로 인간이 인간으로서 추구할 수 있는 이상향을 끊임없이 추구할 때, 비로소 인간다운 삶의 공간을 만들 수 있고 또 누릴 수 있음을 의미합니다. 아울러 현재 주어진 여건에 대한 끊임없는 성찰과 반성과 함께 더 나은 구조를 위한 혁신적인 방법에 대해 고심해 보며, 비판적인 시각에서 사물과 현상을 관찰하라는 의미이기도 합니다. 이는 '지행합일知行合一', 즉 알고 있는 것과 실천하는 것이 동일해야 한다는 것으로, 모어는 참된 지식을 행동에 옮겨 변혁하고 개선하여 자신뿐만 아니라 이웃과 사회 전체, 나아가 후세대에게 바람직한 사회구조를 넘겨주어야 한다고 이야기합니다.

현대 자본주의는 다양한 형태로 변화를 거듭해 왔습니다. 영미식 자본주의와 독일과 일본식 자본주의, 남유럽식과 북유럽식 자본주의, 이 밖에 중동식, 아시아식, 남미식 등으로 세분화할 수 있을 것입니다. 그리고 중농주의와 중상주의를 거쳐, 자유방임주의와 수정자본주의, 그리고 신자유주의 등으로 그 맥이 이어지고 있습니다. 물이 흐르다 고이면 썩듯이 자본주의의 진전도 이와 유사하다고 생각됩니다. 때로는 후퇴하고, 그 후퇴를 거울삼아 일보 더 전진하는 식입니다. 최근에 문제되고 있는 신자유주의도 이제는 역사 속의 한 흐름으로 기록될 것입니다. 왜냐하면 1970년대 이후 주요국들의 경제난을 타개하기 위해 확산되었다가, 결국 인류에 많은 상처를 남겼고 이제는 그 역할을 다했으니까요.

이러한 세계 속의 각 국가는, 그리고 모든 개인은 자신의 이익을 위해 처절하게 투쟁하고 반목하고 있습니다. 그리하여 모어가 생각하는 유토피아적 사회에 더해서, 모든 인간이 가장 행복한 사회 체제를 더욱 갈망하는 것입니다. 그러나 대다수의 사람들은 갈망 이외에 그 어떤 것도 행동하지 않으려 합니다. 사회는 현상에 대한 문제의식과 비판적인 관점을 가지고 끊임없이 탐구하고 개혁하는 사람들에 의해 발전되어 왔습니다. 따라서 모어는 대중들이 자각하고 깨어 있기를 희망하며, 그들의 힘으로 새로운 세상을 완성할 것을 강조하고 있습니다. 개인이나 집단 모두가 소망하는 낙원이나 이상향은 행동하지 않고서는 도달할 수 없습니다.

16세기경의 토머스 모어가 소망한 이상 사회와 2011년 현재 우리가 생각하는 이상 사회는 본질적으로 다르지 않습니다. 실업자가 없고 빈부 격차가 없으며 계급이 없는 사회, 행정과 법제도 등 사회구조가 특권층이 아닌 모든 사람을 위해 존재하고 작동하는 사회, 교육, 의료, 노동, 여가 등이 모든 이에게 공평하게 주어지는 사회이지요. 바로 이러한 사회를 위해서는 정의와 평등과 도덕이 사회의 주춧돌이 되어야 합니다.

과학 기술과 인간의 인식 수준이 크게 진보된 현대 사회에서 도대체 무엇 때문에 정의가 훼손되며, 불평등이 존재하고, 자유가 억압되며, 평화가 위협받는 것입니까? 과연 모어가 이야기한 바와 같이 사유재산제도와 화폐제도가 근본적인 원인일까요? 그렇다면 현실에서도 사유재산제도를 조정하고 화폐제도를 보완해야 할 것입니다. 그러나 더 본질적인 원인은 인간 스스로에게 있음을 이책을 통해 알 수 있었을 것입니다. 따라서 우리는 모어가 남긴 《유토피아》의 사회상을 실현 불가능한 사회구조라고 치부하지 말고, 이보다 더 바람직한 사회를 이룩할 수 있도록 고민하고 토론함과 동시에 또한 행동해야 합니다. 그것이 바로 지금 우리가 해야 할 일입니다.

연보_토머스 모어

- **1478(1477?)년**

  2월 7일 런던에서 출생.

- **1482~1490년**

  성 안토니 학교에 입학. 1485년에 헨리 7세가 영국 왕위 승계(영국 왕 리처드 3세 사망).

- **1490~1492년**

  존 모턴 추기경 집에서 사환(일하는 아이)으로 일함.

- **1492~1494년**

  옥스퍼드대학교에서 수학함. 1492년에 법학협회Inns of Court에 들어감.

- **1499년**

  에라스무스와의 만남.

- **1504~1507년**

  의회에 진출. 조안 콜트와 결혼. 아메리고 베스푸치가 《신세계 항해》(1507) 출간함.

- **1509년**

  헨리 8세가 왕위 승계. 에라스무스가 《우상숭배The Praise of Folly》를 집필함(1511년 출판).

- **1510년**

  런던의 시장대리under sheriff로 지명됨. 의회에 재진출.

- 1511년

  조안 콜트 사망. 과부 앨리스 미들턴과 재혼.

- 1512~1513년

  헨리 8세가 프랑스와 전쟁을 시작함.《리처드 3세 역사The History of King Richard III》집필(1513~1519).

- 1515년

  플랑드르에 외교사절단의 일원으로 파견됨(5~10월). 피터 자일스와 만남.《유토피아》집필.

- 1516년

  루뱅에서《유토피아》출간(12월).

- 1517년

  파리에서《유토피아》제2판 출간. 10월 31일에 마르틴 루터가 면죄부에 대한 95개조 반박문을 붙이면서 종교개혁 본격화됨.

- 1518년

  헨리 8세의 왕정에 참여함. 바젤에서《유토피아》제3판(3월)과 제4판(11월) 출간.

- 1521년

  영국 국고국(현재의 재무성)의 부담당관이 됨. 기사작위 받음. 그의 딸 마가렛과 윌리엄 로퍼가 결혼함.

- 1523년

  하원의 대변인이 됨. 루터에 대해 헨리 8세에게 변호문을 작성함.

- 1525년

  왕실 직할 영지인 랭커스터의 대법관으로 지명됨.

- 1529년

  평민 최초로 잉글랜드 대법관으로 지명됨(10월 25일). 윌리엄 틴들과 마르틴 루터에 대해 쓴 《이단에 관한 대화A Dialogue Concerning Heresies》 출간.

- 1532년

  교회의 입법권에 대한 비토권을 헨리 8세에게 허용하는 내용을 담은 성직자 집단의 건의문에 반대하며, 대법관직을 사임함(5월 16일).

- 1533년

  헨리 8세가 첫 번째 부인과의 이혼 등으로 로마교황청으로부터 파문당함.

- 1534년

  왕위 계승법 동의와 서명을 거부함. 체포되어 런던탑에 갇힘(4월 17일).

- 1535년

  재판을 통해 반역에 관한 유죄를 판정받음(7월 1일). 7월 6일에 참수당함.

- 1551년

  랄프 로빈슨에 의해 최초로 영어판 《유토피아》 출간.

참고문헌

● 단행본

국방군사연구소, 《건군 50년사》, 국방부, 1998.

김태현 · 전길양 · 김양호, 《사회변화와 결혼》, 성신여대출판부, 2008.

박세일, 《법경제학》, 박영사, 2000.

위평량 · 김윤환, 《21세기로 가는 사회경제사상》, 대명출판사, 2007.

이근식, 《자유주의 사회경제사상》, 한길사, 2000.

이준우, 《정신보건사회복지론》, 서현사, 2007.

애덤 스미스, 최임환 역, 《국부론》, 을유문화사, 1983.

콜린 윌슨, 황동문 역, 《살인의 심리》, 선영사, 1999.

프랜시스 후쿠야마, 구승회 역, 《트러스트》, 한국경제신문사, 1996.

장 자크 루소, 최석기 역, 《사회계약론》, 명서원, 1983.

린다 화이트포드 · 로렌스 브랜치, 최영철 외 역, 《또 하나의 혁명, 쿠바 일차의료》, 메이
    데이, 2010.

마이크 샌델, 이창신 역, 《정의란 무엇인가》, 김영사, 2010.

로저 백하우스, 김현구 역, 《경제학의 역사》, 시아출판사, 2005.

야마모토 요시타카, 남윤호 역, 《16세기 문화혁명》, 동아시아, 2010.

● 보고서 · 논문

고용노동부, 〈2009년 성별고용 평등지표〉, 2010.

국제사면위원회, 〈한국의 이주노동자 인권상황〉, 2009.

국제사면위원회, 〈연례사형현황보고서〉, 2010.

권영길, 〈주택 가격과 명문대 진학률 격차분석〉, 2009.

교육과학부, 〈2010년 OECD 교육지표〉, 2010.

근로복지공단, 〈국내 보육시설 실태〉, 2010.

대한수면의학회, 〈일반 직장인 및 병원 근무자 수면실태조사〉, 2010.

박세일, 〈왜 공동체주의인가〉, 2005.

김춘진, 〈초중고 학생 자살 47% 급증〉, 2010.

박선영 의원대표발의 외 39인, 〈사형 폐지에 관한 특별법안〉, 2008.

사행산업통합감독위원회, 〈사행산업 관련 통계〉, 2010.

세계보건기구(WHO), 〈15세 이상 인구 1인당 순수 알코올 소비량 국제비교〉, 2008.

조세연구원, 〈지하경제 규모의 측정과 정책시사점〉, 2011.

한국비정규노동센터, 〈경제활동인구조사 부가조사 분석〉, 2010.

병무청, 〈2004~2008 병역면탈자 현황〉, 2009.

통계청, 〈2009년 출생통계 결과〉, 2010.

한국고용정보원, 〈2008 산업·직업별 고용구조조사〉, 2009.

한국선거학회, 〈유권자 정치의식조사〉, 2006.

국제연합(UN), 〈인간개발보고서〉, 2010.

한국은행, 〈보도자료〉, 2010.

국세청, 〈보도자료〉, 2010.

국세청, 〈보도자료〉, 2011.

• 언론사

《국민일보》, 〈여성 지위상승 가장 심오한 혁명〉, 1995년 5월 16일자.

《군포신문》, 〈결식아동 100만명, 사회는 결식아동을 책임져야 한다.〉, 2010년 12월 23일자.

《스포츠 동아》, 〈대학생 74.5% "혼전성관계 예스… 배우자는 순결"〉, 2009년 7월 31일자.

《아시아경제》, 〈대학생 90% 혼전성관계 '가능' 여대생들 성의식 개방 가속화〉, 2010년 10월 12일자.

《SBS, 그것이 알고 싶다》, 〈MC몽 사건의 이면〉, 2010년 10월 30일 방송.

찾아보기

동서양 고전 연표

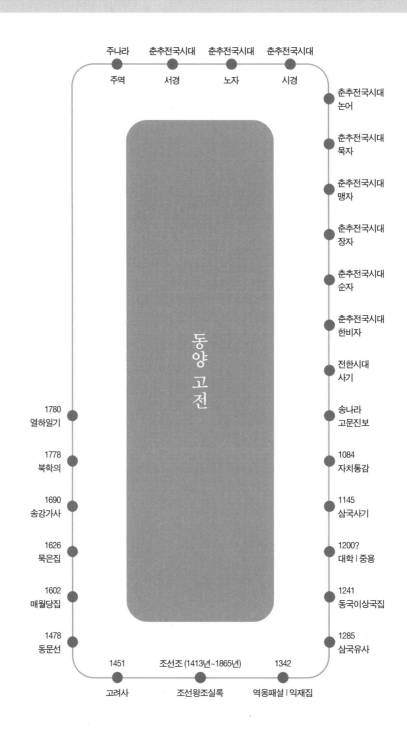

주나라 · 주역
춘추전국시대 · 서경
춘추전국시대 · 노자
춘추전국시대 · 시경

춘추전국시대
논어

춘추전국시대
묵자

춘추전국시대
맹자

춘추전국시대
장자

춘추전국시대
순자

춘추전국시대
한비자

전한시대
사기

송나라
고문진보

1084
자치통감

1145
삼국사기

1200?
대학 | 중용

1241
동국이상국집

1285
삼국유사

동양
고전

1780
열하일기

1778
북학의

1690
송강가사

1626
묵은집

1602
매월당집

1478
동문선

1451
고려사

조선조 (1413년~1865년)
조선왕조실록

1342
역옹패설 | 익재집

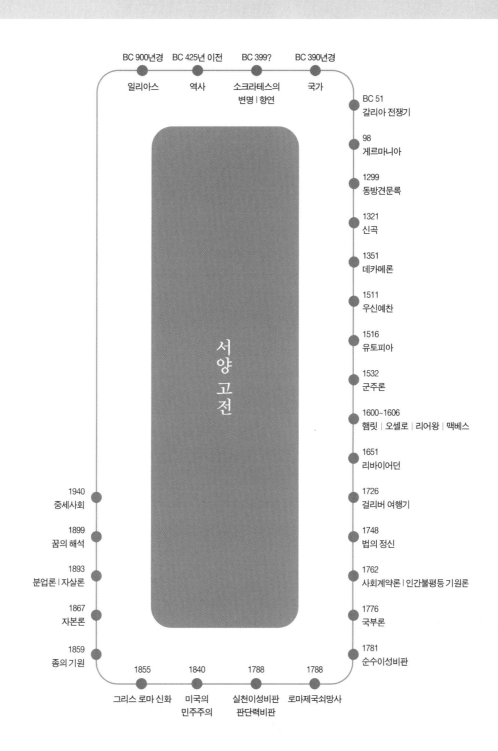

BC 900년경 — 일리아스
BC 425년 이전 — 역사
BC 399? — 소크라테스의 변명 | 향연
BC 390년경 — 국가

BC 51 갈리아 전쟁기
98 게르마니아
1299 동방견문록
1321 신곡
1351 데카메론
1511 우신예찬
1516 유토피아
1532 군주론
1600~1606 햄릿 | 오셀로 | 리어왕 | 맥베스
1651 리바이어던
1726 걸리버 여행기
1748 법의 정신
1762 사회계약론 | 인간불평등 기원론
1776 국부론
1781 순수이성비판

서양고전

1940 중세사회
1899 꿈의 해석
1893 분업론 | 자살론
1867 자본론
1859 종의 기원

1855 그리스 로마 신화
1840 미국의 민주주의
1788 실천이성비판 판단력비판
1788 로마제국쇠망사